成 长

学生参与大学治理的权力研究

郭 俊 著

中国社会科学出版社

图书在版编目(CIP)数据

成长：学生参与大学治理的权力研究/郭俊著．—北京：中国社会科学出版社，2018.12
ISBN 978-7-5203-0886-1

Ⅰ.①成… Ⅱ.①郭… Ⅲ.①高等学校—学校管理—研究—中国 Ⅳ.①G647

中国版本图书馆 CIP 数据核字(2017)第 210438 号

出 版 人	赵剑英
责任编辑	赵 丽
责任校对	张依婧
责任印制	王 超

出　　版	中国社会科学出版社
社　　址	北京鼓楼西大街甲 158 号
邮　　编	100720
网　　址	http://www.csspw.cn
发 行 部	010-84083685
门 市 部	010-84029450
经　　销	新华书店及其他书店
印　　刷	北京明恒达印务有限公司
装　　订	廊坊市广阳区广增装订厂
版　　次	2018 年 12 月第 1 版
印　　次	2018 年 12 月第 1 次印刷

开　　本	710×1000　1/16
印　　张	14.5
插　　页	2
字　　数	231 千字
定　　价	59.00 元

凡购买中国社会科学出版社图书，如有质量问题请与本社营销中心联系调换
电话：010-84083683
版权所有　侵权必究

序

近年来我一直关注教育治理问题，最近还主编出版了一套共计14册的《教育智库与教育治理研究丛书》。之所以将教育智库建设和教育治理联系起来，是因为这是实现国家第五个现代化——治理现代化的必然要求，期待通过智库建设形成社会第三方参与教育治理的经验，体现教育治理的民主化、科学化、法治化、精细化、专业化和信息化，并探索教育智库有效参与教育治理的新路径。

总体上讲，应该说教育智库所关注的与教育治理相关的问题是多方面的。目前有两个问题是我们比较关心的。第一，教育公平问题。我把教育公平定义为"四个均等，一个倾斜"。"四个均等"指的是机会均等、过程均等、结果均等和质量均等；"一个倾斜"指的则是向弱势群体倾斜。具体而言，"机会均等"是指每个社会成员都享有与他人同等的教育权利和受教育机会；"过程均等"则指在教育过程中，社会成员不应因身份不同而受到歧视，而应享受平等的教育资源使用权；"结果均等"指向教育与教学的结果评判，持相同的学历在工作的机会中应受到同等对待；而对于"质量均等"，这是我们要力争的。这"四个均等"只是形式上的均等，不完全是实质均等。处于教育欠发达地区的孩子，必须对他们实行弱势补偿，这才是真正的公平、最大的公平。目前，教育公平主要要关注这几个方面：进城务工人员子女就学、贫困生免费入学、高考加分、提高农村贫困地区家庭学生就读名牌大学的比例，等等。教育公平具体讲，就是怎样真正做到教育机会、教育过程以及教育结果的公平。第二，依法治教问题。中国共产党第十九次全国代表大会报告中提出要深化依法治国实践，建设中国特色社会主义法治体系。依法治教是依法治国的组成部分，是教育治理现代化的一个重要内容。近年来，贿赂、冒名替考、泄题等轰动性事件在教育系统时有发生，更凸显了解决这个问题的迫切性。此外，仅以《学校法》为例，目前我国有各级各类学校50多万所，但至今没有《学校法》。由于法律的缺位，学校的独立法人地位一直未能确立，权利义务不清，责任界限不清，一旦发生校园安全事故，学校可能要承担无限责任。立法与修订不及时，影响了教育自身改革与发展。另外，近一段时间我们以及我们的很多同行都在研究或在努力实践教育领域的管、办、评分离，但是，这里面有很多法律问题并没有十分明确，都需要我们研究。

大学治理是教育治理的重要内容。郭俊的《成长：学生参与大学治理的权力研究》立足点尽管是研究大学内部治理的，但其讨论的问题实际上也与教育公平问题和依法治教问题密切相关。作者认识到，对大学治理而言，存在着两类不公平，一是管理人员、教师、学生的地位不公平。二是大学生群体中参与治理的机会也不平等。如何让来自较低社会地位和阶层的学生，也有可能享有平等参与权？这些学生的才智并不欠缺，大学有关政策和行动应当保证学生都有公平参与的机会，使校内所有学生都能够达到潜力所能达到的最高水平，实现他们的社会提升。章程是大学的"宪法"，作者还观察到，在教育部2015年已经核准的84所中央部属高校章程中，有73所高校在学生权利条款中建构了"学生参与学校管理"的内容，但相当一批大学管理者和研究者对学生参与分享大学治理权力还是有不安不适的感觉，国内新修订大学章程中，几乎全部回避了关于"学生权力"的表述。在对现代大学治理体系的研究中，探讨学术权力和行政权力的很多，但学生权力，特别是其中学生参与大学治理的权力得到的重视不够，较少有人研究。反观现实，政府、社会、行政管理人员、教师、校友等，甚至学生自身，对学生参与大学治理的态度往往并不是一贯的和清晰的，存在名与实、动机与效果、变革与守旧的冲突。我认为，在全面推进依法治国和依法治教的时代背景下，教育开始从公民的义务向公民的权利转化，研讨学生权利及其法律保障问题很有必要。学生是教育的主体，也是学校最为重要的利益相关者，应当从多视角审视学生权利，重新认识和定位学生权利及其法律保障。

权利从来不是空洞的，需要权力来保障。本书是作者在博士学位论文基础上经过认真修改和调整后的产物，也是我所见到的第一本专门研究学生参与大学治理的权力问题的专著,具有一定的开拓意义。目前关于现代大学制度建设的理论和实践将着力点主要聚焦在行政权力与学术权力的关系上,却忽略了另外一个重要大学治理主体——学生,没有注意到学生丧失了参与大学治理的权力,便缺少了利益保障机制,就容易成为大学校园内的弱势群体,大学自身治理能力也难以提升。开展学生参与大学治理的权力的研究,是建构中国特色现代大学治理体系中绕不开的课题,既"顶天":有利于设计符合我国国情的现代大学治理的制度性框架,提升我国高等学校的治理能力,提高我国大学国际竞争力;又"立地":保障了学生权利,有助于解决现有人才培养中的一些突出弊端,比如缺乏主体性和责任感,对他人、集体、社会冷漠等问题。本书作者在目前国家高度重视高等学校治理体系和治理能力现代化的背景下,跳出传统学术权力和行政权力的两分视角,站在学术前沿,全面阐述了学生参与大学治理的权力性质、模式和实现机理,系统梳理了学生参与大学治理的源流,并调查了中国学生参与大学治理的权力运行状况,探究其困境与成因,最后提出了中国学生参与大学治理权力实现的机遇、空间和路径,选题新颖,内容翔实,具有一定的理论价值。

我于2004年在武汉市工作时认识本书作者,后来他又在我直接领导下工作过一段时间,他的博士生导师沈红教授也是我的老朋友,是我十分尊敬的高等教育研究专家。郭俊为人为学敦厚勤敏,作为曾经的同事,得知他的专著即将出版,我很高兴。学问一直是我生命中最重要的一部分,我非常希望看到身边的年轻人在脚踩大地奔走的时候,也不忘倾注心力去仰望星空。老师一直是我最喜欢的称呼,我很愿意阅读探讨大学生权力(权利)的文章,期待郭俊这部专著的出版可以进一步推动相关研究。

是为序。

全国人大常委会委员,中国教育学会副会长,
湖北省人大常委会副主任,长江教育研究院院长

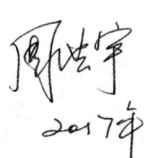
2017年

目　录

第一章　绪论 ……………………………………………… (1)
　第一节　问题的提出 …………………………………… (1)
　第二节　研究意义 ……………………………………… (5)
　第三节　核心概念 ……………………………………… (9)
　第四节　文献综述 ……………………………………… (19)
　第五节　研究思路与方法 ……………………………… (37)

第二章　学生参与大学治理的合理性 …………………… (42)
　第一节　人本主义理论与学生参与大学治理的价值追求 …… (42)
　第二节　利益相关者理论与学生参与大学治理的工具理性 …… (50)
　第三节　学生发展理论与学生参与大学治理的作用机制 …… (57)

第三章　学生参与大学治理的权力性质、模式和实现机理 …… (63)
　第一节　学生参与大学治理的权力性质 ……………… (63)
　第二节　学生参与大学治理的权力运行模式 ………… (68)
　第三节　学生参与大学治理的权力实现机理 ………… (79)

第四章　学生参与大学治理的源流 ……………………… (90)
　第一节　中世纪大学学生治理权力的兴起:博洛尼亚大学案例 …………………………………………… (91)
　第二节　当代欧洲学生参与大学治理的权力运行:学生运动的反思 ………………………………………… (102)

第三节　美国学生参与大学治理的权力保障：三所大学案例 …………………………………………………… (106)

第四节　中国学生参与大学治理的权力演变：以中国公学、清华大学为案例 ………………………………… (111)

第五节　学生参与大学治理对大学发展的影响 ………… (122)

第五章　中国学生参与大学治理的权力运行 …………… (127)
第一节　中国学生参与大学治理的总体状况 …………… (127)
第二节　中国学生参与大学治理的权力运行案例 ……… (139)
第三节　当前中国学生参与大学治理的主要症结 ……… (152)

第六章　中国学生参与大学治理的权力困境与成因 …… (157)
第一节　集权治理与学生权力生长空间 ………………… (158)
第二节　制度性缺失与学生参与治理的权力保障 ……… (167)
第三节　行政化科层体系与学生组织权力 ……………… (170)

第七章　中国学生参与大学治理的权力实现 …………… (173)
第一节　学生参与大学治理权力的实现机遇 …………… (173)
第二节　学生参与大学治理权力的实现空间 …………… (178)
第三节　学生参与大学治理权力的实现路径 …………… (180)

第八章　结语 ……………………………………………… (200)
第一节　研究结论 ………………………………………… (200)
第二节　创新与局限 ……………………………………… (202)

致谢 ………………………………………………………… (204)

参考文献 …………………………………………………… (207)

附录　高校学生参与大学治理调查问卷 ………………… (218)

第一章　绪论

第一节　问题的提出

一　提高高等教育质量呼唤大学治理结构变革

据"中国与全球化智库"发布的报告,从 2012 年到 2015 年,在国内读完高中课程再出国读大学的学生比例从 61% 下降到 44%,出国读高中的学生比例则从 17% 上升到了 27%,这意味着"尚未进入国内大学的孩子及其家长们在用脚投票,对包括'已经跻身全球 2% 的(中国)精英高等学府'提交了一份'不信任动议'(Motion of No Confidence)"。[①] 美国国际教育研究所公布的《2014 美国门户开放报告》数据表明,2013 年到 2014 年,赴美中国留学生达到 27.44 万人,同比增长 16.5%,这是连续第 7 年以两位数速度增长,中国持续名列美国最大的留学生来源国,占到了美国国际生比例的 31%。[②]

而大量青年人才进入美国,也使美国一些人增强了保持世界领先地位的信心。美国著名专栏作家弗里德曼 2010 年在《纽约时报》上发表了一篇影响很大的文章,认为美国的核心竞争力在于人才。美国要持续领先中国,关键在于确保合法移民源源不断流入。这些精力充沛、雄心勃勃的人才是真正的"美国梦之队",他们与民主制度和市场经济结合

[①] 程星:《"钱学森之问"的误区——兼论全球化与大学的应对》,《中国高教研究》2016 年第 1 期。

[②] 《2014 年出国留学趋势报告》(http://www.eol.cn/html/lx/kfbg/)。

在一起，就能产生奇迹。①

家长和学生愿意花费巨资，选择出国留学，是基于西方高等教育质量优于中国的判断。实际上，这已经不是一个新问题了。2005年，钱学森在临终之际还要发出"我们的大学到底为什么培养不出杰出人才"的追问。② 作为正在从制造大国向创造大国转型的世界第二大经济体，中国大学和西方大学人才培养质量差距到底在哪些方面？

大学治理问题一直是笔者的学术兴趣所在。恰在此时，2013年11月，中国共产党十八届三中全会将完善和发展中国特色社会主义制度、推进国家治理体系和治理能力现代化作为全面深化改革的总目标。这意味着要走出国家与社会二元对立的传统思维模式，国家力量、市场力量、社会力量不但要长期并存，而且要良性互动、合作治理、协同发展。高等学校作为人才培养、知识生产、文化传承的机构和组织，毫无疑问，其治理体系和治理能力建设应走在社会前列。但现实情况是，这方面高校远远落后于企业，远低于政府和社会的期望值。在计划经济时代，高校与国家的计划紧密相连，只准按照计划和命令行事，权力的中心在政府部门，高等教育改革的重点是转变政府职能，改变政府对大学的管理方式，高等学校就像一个走进医院的病人，坐等医生的诊断和治疗。进入市场经济时代，旧病未去，新病又起，高等教育产业化浪潮与高校行政化问题裹挟在一起，高等学校大发展的同时因治理问题引发的批评之声反而日益增多。治理问题是制约我国高等教育人才培养质量的症结之一已形成共识。国家专门成立了由国务委员任组长的国家教育体制改革领导小组，强调要对高校进行整体、综合化改革。教育部于2012年年初出台《高等学校章程制定暂行办法》，希望通过大学章程的制定来完善学校内部治理结构。

---

① Thomas Friedman, America's Real Dream Team（http://www.nytimes.com/2010/03/21/opinion/21friedman.html? ref = todayspaper）.

② 2005年，当时的国家总理温家宝在看望钱学森的时候，钱老感慨地说："这么多年培养的学生，还没有哪一个的学术成就，能够跟民国时期培养的大师相比。"钱老又发问："为什么我们的学校总是培养不出杰出的人才？"钱学森认为："现在中国没有完全发展起来，一个重要原因是没有一所大学能够按照培养科学技术发明创造人才的模式去办学，没有自己独特的创新的东西，老是'冒'不出杰出人才。"钱学森之问，包括两个层面：一是学校培养创造发明型人才的模式，二是创新创业型人才在社会上发挥作用脱颖而出的机制。

二　学生权力虚置制约大学治理体系和治理能力现代化

截至 2015 年中国高等教育毛入学率已经达到 40%，正在快步迈向高等教育普及化时代。大学生的构成、学习方式、求学目的都更加多元而复杂，大学生权利保障问题，也变得更为突出与严峻。大众化时代，大学生被忽视或被限制的权利，到了普及化时代，将逐渐拓展并得到重视。也就是说，大学生除了享有公民权利、学习权利外，还应享有参与学校治理的权利和更多的选择权，这是普及化时代大学生权利更为核心的部分。[①] 权利没有权力保障，就容易落空，就容易受到侵犯。目前中国大学内部权力主体主要包含党委权力（政治权力）、行政权力、学术委员会权力、教代会权力四种，学生权力长期被忽视和虚置。在对学生个体的认识上，许多高校管理者还不了解学生主体意识觉醒、权力意识增强的实际，适应不了从管理者向学生服务者和学生参与学校管理的引导者的角色转变，在事关学生重要权利的事情上缺少与学生的沟通、对话，无程序意识，漠视、反感甚至排斥学生要求参与高校治理的诉求，结果引发一些学生抗争事件。[②] 个别大学还曝出过通过侵犯学生权利来回避责任和谋求不当利益的丑闻。笔者对 50 名在美国、英国和中国香港的留学生进行了访谈，90%的学生都提到一点，留学时选课、生活、兴趣各方面的权利都得到尊重，个性得到发展，觉得从"一个可以被老师摆布的棋子变成了一条可以自由游动的鱼"。香港大学开学典礼上学生会主席坐主席台，百年校庆时剑桥大学校长来校演讲以及与港大校长对话等活动都由在读的学生主持。澳门科技大学主办的一场"高等教育教与学转型中的文化思考"国际会议，从头到尾都由几个在读本科生轮流担任主持人，嘉宾讨论时，甚至还给学生主持人配备了老师做助手。这种"以学生为中心"的大学运转模式，对内地学生的冲击力可想而知。根据笔者对武汉、北京、昆明、杭州等地

[①] 林杰：《高等教育普及化时代大学生的特征及其权利保障》，《中国高教研究》2016 年第 3 期。

[②] 2016 年 6 月，东莞理工学院部分学生因学校校区安排问题聚集，表达诉求，并对此后校方召开的学生代表座谈会上校长的一些言论进行网络抗议和抵制，一时成为社会焦点。参见澎湃新闻《高校校长拒回答学生问题，称不介意你从我尸体踏过》（http://i.ifeng.com/news/share-news.f?aid=110912402）。

500 名大学本科生做的问卷调查,作为学校的利益相关者,61.3%的学生完全不知道或只知道一点学校管理和决策的信息,所有学生基本上都被排除在高校治理决策层之外;从学校对学生意见和建议的重视程度来看,72.5%的同学认为重视程度一般或者不够重视(比如学校场馆的建设、维护、使用,课程的开设、调整不会真正听取自己的意见),权利得不到保障(比如会被强迫参加一些自己根本没有兴趣的报告会或文体活动,宿舍被违规检查等)。

在大学生的价值追求越来越多元化的时代,如果继续漠视学生作为教育消费者、作为核心利益相关者、作为民主参与者的发展需求、权力需求,大学治理体系和治理能力的现代化很难真正得到实现。正如联合国教科文组织在《21 世纪的高等教育:展望和行动世界宣言》中所强调的:"国家和高等院校的决策者应把学生及其需要作为关心的重点,并应将他们视为高等教育改革的主要参与者和负责人的受益者。这应包括学生参与有关高等教育问题的讨论,参与评估,参与课程和教学法的改革,并在现行体制范围内参与制定政策和院校的管理工作。由于学生有成立代表自己的组织和权利,所以应保证学生对这些工作的参与。"[①] 教育部 2005 年颁布实施的《普通高等学校学生管理规定》指出:要"建立和完善学生参与民主管理的组织形式,支持和保障学生依法参与学校民主管理"。[②] 天津大学、中国石油大学(华东)、华东师范大学等许多高校都设置了由学生担任的校长助理岗位,开始积极尝试让大学生参与高校管理,提升管理的民主化程度。这些改革取得了一些效果,但从形式参与到真正权力共享,还有很长的路要走。笔者连续四年都组织参加以听取学生意见为主要目的的期中教学座谈会,学生每次都反映排课问题、实验室设备老化和不足问题,但一次都没有得到解决。这就是学生没有参与大学治理的权力,无法影响决策的结果。

三 学生分享大学治理的权力是实现大学育人职能的重要途径

实现大学治理体系现代化的根本目的是提高高校人才培养质量。人

[①] 赵中建:《全球教育发展的研究热点——90 年代来自联合国教科文组织的报告》,教育科学出版社 2003 年版,第 410—411 页。
[②] 中华人民共和国教育部令:《普通高等学校学生管理规定》,2005 年 3 月 25 日。

才培养是高等教育四大职能中公认的最基础、最核心的职能，科学研究、社会服务、文化传承职能的实现以育人职能的实现为基础。如果人才培养的目标不能实现，那么大学就不能说完成了自己的使命。如果学生缺少对高等教育的参与权、选择权甚至决策权，那么，就无法保障自己的权利。教育部前部长周济2006年在中国发展高层论坛年会上指出："这一庞大的高学历群体不应该也不可能排斥在权力的边缘，他们会自然而然地从自身的利益和价值判断出发要求参与高校事务的管理。"

学生权利不同的背后一个重要原因是对大学事务的参与程度不同。参与程度直接影响大学治理结构，大学治理结构问题实际上就是大学权力分配问题。参与会促进学生成长，学生成长会进一步提升他们的参与程度与参与能力。没有参与权，学生就不能取得公平公正的治理资格，就会减少对学校的信任和参与集体事务的热情。恶性循环，就会限制学生素质的提高。于是问题便进一步聚焦到大学治理中学生参与权问题，学生参与与有效实现大学育人职能的关系问题，也就是学生发展的问题。

基于以上分析，本书总目标是对学生参与大学治理的权力性质、运行模式、实现机理及其在中国的实践做出较为全面的分析研究，探讨学生在参与大学治理过程中权力运行的基本关系和规律、存在的问题及改进方式，揭示学生参与大学治理与提高人才培养质量，以及与高等教育治理体系及治理能力现代化的关系。本书要研究的关键问题就是学生参与大学治理的权力在其演进与运作过程中与来自国家权力、学术权力、行政权力等权力因素的复杂联系是什么？它如何建构着大学治理的基本格局，又对大学的人才培养产生了怎样的影响？

第二节 研究意义

学生参与大学治理、分享大学治理权力已经是发达国家高等教育的常态，相关的研究文献较多。但在中国，这对大多数学生而言，却还是一种可望而不可即的体验。国内新修订的大学章程中，几乎全部回避了关于"学生权力"的表述。相当一批大学管理者对学生参与、分享大学治理权力还会有不安、不适的感觉。国内学术界也较少有相关研究。西方学者的有关理论具有借鉴价值，却难以解释中国学生参与大学治理困境的根源。有鉴于此，学生参与大学治理的权力理论有必要结合中国的实际来加以研究和扩展，特别是在国家大力推进治理体系和治理能力现代化以及提高人才培养质量的背景下，研究学生参与大学治理权力的有关理论，探索中国特色的学生参与、分享大学治理权力的路径，具有一定的理论和实践价值。

一 丰富大学治理理论和人才培养理论

建设创新型国家已经成为国家战略，提高高等教育人才培养质量成为高校最重大的使命。在中国，研究提升高等教育人才培养质量的文献汗牛充栋，研究学生参与大学管理的文献近年来也逐渐开始增多，但较少有能将两者联系起来从学生参与的角度探讨提升育人水平的研究。即使在西方，现有文献也多集中在学生参与教学事项对学生发展的作用方面。本书将学生参与大学治理的过程看作对大学组织决策权力的重新分配过程，将权力分配当作保障条件，探讨学生参与权力分配对学生成长成才的作用、功能，具有一定的理论创新性。

中国高等教育领域关于学生参与大学治理的研究起步较晚，研究成果相对比较薄弱，许多研究还停留在学生参与大学管理的层次上。理论研究的薄弱，也使国家有关教育改革发展的重要文献对学生参与大学治理的表述显得不够充分，对学生参与大学治理在学生发展中的重要作用和意义认识不足。比如《国家中长期教育改革和发展规划纲要（2010—2020年）》中有关学生参与大学治理的表述为："探索教授治学的有效途径，充分发挥教授在教学、学术研究和学校管理中的作用，加强教职工代表大会、学生代表大会建设，发挥群众团体的作用。"这个论述，没有体现学生作为大学最重要的权力主体之一，参与大学治理，对大学、对学生发展的重要意义。本书立足于中国特色的社会主义高等教育实际，将营造治理"环境"与重塑学生"主体"并重，以"微观"促进"宏观"，从"下"而"上"，从"管理"到"治理"，力图接"地气"，特别是本书从学生权力这个比较新颖的角度出发，通过权力分析，揭示学生参与大学治理的权力与大学育人职能实现之间的关系，有一定理论新意，可以为国家推进教育改革和发展提供理论借鉴和参考，也是公民参与理论在教育领域的拓展。同时，在世界上高等教育规模最大的国家进行学生参与大学治理的权力研究,是对学生发展理论和大学内部治理结构理论的丰富和深化,其意义将不局限于中国。

二 为高校育人改革创新提供新思路

在建设现代化创新型国家成为发展目标的时候,对高等学校培养学生的要求也不再相同。以前一些西方人对中国有很深的误解,认为中国人就是鲁迅先生笔下的阿Q等一类形象,是天生的职业看客,不需要休息、娱乐,是只会干活的蚂蚁。毋庸讳言,长期的皇权统治,使我们的文化中缺乏公共精神,对比西方,一个例证是我们有个人的藏书楼和私家园林,但没有图书馆和公园。在这种传统下,特别容易产生两种倾向,一是国家包揽一切,二是成为伪自由主义者,你的事关我何事,我的事关你何事,对公共事务漠不关心,缺少公共精神照耀下的个人自由,形成庞大的原子状态的个人。现代社会的特点就是大量陌生人聚集在一起,有大量的公共事务需要处理,非常需要公共精神和自治品格。这种现代精神的养成,需要一个潜移默化的过程。

随着中国高等教育大众化进程的推进,学生已经开始意识到自身在高等教育内的消费者角色。为维护自身的权益,学生开始要求参与大学治理,发挥在大学治理中的主体性作用。这不仅是世界高等教育发展的趋势,也是中国高等教育发展的必然趋势,大学生参与高校治理是实现高校科学发展与运行的重要内容。本书将探讨学生参与大学治理的依据、措施和路径,以及进行改革的大致步骤,这将为促进中国高校民主管理、提高育人效能、构建现代大学制度提供新的思路。

三 为促进高等教育治理体系与治理能力现代化提供参考

每个好的研究都是对其时代面临问题的解答。钱颖一教授认为,"在中国,教育改革远远滞后于经济改革,大学改革远远滞后于企业改革"[①]。当下困扰中国大学人才培养和治理结构问题的根源,很多人都认为症结点在于行政权力过大、学术权力衰弱。学生参与大学治理,是提高人才培养质量、深化中国高等教育改革一项具有战略意义的探索,

---

① 钱颖一:《大学治理:美国、欧洲、中国》,《清华大学教育研究》2015年第9期。

对中国高等院校提升治理能力、提升育人水平、增强社会吸引力和影响力有一定意义。当然，也有一些人认为，当前中国连教师参与高校治理的状况都很不理想，目前根本没有必要去研究学生参与大学治理的权力问题。笔者反对这种观点。如果我们把目光放到20世纪60年代的欧美，就会发现，今天的中国在社会有些方面与当年的欧美有相似之处。首先是同处于一个巨变的时代，经济实现了罕见的高速度持续增长，目前中国已经成为世界第二大经济体。我们知道，大学生最容易成为激进运动的主体。随着国人生活水平迅速大幅度提高，一方面，年轻一代成长在物质丰富的"丰裕社会"，认为一切都是理所应当的，美好生活是自己应得的；另一方面，消费主义大潮、货币主义价值观又把社会生活的一切方面都卷入一场个人无法控制的旋涡中，社会分化加剧，矛盾和问题层出不穷。年轻学生在优越的生活条件中成长，一向自视甚高，进入大学后才发现现实很"骨感"，毕业后将难有向上流动的机会，面临着沦为工人甚至失业的危险。失望与不满的情绪开始滋长，"被就业""房奴""拼爹"这些流行词体现了年轻人在现代社会中的一种难以言状的压抑和焦躁。这些问题容易造成他们的价值观与父辈、师长之间产生断裂，使他们产生否定既存秩序的思想，现实中他们的反抗又难以产生效果，这就更会让他们把问题的原因归咎于他人和社会，普遍对政治和公共生活冷漠，精神面貌缺乏朝气，变成"物质主义"的"沉默顺从派"。然而，在这种政治冷漠、屈从的背后，可能孕育着不满的情绪和反抗的种子，一旦被突破，就容易走向另一个极端，将不满发泄到现行体制中，走向反叛传统秩序的道路。当年席卷世界的欧美学生运动已经提供了生动的例证。就像钟摆容易跨越两个极端，警惕学生对大学公共事务由参与不足突然变为"过度参与"，开展必要的前期研究，对今天有重要意义。

此外，如果我们有一种历史的、全球的视野，再把目光投向20年、30年、50年之后的中国，届时，中国大学的治理水平、学生参与大学治理的程度、大学人才培养的质量，应当很有希望达到甚至超过西方发达国家大学目前的水准。有了这样的视野，我们再去思考如何把现在的发展基础和20年、30年、50年之后的与中国发展相匹配的大学治理体系挂起钩来，去思考实现这个目标的战略路径，就可以进一步明了这项研究的价值。

第三节 核心概念

本书将"大学"界定为普通本科高等学校,既包含高水平研究型大学,也包含从事普通本科教育的教学型院校;将"学生"界定为普通高校接受本科层次教育的在校学生。当然,这种界定并不否认所有中学后教育都存在学生参与治理问题。

一 大学治理

(一)治理

"治理"(governance)一词拥有悠久的历史,古拉丁语和古希腊语中的"操舵"一词是英语中的"治理"的源头[1],后来治理的含义主要指控制、指导或操纵,与统治(government)交叉使用。在古代中国,"治"原为水名。《说文》记载:"治,水,出东莱曲城阳丘山,南入海。"后来引申出"治水""整治"的意思,逐渐有了秩序的含义,如"天下大治"。认为国家不能治理,必然混乱无序。司马迁之父司马谈在《论六家要旨》中说:"夫阴阳、儒、墨、名、法、道德,此务为治者也。""理"原意是玉石内部的纹路,引申为顺着事物内含的道理做事,如《吕氏春秋·劝学》:"圣人之所在,则天下理焉。""治理"两字合起来,还是"统治、秩序""整治调理"的意思,如《荀子·君道》:"明分职,序事业,材技官能,莫不治理,则公道达而私门塞矣,公义明而私事息矣。"[2]《汉书·赵广汉传》中的"壹切治理,威名远闻"[3],《孔子家语·贤君》:"吾欲使官府治理,为之奈何?"[4] 清王士镇《池北偶谈·谈异六·风异》:"帝王克勤天戒,凡有垂象,皆关

---

[1] Weller P., *In Search of Governance, the Future of Governance*, NSW: Allen & Unwin, 1999, p.23.
[2] 王云五、熊公哲:《注释〈荀子〉(上)》,重庆出版社2009年版,第260页。
[3] 张永雷、刘从译注:《汉书》,中华书局2009年版,第203页。
[4] 杨朝明、宋立林:《孔子家语通解》,齐鲁书社2009年版,第158页。

治理。"①

  现代意义上的治理来源于20世纪中后期。当时从英国首相撒切尔夫人到美国总统里根，再到世界银行，新自由主义思潮从西方迅速蔓延到全世界，其核心理念是鼓吹政府放权，把权力转移给社会，下放给私营企业。詹姆斯·罗西瑙认为，治理是一种有共同目标支持的活动，这些活动主体不一定是政府，也并不依靠国家强制力量来保证目标实现，其运行机制也是多元的，包含政府机制，同时也包括市场机制、社会机制等非政府机制。②全球治理委员会1995年在《我们的全球伙伴关系》的研究报告中指出，治理使相互冲突的或不同的利益得以调和，是采取联合行动的持续过程，治理既包括有强制力的正式制度和规则，也包括人们协商一致的非正式制度安排。治理涉及的范围既包括公共部门又包括私人部门。从特征上来讲，治理不是一种正式的制度，而是一个持续的互动过程，这个过程的基础是协调，而不是控制。③而今"治理"被赋予更多新内涵：除指政府通过某些途径用以调节行为的机制外，更强调多元主体互动式、参与式管理。

  20世纪80年代中期，"治理"开始在中国流行，在1996—1997年被广泛使用。其含义是政府不要无所不管，更不要一管到底，应当让其他力量参与管理。现在国家将"治理"作为改变中国的一个关键，强调治理体系和治理能力现代化，这表明新时期更强调"治理"的广泛性、参与性、互动性，治理不再仅仅是国家的责任，而应是政府、社会以及全民的共同责任。笔者认为，治理强调政府与公民、社会组织的合作，更重视自下而上的参与，是多主体参与的、共同解决公共问题的机制和过程。公民和群体可以通过政府机制、市场机制、社会机制等来缩小相互之间的分歧，表达共同利益，履行权利和义务。

  治理强调参与主体的多样性，强调分权与制衡，其核心在于共治共享。与管理相比，两者权威的性质不同，治理可以是强制的，但更多的是协商。而管理则是自上而下的，双方是不对等的，管理一般带有强制

---

① 王士禛：《池北偶谈（下）》，中华书局1952年版，第613页。
② ［美］詹姆斯·罗西瑙：《世界政治中的治理、秩序和变革》，张志新译，载［美］詹姆斯·罗西瑙等《没有政府的治理》，江西人民出版社2001年版，第55页。
③ 俞可平：《权利政治与公益政治》，社会科学文献出版社2000年版，第113页。

性，被管理对象的感受对管理方没有约束力。治理则对权力结构进行了改变，变为双向流动的结构，治理的主体也可能同时是治理的对象，治理对象和治理主体之间的地位是平等的，治理权力的运行一般需要被治理方的同意。所以进行治理，就必须要了解、研究治理客体，要考虑他们的利益、诉求。治理机制设计好了，系统可以实现自我良性运行。就像设计良好的蒸汽机，自动做功。管理则不同，它靠压力维持系统运行，就像漏气的蒸汽机，堵死了，就熄火；放开不管，又有爆炸的危险，所谓"一管就死，一放就乱"，最后形成管理依赖。

（二）大学治理

大学治理英文释义为"University Governance"，不同的学者对于大学治理有着不同的定义。丹尼斯·盖尔（Dennis John Gayle）等学者将大学治理定义为围绕关系大学生存与发展的重大问题进行的权威性决策的过程和结构，这些问题涉及大学的内部和外部。[①] 罗伯特·伯恩鲍姆（Robert Binbanm）也认为大学治理是一种结构和过程。他将大学内部分两个体系：基于法律权威的董事会、行政组织和基于专业权威的教师体系，大学治理是为了实现这两个体系的动态平衡而设计的结构和过程，并以专业权力为主。[②] 刘献君认为，学术界就大学治理的含义已经达成了基本共识，即"是大学内外部的权力结构及其运行，核心是大学组织决策权力的分配"[③]。2010 年在大连举办的"高校治理及国际比较高层研讨会"会后发表的一篇会议综述提出，高等学校作为一种组织，兼具社会性和经济性，其治理作为一项制度安排，从本质上讲，是大学各利益相关者之间利益与权力多方博弈的结果，特别是行政权力和学术权力相互斗争平衡的结果。[④] 高等教育研究学会（Association for the Study of Higher Education，ASHE）关于 21 世纪大学治理的讨论文集中，提出了

---

① Dennis John Gayle, Tewarie, Bhecndradatt, *Governance in the Twenty-First-Century University: Approaches to Effective Leadership and Strategic Management*, ERIC Digest, ED482560, 2003, p. 1.

② Robert Binbanm, "The End of Shared Govemance: Looking Ahead or Lookng Back Matter", *New Direction For Higher Education*, Fall, 2004 (127), pp. 12 – 43.

③ 郭卉：《权利诉求与大学治理——中国大学教师利益表达的制度运作》，中国海洋出版社 2008 年版，序言。

④ 孟韬：《高校治理的本质、机制与国际经验——高校治理及国际比较高层研讨会综述》，《教育研究》2011 年第 2 期。

一个比较简洁的定义：大学治理是大学内外部利益相关主体共同参与大学重大事务决策的结构和过程[①]。

从大学治理核心定义可以看出，在大学治理主体上，强调了参与主体的多元化，并且指出治理过程是一个开放的系统，决策过程体现了大学各利益主体的公共价值。同时，各相关利益主体之间的关系，兼具内部关系和外部关系，他们之间是一个有机的整体。内部治理关系主要是要处理大学内部管理者与教师、学生等之间的关系；而外部治理关系主要是处理大学与政府、社会之间的关系。大学治理的实质是大学的权力配置及在此基础之上的权力运行。

大学内部治理是指大学决策权力在大学内部教学科研人员，行政管理人员和学生等各个利益主体之间的分配以及权力行使过程，它是通过明确的权责关系和利益关系，决策大学发展中的各项事务，并实现内部各利益主体的共同利益最大化的过程，其核心为大学权力的分配与制衡。大学展到一定阶段，学生参与大学治理便成为不可避免的话题。从参与主体来看，随着高等教育的发展，大学治理内容的日益多样化，利益涉及群体的广泛化，学生已经成为参与大学治理的必要主体之一。从权力分配来看，学生在大学治理中也开始逐渐拥有地位和话语权，他们开始掌握着决定大学决策的一些日常事务，开始在大学发展中行使治理权。从制度安排上，学生已经开始走入大学治理中，成为制度内人员，而非以前的被排挤在制度之外的单一受管理的被动角色。

研究大学治理，必然涉及大学管理（management）。李福华、王洪才等学者认为，大学治理从属于大学管理范畴，是大学管理的目标追求。他们将大学治理看作大学管理的高级阶段，是管理达到内在和谐后的一种状态。[②] 笔者不太认同这种看法。尽管大学治理与大学管理总是同时存在，互相促进，二者之间并没有严格的边界，在某些情况下可以将治理看作组织发展到一定程度后对组织管理提出的新要求，但大学治理是一个与大学管理内涵不同外延却有交叉的概念。治理关注的是谁来

[①] Dennis John Gayle, Tewarie, Bhecndradatt, *Governance in the Twenty-First-Century University: Approaches to Effective Leadership and Strategic Management*, ERIC Digest, ED482560, 2003, p. 1.

[②] 李福华：《大学治理的理论基础与组织架构》，教育科学出版社2008年版，第14—26页；王洪才：《大学治理的内在逻辑与模式选择》，《高等教育研究》2012年第9期。

管控（governing）学校的问题，更多强调的是通过组织架构、权力分配等制度安排，从而实现不同利益相关者之间的相互制衡，它决定学校的性质、使命与大政方针；管理则在治理决定的原则与框架下，主要强调的是"做正确的事"，即计划、组织、领导、监督，落实具体的行政、学术事务等。

二 学生参与、学生权力、权力强度

（一）参与

参与（participate）源自拉丁文"participare"，最早在古希腊，就有民主参与公共政治生活思想的萌芽，但是现代意义上的"参与"概念，主要来源于近代民主理论中有关人民权利思想[①]。在管理学和组织行为学中，"参与"指个体卷入群体活动的程度，包括个体认知和情感方面的投入、与组织中其他个体间的互动，个体受到群体影响以及个体影响群体的方式和程度[②]。在教育心理学中，参与是反映学生在与学业有关的活动中投入生理和心理能量的状态变量，是师生关系形成的前提，是创造教学活动和教育服务的行为基础。[③] 参与包括认知参与、情感参与和行为参与三个方面，认知参与（cognitive）指学生的自我调节、个人目标及自主投入度等；情感参与（emotional）指学生的兴趣、认同感或归属感、与教师及同伴的关系等；行为参与（behavioral）指学生对公共事务的参与和课外活动参与等。学者赵炬明指出，参与性是治理问题的关键。高校的主要利益相关者包括政府部门、行政系统、学术人员、学生、社会机构，他们之中谁来管控学校是参与的核心。[④]

笔者认为，参与的实质是共享权利与责任，参与是个体或群体以一定目的进入一定情境并与情境中的人和物发生相互作用，在此过程中实现个体或群体的改变与发展。参与是治理的前提和核心。

---

① 王浦劬：《政治学基础》，北京大学出版社1995年版，第205页。
② 方舟、奚群英、吕有伟：《学习支持服务与学生参与度关系的调查研究——以浙江奥鹏远程教育为例》，《开放教育研究》2010年第16期。
③ 王升：《主体参与型教学探索》，教育科学出版社2003年版。
④ 赵炬明：《建立高校治理委员会制度的设想》，《中国高教研究》2014年第11期。

（二）学生参与

"学生参与"的观念是教育发展到现代的产物。与以教师传授知识为中心的传统观念不同，学生参与强调大学最重要的任务是提供和创造鼓励学生参与的条件与环境，认为只有参与，才能促进学生取得更好的学习效果，实现个人发展。[①] 学生参与是行为参与、情感参与和认知参与三个方面的组合，集合了动机（motivation）、归属（belonging）、学校环境（school climate）等相关变量，是一个多维度的概念，而且变量之间相互影响，动态相关。[②] 2007 年，国外学者 M. Yazzie-Mintz 进一步将学生参与细化为认知、智力、学术（指学生努力、投入和学习策略）、社交、行为（课外及非学术活动及与朋辈的交流）及情感（对学校的归属感、学校的氛围及与他人的关系）等方面的参与[③]。

学生参与国内外研究视角多集中在对学生"课堂教学活动"的参与方面。国外学者康奈尔（Connell）和沃博（Wellborn）认为学生参与是"学生在学业中的行动力、努力及坚持的程度以及学生在学习活动中的情绪状态"[④]。斯金纳（Skinner）和贝尔蒙（Belmont）认为是"在学习活动中持续的行为投入并且伴随着积极的情感状态"。国内学者赵丽敏从大学生参与的角度出发，认为学生参与是大学生在教师鼓励和引导下积极参与教学实践活动，从而实现学生主体建构与发展的过程[⑤]。

不过也有少数学者的对"学生参与"概念的定义涉及学生参与学校的管理。如芬恩（Finn）等学者建构了一个参与—认知模型，分四个层

[①] 郭法奇：《"学生参与"：一个历史与现实的话题》，《高等师范教育研究》2003 年第 15 期。

[②] Fredericks J. A., Blumenfeld P. C. & Paris A. H., "School Engagement: Potential of the Concept, State of the Evidence", *Review of Educational Research*, Vol. 74, pp. 59 – 109.

[③] Appleton J. J., Christenson S. L & Furlong M. J., "Student Engagement with School: Critical Conceptual and Methodological Issues of the Construct", *Psychology in the Schools*, Vol. 45 (5), 2008, pp. 369 – 386.

[④] Connell J. P. & Wellborn J. G. (1991), "Competence, Autonomy, and Relatedness: A Motivational Analysis of Self-system Processes", in M. R. Gunnar & L. A. Sroufe (eds.), *Self Processes and Development*, Vol. 23, pp. 43 – 77. Hillsdale, NJ: Lawrence Erlbaum.

[⑤] 赵丽敏：《论学生参与》，《中国教育学刊》2002 年第 8 期。

次来描述学生参与：一是学生到校，集中注意力并对教师指导做出反应；二是学生能表现出学习热情，可以提出问题，并积极参与相关学习活动；三是学生愿意参与到课堂以外的活动中去；四是学生能够参与学校的管理，这是参与的最高层级[1]。中国学者陈昌贵、牛端从参与式学习的角度出发，认为大学生参与式学习的内涵除了包含大学生在校期间的课堂教学、科技活动外，还包括学生对学校管理、社会活动的积极参与过程[2]。参与大学的管理逐渐成为"学生参与"的重要内容之一。

（三）学生权力[3]

学生权利需要权力来保护，这就涉及本书的核心概念：学生权力。美国学者 D. 赫尔雷格尔将教师权力、学生权力、行政人员权力分别界定为"知识性权力""资源性权力""决策性权力"。[4] 叶正龙和秦毅等人认为，因为大学生具有作为公民的政治性权利、作为消费者的经济性权利以及作为受教育者的文化性权利，学生权力是由这三种权利派生出来的公民权力、消费者权力以及受教育者权力的综合体现。[5] 曹忠义认为，学生权力是学生以自身资源为基础，通过学生组织或学校有关组织参与学校管理，取得在学校教学和管理事务中的参与权与决策权，以维护和实现自身利益的一种权力形式。学生组织和学生个人都可以是高等学校学生权力的主体。学校、院系，教师、行政管理人员都可以成为学生权力的客体。学生权力主要包括知识学习中的学习权力，以及参与大学治理的权力，可进一步细化为对课程专业和学业进程的选择权，对课程任课教师教学活动以及对学校的教学管理的评价权，对学校事务的监督权，对学校相关重大决策的参政权等。[6]

---

[1] Finn J. D., "Withdrawing from School", *Review of Educational Research*, Vol. 59, 1989, pp. 117–142.

[2] 陈昌贵、牛端：《论大学生参与式学习》，《高教探索》2001 年第 4 期。

[3] 本书中的"学生权力"特指普通高等学校在校本科学生的"学生权力"。

[4] ［美］D. 赫尔雷格尔：《组织行为学（第九版）（上册）》，俞文钊、丁彪等译，华东师范大学出版社 2001 年版，第 424—427 页。

[5] 叶正龙、曾志平：《浅谈高校管理中的大学生权力》，《湖南经济管理干部学院学报》2006 年第 5 期；秦毅：《高校学生权力的探索》，《扬州大学学报》（高教研究版）2004 年第 6 期。

[6] 曹忠义：《学生权力建设与高校内部权力主体间平衡的理性分析》，《山东师范大学学报》（人文社会科学版）2009 年第 5 期。

本书中将"学生权力"界定为大学在校学生依靠自己掌握的独特资源（这些资源不一定是物质性的，对于组织来讲是有限但必需的），为实现某种权利（利益）或原则而在大学实际运转过程中体现出的对特定对象产生影响或制约的能力。学生权力分为积极权力和消极权力两类。这两类权力都是相对其他权力主体而言的，比如另一部分学生、教师、管理人员、后勤人员等，不同点在于积极权力是要去约束别人；消极权力则是要求别人不要干涉自己，学生自治即是典型的消极权力。学生权力包含着如下一些要素：第一，权力主体（学生）；第二，目的性（即利益）；第三，强制力（也包括非强制力的借用）；第四，权力作用的对象（即权力客体）；第五，权力主体对客体的一定作用方向与方式；第六，权力格局；第七，权力关系的稳定程度。

（四）权力强度

权力强度是笔者为了描述大学生在大学治理中的参与程度而提出的一个概念。权力强度是指学生参与大学治理的权力（包括积极权力和消极权力）能在多大程度上影响大学利益相关主体的意志，进而决定整个大学治理战略决策的能力，也即学生参与大学治理的权力的实现程度。学生的权力强度对大学治理效能有着重要的影响。

学生权力强度容易受到国家社会环境、学校类型、学生社会阶层、经济条件、求学动机和兴趣爱好的差异等因素的影响。根据学生参与事项的领域不同，学生权力强度也应该有差别。人不是抽象的，是众多社会关系的总和。人的行为常常受制于群体，或是强势集团的影响。孤立的个人，在做选择时，趋利避害的倾向非常明显，所以也会出现一些学生基于个人或小群体的利益，为此不惜损害、放弃群体利益的现象。例如在学生评教中，学校希望学生给予客观评价，但学生由于自身判断能力和希望得高分的原因，会给一些教师虚高的分数，评价结果失去意义。西方名校中近年来广受诟病的"学生分数膨胀"现象，就与学生权力给大学和教师的无形压力有关。

因为大学作为学术共同体的组织特点，以及学生专业素养和能力不够丰富等因素，限制了他们参与学校治理活动的广度和深度，所以学生参与大学治理的权力强度必须在一定范围内运行，防止学生权力强度超限，不得违反理性原则和非暴力原则，不得违反法律法规的规定或相应程序参与大学或社会事务，以免不利于学生和大学的发展。在中国，当前主要是学生参与的权力强度不够的问题。

三 学生参与大学治理的权力

学生参与大学治理的权力与"学生权力"是两个内涵有交叉的概念，"学生权力"包含但不限于学生参与大学治理的权力[①]。如前所述，"学生权力"是大学在校学生依靠自己掌握的独特资源为实现某种权利（利益）或原则而对特定对象产生影响或制约的能力，是一种支配或影响性力量，当行使权力的主体是作为大学治理组织机构的一个组成部分时，无论是学生个体还是学生组织，不管其作用对象是另一部分学生，还是教师、管理人员、后勤人员，抑或其他社会组织等，学生权力就窄化为学生参与大学治理的权力。举例来说，学生作为受教育者，有得到教师和学校对自己学业进行公正评价，给予适当成绩和证书的权力，这是一种学生权力。但只有当事件中的学生身份是大学治理组织机构的一员时，我们才能说自己讨论的是学生参与大学治理的权力问题。

大学本科生是18—23岁的青年，正处于心智发展的窗口期，其特点是心智再塑性强和实验性行为多。学生参与大学治理具有非常丰富的内涵，包括参与的价值和目标（我想）、参与的能力和自我控制（我能）以及社会联系（我属于）的感知为调节的行为和情感投入等[②]。美国经济学家约瑟夫·熊彼特认为"民主政治并不意味着人民真正在统治……它的意思只能是：人民有接受或拒绝将来要统治他们的人的机会。"[③] 参考这个提法，本书将学生参与大学治理看作学生权力参与大学治理的权力分配与实现过程，其权力体现在直接行使、选择行使方，

---

① 为行文方便，文中有的地方也会用"学生权力"代指"学生参与大学治理的权力"。

② Appleton J. J., Christenson S. L. & Furlong M. J., "Student Engagement with School: Critical Conceptual and Methodological Issues of the Construct", *Psychology in the Schools*, Vol. 45 (5), 2008, pp. 369-386.

③ [美] 约瑟夫·熊彼特：《资本主义、社会主义与民主》，吴良健译，商务印书馆2007年版，第415页。

或自我治理方面。大学治理的权力又分为两类，包括作为的积极权力和允许权力对象自治的消极权力，所以学生参与大学治理的权力内涵也需要从学生自治、学生行使大学治理的权力两个方面去理解。

(一) 学生自治

学生自治是社群意义上的自治，是学生作为一个社会共同体，其内部全体组成人员享有自治权利，可以自主处理自身事务。学生自治也是一种组织决策权力的分配，不过属于消极的权力分配，即其他权力不能干涉，实际上也是一种保留的自治权力。儒家文化传统，一直强调"修身""慎独"，现在很多家长要求小孩子"管好自己的事"，这实际上都是个体意义上的自治。但这种自治显然是不够的，每个人步入社会，都要既做好"众中之己"，又要处理"由己及众"的问题，需要扩展到群体自治。群体自治的内涵，不是"齐家治国平天下"中的治理，因为那种治理中，治理主体地位是高于客体的，是不平等的。陶行知先生认为："学生自治是由学生结起团体来，大家学习自己管理自己的手续。"学生自治的内涵有三：不是自由行动，而是平等参与，共同治理；不是打消规则，而是大家立规守法；不是故意和学校闹独立，放任自流，而是集体练习自治的道理。1931 年，作为蔡元培全权代表在北大任总务长的蒋梦麟发表演说，赞成推动学生自治。他说，"学生自治是养成青年各个能力，来改良社会。他们是以社会分子的资格，来改良社会，大家互助，来求社会的进化。不是治人，不是做主人翁；是自治，是服务。有人说，学生自治会里面，自己捣乱，所以自治会是不行的。我想自治会里面起冲突，是不能免的，这是一定要经过的阶段。况且与其在学校里无自治，将来在社会上捣乱，不如在学校中经过这个试验，比较少费些时"。[①] 潘光旦先生曾将学生自治会分为三种类型：在学生个人与团体生活方面做修齐功夫的，这是真正的学生自治会；替学生大众办事或当差的，这种只能叫作学生自活会，即生活的一部分，不由学校统制，也不由个人分别处理，而由少数不怕事的热心分子代办，但还谈不

---

① 蒋梦麟：《教育的出产品首先是个活活泼泼的人》（http://mp.weixin.qq.com/s?__biz = MzA4ODMwNjQyMg% 3D% 3D&idx = 3&mid = 400195044&scene = 21&sn = f7f09664f525641c3a936b46d6608579）。

上"治";被校外势力所支配和驱策的,这应当叫作学生被治会,谈不到一个"自"字。① 笔者这里"自治"的含义当然指的是第一种。但仅仅学生自治,也是不够的。学生团体不是生活在真空中,学生利益不可避免会与教师利益、学校利益发生矛盾和冲突。比如教师愿意花更多时间去做科研而忽视教学;学校更愿意把人力和资源投入可以出成果的科研中,而压缩普通教学实验设备方面的投入。这些问题,超出了学生自治的范围,需要拓展学生参与的内涵。

(二)学生行使大学治理的权力

学生行使大学治理的权力主要是学生作为社群的集合体参与大学治理,共同行使大学治理的权力,其实现主要是通过选举代表参与的方式(可1人,可多人),其重要的意义在于直接对抗其他权力方,防止其他权力(政府、校行政、学术系统、社会)不当扩张,侵犯到学生权力,属于大学治理的积极权力方面。就是说,学生通过参与大学治理,来分享大学权力,并以权力制约权力,通过制度和组织,维护自己的利益。当然,学生的这种参与,也有利于保证大学组织不偏离正确的航向。大学治理的核心是大学组织决策权力的分配,在这层意义上,学生参与大学治理即学生多大程度、多大份额参与了大学组织决策权力的分配。学生通过参与大学治理,从而实现学生主体自身建构与发展的过程。大学为学生权力划定一个界限,其他权力尊重界限之内学生的权力,学生权力也不随意越过这个界限。

第四节　文献综述

近年来,大学治理中学生参与问题已经引起了高等教育领域广大学者的关注,不少人从教育学、管理学、经济学、法学、心理学等学科视角进行了研究。虽然成果涉及了学生参与大学治理较多的方面,但从学生权力的视角进行研究几乎还是空白,对学生分享权力,参与大学治理的依据,不同维度的价值要素,参与治理的维度,参与的边界、路径、方法、模式等在理论研究中还缺乏探讨。接下来将主要从"大学治理结

---

① 潘光旦:《自由之路》,上海三联书店2008年版。

构研究""学生参与大学治理的研究""大学权力与学生权力的研究"和"学生参与大学治理的问题与对策研究"四个方面进行国内外相关文献梳理。通过分析,了解当前研究的现状与进程,找到已有研究的空白点和新的理论生长点。

一 有关大学治理结构的研究

20世纪80年代末期,在对政府与市场、政府与社会、政府与公民这三对基本关系的反思中,治理理论开始在西方一些国家和世界银行、国际货币组织以及经合组织等国际组织中兴起。1989年,世界银行首次使用了"治理危机"(crisis in governance)来描述非洲情形。1998年,诺贝尔奖获得者埃莉诺·奥斯特罗姆提出了多中心治理理论,认为在政府、市场两个中心之外需要引入社会,作为治理的"第三个中心"。她认为,人类社会中公共事物的治理,除了组织秩序、市场秩序,以及权力机制、价格机制外,还存在第三种秩序和机制。这种认识打破了以往只有国家或市场才是解决公共事务治理之道的定见,已成为一种思维方式和理论框架,并被引入对大学治理的研究之中。[①] 在高等教育领域,首次提出并最早研究大学治理的是美国学者约翰·J. 柯森(John J. Corson),他于1960年发表了专著《大学的治理》(Governance of College and Universities)。此后,作为治理理论在公司和公共事务治理中的延伸,"大学治理"(university governance)被美国和欧洲学术界广泛使用,"治理"开始进入高等教育管理领域,很多学者对其开展了研究并形成了众多有价值的成果。1973年,美国卡耐基高等教育委员会将大学治理定义为"对大学事务进行决策的过程,不同于管理和行政"[②]。从这个定义可以看出,大学治理是在大学利益主体多元化的背景下,协调这些利益相关者之间的关系,降低大学运行成本,提高办学效益的一系列制度安排。治理过程是一个开放的系统,决策过程体现了大学各利益主体的公共价值。

[①] 埃莉诺·奥斯特罗姆:《公共事务的治理之道》,余逊达、陈旭东译,上海译文出版社2012年版。

[②] Carnegie Foundation for the Advancement of Teaching, *Governance of Higher Education: Six Priority Problem*, McGraw-Hill, 1973 (10), pp. 53–55.

大学治理问题一直得到西方国家、社会和学者的高度重视。在比较英国、澳大利亚、美国等国家大学治理模式的基础上，列奥·特拉克曼把大学的治理模式分为教授治校模式、公司模式、董事会模式、利益相关者模式和整合模式五种。[1] 罗伯特·伯恩鲍姆则把大学治理模式划分为学会组织模式、官僚组织模式、政党组织模式和无政府组织模式。[2] 莎莉潘特（Salipante P.）运用制度变迁理论分析了学校传统与长期适应性的关系，认为在大学内部治理过程中应当引入制度渐进变迁的思想[3]。加布里埃尔（Gabriel E. Kaplan）认为权力的归属与决策结果联系不大，因此大学内部治理结构与绩效并无显著关联。安德丽娜·凯撒（Adrianna J. Kezar）则持不同观点，认为领导者的能力和人与人之间的信任关系，比大学治理结构和过程更能影响大学发展。帕克特（Paquet）提出，大学内部治理模式的形成是大学内部不同利益主体之间进行权力斗争和协调的结果。苏珊（Susan Whealler Johnston）指出，教师参与大学内部治理，可以为其将来走入管理岗位做准备。[4] 国外学者对大学治理的结构研究将视角主要集中在大学制度、权力、领导者，以及大学教师上，研究方法实证与理论相结合，研究成果也多，在内部治理结构分析中，也重视对学生参与大学治理的研究。他们对大学内部治理的研究为本书提供了许多值得借鉴之处。

中国对大学治理的研究还处于起步阶段，相关文献总量并不多而且有待深入。张维迎是中国较早研究"大学治理"并产生较大影响的学者。他在《大学的逻辑》一书中从理念与治理、大学相关利益主体之间的博弈、制度的实现等方面提出大学的逻辑，他认为用什么样的制度安排才能保证大学的目标和理念的实现是大学治理的基本问题。有关大学治理（university governance）的制度安排核心是治理结构问题，就是要确保创造

---

[1] Leon Trakman, "Modelling University Governance", *Higher Education Quarterly*, 2008(2), pp. 63–83.

[2] 罗伯特·伯恩鲍姆：《大学运行模式——大学组织与领导的控制系统》，别敦荣译，中国海洋大学出版社　年版。

[3] Salipante P., *Providing Continuity in Change: the Role of Tradition in Long-term Adaptation*, San Fransisco: Jossey-Bass, 1992 (5), p. 128.

[4] 矢野真和：《大学的治权：理念和资金的关系》，徐国兴译，《教育与经济》2004年版。

知识的学者在大学治理结构中的地位。[①] 学者肖应红提出，大学治理作为现代大学核心制度安排，集中体现在权力的配置上，是大学利益相关主体参与大学内部重要事务的结构和过程[②]。郭丽、茹宁更将大学内部利益相关者及其各种关系明确化，指出大学治理即管理人员、教师、学生等利益相关者之间权力、责任、利益划分的制度性安排，以及其实现过程[③]。甘永涛提出大学治理是大学内部各利益主体运用多元化、民主化、平等化的方式参与大学管理的一个协调互动过程[④]，当代大学治理结构可以分为关系型治理、行政型治理和复合型治理三种模式，分别以内部人监督、国家监督和中介机构（通常代表政府意旨）监督为主[⑤]。在大学内部治理结构研究上，李立国认为大学治理的结构体系是利益关系、权力关系和权利关系相互联系、整体构成的有机系统。[⑥] 胡仁东从影响力的视角对现代大学内部治理结构进行了分析，认为大学内部不同利益群体、大学与社会之间的影响力配置及其相互间的作用关系构成了大学治理结构[⑦]；孙天华认为，不同于世界上很多国家的行政和学术的二元权力结构，中国当前大学内部治理是学术、政治和行政的三元权力结构，这种结构导致了行政权力泛化、学术权力无法彰显[⑧]；谭志合通过对当前中国高校学术权力与行政权力之间关系的分析，指出中国高校大学治理存在的普遍问题是行政权力泛化导致学术权力的生存空间受到挤压，并提出了提高中国大学治理结构效能的策略[⑨]。上海交通大学校

[①] 张维迎：《大学的逻辑》，北京大学出版社2004年版，第1页。
[②] 肖应红：《关于我国高校内部治理结构重建问题的思考》，《黑龙江高教研究》2007年第9期。
[③] 郭丽、茹宁：《大学治理理论及我国大学的治理对策探析》，《南昌航空大学学报》（社会科学版）2007年第4期。
[④] 甘永涛：《权威——目的两分法：大学治理模式解析》，《教育发展研究》2006年第11期。
[⑤] 甘永涛：《大学治理结构的三种国际模式》，《高等工程教育研究》2007年第2期。
[⑥] 李立国：《大学治理的内涵与体系建设》，《大学教育科学》2015年第1期。
[⑦] 胡仁东：《现代大学内部治理结构探析——基于影响力的视角》，《现代大学教育》2005年第10期。
[⑧] 孙天华：《大学的科层组织特征及效率——对我国公立大学内部治理结构的分析》，《河南社会科学》2004年第10期。
[⑨] 谭志合：《当代中国高等学校学术权力与行政权力的关系》，《理工高教研究》2002年第8期。

长张杰提出,以人为本是当今中国大学治理的核心。包括教师、学生、管理人员在内,每一个在大学生活的人都需要得到全面、系统、持续不断的激励,对这三部分人的激励需要用不同的视角,通过制度化、体系化的大学管理来实现。对教师而言,最重要的激励是尊严感;对学生而言,最重要的激励是自豪感;对管理人员来说,最重要的激励是成就感。[①] 综合上述观点,大学内部治理是在建设现代大学制度背景下的为实现大学理念和大学目标而进行的制度安排,它提供了大学内部利益相关主体之间的关系框架,通过权力在不同主体之间的适当配置和正确行使来保证大学运行的效率,实现大学利益相关者之间控制力和影响力的平衡。

中国学者对大学治理结构的研究主要是在借鉴西方理论成果的基础上,再结合中国的实践展开分析的,研究方法以定性研究和理论思辨为主。这就使得得出的结论流于表面且对中国问题的独特性展开不够,说服力不强。需要加强结合中国自身情况的原创理论探索,还需要更加重视实证研究方法的运用,尤其是案例剖析和问卷调查,以增强研究的信度和可积累性。

二 学生参与大学治理的研究

西方对"学生参与"的研究开始较早,主要集中在参与教学活动对学生和学校的影响方面。心理学家拉尔夫·泰勒(Ralph Tyler)是这个领域的开拓者,他在20世纪30年代首先提出了任务的时间性(time on task)概念,明确指出时间对学生完成学习任务的重要性。泰勒关于学生投入到学习中的时间越多学到的知识也就越多的假设,奠定了学生参与概念和理论的基础。[②] 此后,很多学者在他的基础上开展了进一步研究,逐步发展出了许多概念框架和测量模式,影响较大的有努力质量(quality of effort)理论、学生涉入(student involvement)理论、学术和

---

① 张杰:《大学治理:以人为本的制度激励——在中欧国际工商学院"大师课堂"上的演讲》,《解放日报》2014年3月18日。

② Merwin J. C., "Historical Review of Changing Concepts of Evaluation", in Tyler R. L. (ed.), *Educational Evaluation: New Roles, New Methods: The Sixty-Eighth Yearbook of the National Society for the Study of Education, Part II*, Chicago: University of Chicago Press, 1969.

社会整合（social and academic integration）理论、"本科教育良好实践七原则"（good practices in undergraduate education）理论、"学生参与度"（student engagement）理论等。

努力质量理论是佩斯（C. Robert Pace）教授于 20 世纪 70 年代提出的，其核心观点是学生在学习、朋辈交往、与老师互动中投入的时间和努力越多，将所学到的知识应用于具体实践越多，则学生在大学得到的收获就越大。① 学生涉入理论在 1984 年由阿斯汀（W. Alexander Astin）教授提出，涉入是指学生在学习体验（academic experience）中投入的生理和心理上的能量。阿斯汀基于自己作为临床心理医生的实践经历，得出学生涉入与学生发展密切相关的结论，强调学生应当在学习过程中积极参与。② 丁托（Vincent Tinto）在 1987 年又提出学术和社会整合（social and academic integration）理论。这个理论通过对学生辍学的实证检验，得出一个令人信服的结论：学生与学校和同学之间的互动会直接影响学生的成长。③ 20 世纪 80 年代由美国高等教育学会组成的专家小组提出了"本科教育良好实践七原则"理论，这个理论后来被称为提升美国本科教育质量的基石。这七项原则的基本内容是鼓励师生互动；鼓励学生间合作；鼓励学生主动学习；鼓励学生及时反馈；强调学习任务的时间性；鼓励学生拥有较高的期望值；尊重学生的智力差异和不同学习方式。④ 学生参与度理论是在"学生参与度"（student engagement）概念的基础上发展出来的。20 世纪 90 年代，美国印第安纳大学的乔治·库（D. George Kuh）教授等学者提出这一概念，指出不仅应当强调学生在学习和其他教育活动中付出的时间和努力程度，还应当强调大学需要在资源分配、课程组织等方面为学生提供更好的服务和更多的机

---

① Pace C. R., *Measuring the Quality of College Student Experiences: An Account of the Development and Use of the College Student Experiences Questionnaire*, Los Angeles: Higher Education Research Institute, 1984.

② B. Rosenshine, "Teaching Functions in Instructional Programs", *Paper Presented at the National Institute of Education's National Invitational Conference on Research on Reaching: Implications for Practice*, Washington, DC.

③ Tinto V., *Leaving College: Rethinking the Causes and Cures of Student Attrition*, Chicago: University of Chicago Press, 1987.

④ Chickering A. W., Gamson Z. F., "Seven Principles for Good Practice in Undergraduate Education", AAHE Bulletin, 1987 (3), pp. 3 – 7.

会，创造良好的环境和条件激励学生，从而加深学生参与度，最终促进理想的教育产出。学生参与度理论后来成为"全美大学生参与度调查"（National Survey of Student Engagement，NSSE）的理论基础。[1]

经过几十年的发展，学生参与逐渐成为高等学校教育质量评价与改进研究的一个重点。相关理论强调，学生获得更好的学习效果和个人发展的关键是大学必须创设鼓励学生参与的环境[2]。其研究成果基本都建立在大范围、细致严谨的第一手实证调查材料基础之上，所以具有很强的说服力。美中不足的是，这些研究者们的视野主要聚焦在学生在课堂教学活动中的参与方面，对其他方面关注度不够，对学生参与对大学发展的影响的关注也不够，需要进一步拓展学生参与的研究内容和空间。

西方还有一批学者从不同的研究进路对学生参与进行了研究，关注了学生参与大学管理方面。学者汤姆逊认为，学生参与高校管理最早可以追溯到中世纪欧洲的学生行会组织。[3] 拉斯达尔的名著《中世纪的欧洲大学》中，对以民法和宗教法专业享誉欧洲的博洛尼亚大学学生参与大学管理的发展过程进行了研究，认为学生同乡会在反抗公社介入过程中逐步形成了学生联盟，学生逐步掌管了校务，取得了校章制定权，并迫使教师服从，最终演变成"学生型大学"的鼻祖。[4] 丹尼尔·贝尔从"消费者中心"的角度，将学生看作消费者，拓展了学生参与高校管理的研究领域。[5] 雅斯贝尔斯则认为，大学生应有自主意识和主体意识，并在这种前提下参与高校管理。[6] 巴黎大学以神学及哲学闻名于世，在中世纪国王和教皇争夺对大学控制权的背景下，其学生参与形成了一种与博洛尼亚大学迥异的内部管理模式。教师与基督教会相互斗争，几经波折，最终教师成为学校的主导，掌握了大学的管理权，并成为学生服

---

[1] Kuh G. D. , "The National Survey of Student Engagement: Conceptual and Empirical Foundations", *New Direction for Institutional Research*, No. 141, Spring 2009, pp. 5 – 21.

[2] 郭法奇：《"学生参与"：一个历史与现实的话题》，《高等师范教育研究》2003年总第15卷第3期。

[3] [美]汤姆逊：《中世纪经济社会史》，商务印书馆1984年版，第74页。

[4] Hastings Rashdall, *The Universities of Europe in the Middle Ages*, Oxford: Oxford University Press, 1936.

[5] [美]丹尼尔·贝尔：《后工业社会的来临——对社会预测的一项探索》，商务印书馆1984年版，第143页。

[6] Karl Jaspers, *The Idea of University*, London: Peter Owen Ltd. , 1965.

从管理、等级分明的"教师型大学"的榜样。①

英国教育家纽曼的《大学的理念》，英国学者阿什比的《科技发达时代的大学教育》，美国教育思想家克拉克·科尔的《大学的功用》等著作中，都提出过大学发展应当重视学生参与的思想。美国学者约翰·布鲁贝克的名著《高等教育哲学》一书，在其第二章"学术自治"中还专门讨论了学生在大学自治中的地位和参与限度问题。②思想家洛克的有限政府论认为，人们参与各种社会组织活动的权利基于他们的公民权利，所有政府的合法权力都来自被统治者的同意③。"当管理内容涉及某一群体的利益时，该群体应当参与"④，而且"明智的分享权力并不等于削弱权力，反而可以多出成果"⑤。

同时，学者们也从学术角度分析了学生参与大学治理的合理性。沃尔夫在其所著的《大学的理想》一书中明确讨论了学生参与的合理性问题。他认为，既然公认政府的合法权力来自于被统治者的同意，那么与学生有关的重要决策应当征求学生意见就顺理成章了。学者蒂埃里提出，大学内学生代表参与治理是可以被理解的，也是合理的。通过回顾奖学金制度，他概括了各种支持和反对学生代表参与大学治理最常见的各种"好理由"：政治现实主义、消费主义、社群主义和学生代表的民主论和结果主义。他还概述了如何将这些互补又相互矛盾的观点服务于一系列复杂的标准或"镜头"，以分析和证明学生代表在大学各个领域决策的合理性⑥。伯尔根（Sjur Bergan）认为，国家应当对学生参与高校管理提供法律依据和保障，为学生参与大学治理提供正式的途径，从而切实保障学生参与到高校的实质性治理中去。⑦ 保罗（Paul A. Bloi-

---

① 宋丽慧：《学生参与：高等教育转型时期的新视角》，北京大学出版社2003年版，第45—46页。

② [美] 约翰·S. 布鲁贝克：《高等教育哲学》，王承绪等译，浙江教育出版社2001年版，第41—45页。

③ [英] 洛克：《政府论》，商务印书馆1997年版。

④ Hoy Michel, *Educational Administration*, McGraw-Hill Inc., 1996, pp. 290–293.

⑤ [美] 约翰·S. 布鲁贝克：《高等教育哲学》，王承绪等译，浙江教育出版社2001年版，第21页。

⑥ Luescher-Mamashela, Thierry M., "Student Representation in University Decision Making: Good Reasons, A New Lens", *Studies in Higher Education*, Vol. 38, No. 10, 2013, pp. 1442–1456.

⑦ Sjur Bergan, "The University as Res-publica", *Council of Europe Publishing*, 2004 (12), p. 32.

and）也认为高校大学生参与共同治理是推进民主的一种手段①。

随着学生在大学内地位的逐渐提升，中国对学生参与的概念也逐渐开始强调有关大学治理方面的内涵。朱为鸿认为，大学应当注重激发学生的参与热情和参与愿望，帮助学生主动掌握相关知识和技能，在赋予学生参与权的同时，通过实践活动来提高大学生的组织管理能力。②唐娥根据利益相关性以及决策可能性将学生参与治理的空间分为战略层、管理事务层、人事层、课程教学层、学生事务层五个层次，提出在具体的治理实践中，应当提升学生参与的层级，并依照学生的知识能力将学生参与权体现到相应的各个层级之中。③马培培则明确提出学生参与大学治理对学生个体发展有促进作用。④总体来看，这些研究基本上从高等教育的改革发展着眼，没有充分关注参与对学生成长和高校实现育人功能的作用。与西方学者的研究相比，显得比较零散，不够系统，研究方法也不够规范，理论的创新性不足，论证严密性较弱。但这些成果也为进一步开展学生参与大学治理的研究提供了基础。

三　大学权力与学生权力的研究

恩格斯说，"每一个社会的经济关系，首先是作为利益表现出来"⑤。而利益是离不开权力的保障的。马尔科姆·沃特斯指出："权力是理论研究方案中一个基础性的议题，不管是什么层次的理论家都无法回避这个问题。"⑥不同的理论视角对权力做出了不同的界定。经济学视角下的权力观认为，权力的目的指向和核心是"利益"，权力以占有可供支配的资源为前提，权力是各种资源中最易带来资源的资源，获得资源的捷径就是获得权力。"权力"大小的区别就在于可供支配的资源

---

① Paul A. Bloiand, "A New Concept in Student Government", *The Journal of Higher Education*, Vol. 32, No. 2, Feb. 1961, p. 95.
② 朱为鸿：《学生参与：我国大学管理创新的动力机制》，《国家教育行政学院学报》2007年第11期。
③ 唐娥、傅根生：《学生参与大学治理的空间与路径思考》，《高校辅导员学刊》2009年第4期。
④ 马培培：《论美国大学治理中的学生参与》，《高等教育研究》2016年第2期。
⑤ 《马克思恩格斯选集》（第2卷），人民出版社1995年版，第537页。
⑥ ［澳］马尔科姆·沃特斯：《现代社会学理论》，杨善华译，华夏出版社2000年版，第231页。

的多少。一个人或组织控制了另一个人或组织所需要的资源，就获取了对另一个人或组织的"权力"。认识到了"权力"与"资源"的关系，就在一定程度上把握了权力的本质特征。从控制论的角度，马克斯·韦伯认为权力是一种 A 迫使 B 实施 B 不愿去做但又必须去做的行动的能力，是把一个人的意志强加在其他人的行为之上的能力①。这些看法都将权力看作一种能力，倾向于绝对权力观和强制性。核心是"控制"，属于政治学视角。还有一种社会学视角下的权力概念，将权力看成根据自己的目的去影响他人行为的能力，倾向于相对权力观，其核心词汇是"影响"。这两种观点对本书都有借鉴作用。

权力与政治密不可分。谁产生权力，权力就对谁负责，这是一条政治学公理。② 亚里士多德认为政治的关键是由谁来掌权，马基雅维利认为政治就是谋求、维护和使用权力。美国学者 L. 亚那科内（L. Iannaccone）1975 年提出政治不仅存在于社会之中，而且存在于学校之中，应该将学校系统看作政治实体，人们在其中运用政治策略来争取个人和团体的最大利益。③ "与其他的组织成员一样，教师、管理者、在教育机构的其他工作者都会卷入人与人之间的组织政治"。④ 由于大学是因为知识生产和传播而形成的组织，其组成人员的目标、价值观、利害关系有较大差异，大学行为者基于个人和团体利益而获取、发展和运用的"正式权力""非正式权力"以及在此基础上产生的权力冲突问题普遍存在。"高校中的权力不平衡是结构性的，并在微观政治的斗争中结束。"⑤ 权力和权力冲突构成了大学组织政治的本质和大学组织政治行为的主线。

尽管从大学产生以来，围绕大学治理权力的争夺就一直存在，大学控制权也在不断发生转移和变化，但大学对自治的追求却始终没有消

---

① [德] 马克斯·韦伯：《经济与社会（上）》，商务印书馆1997年版，第323页。
② 俞可平：《走向善治》，中国文史出版社2016年版，第93页。
③ Angelar Spaulding, "Micropolitical Behaviour of Second Grades: A Qualitative Study of Student Resistance In the Classroom", *The Qualitative Report*, Vol. 4, No. 1/2, January 2000.
④ Ginsberg, M. B. Kamat and R. Weaver, "Educator and Politics: Internatiom Involvement and Implicatiom", in Ginsberg, M. B. Kamat (eds.), *The Politics of Educators' Work and Lives*, New York: Garland Publishing Inc., 1995, p. 17.
⑤ [英] 路易丝·莫利：《高等教育的质量与权力》，罗慧芳译，北京师范大学出版社2008年版，第109页。

失，其核心是大学拥有内部事务自主处理权、拥有自主选择与外部的互动方式权。在大学组织中，所有的个人或利益团体都会运用既有的权力去追求更多的权力与影响力，以确保自身可以应对决策的不确定性，适应多变的环境，得到更多发展所需要的资源。他们通过各种渠道或手段获取、扩展和运用权力，并借助权力获取更多利益，这必然带来权力主体之间的权力冲突。美国学者伯顿·R.克拉克将"权力"作为高等教育的基本要素来开展对高等教育运行规律的分析，认为高等教育的运行机制是围绕政府、市场与学术权力三个基本要素的关系与作用展开的[①]。他引用阿什比勋爵的话说，"大学的兴旺与否取决于其内部由谁控制"[②]，他说，"如果我们懂得权力，我们就好像懂得所有我们需要了解有关国家高教系统整合的一切方面""把高等教育看作一种权力斗争有助于我们看清问题的实质"。[③] 他还将大学权力分为以德国为代表的大陆型模式、英国模式、美国模式和日本模式四种权力模式。约翰·范德格拉夫将大学权力划分为包含个人统治、集团统治、行会权力、专业权力、魅力权威、董事权力、官僚权力（来自于院校）、官僚权力（来自于政府）、政治权力以及高等教育系统的学术寡头权力在内的十种类型。[④] 但不管如何分类，大学权力的基本问题是"大学控制权问题"，谁为大学提供资源，谁就掌握了大学控制权。大学作为社会政治经济结构中的一个子集，其资源一般来讲是由国家直接或间接提供的，所以大学权力一般来自于国家权力的授权。而且相对于国家权力而言，大学权力永远是派生的，是受国家权力支配的，好比孙悟空永远跳不出如来佛的手掌心一样，大学权力只能在国家权力划定的舞台范围内表演。国家权力是最强大的权力，在国家权力面前，任何社会力量都是弱者，个人的力量更是微不足道的。

中国一些学者已经认识到权力问题是大学治理的核心，大学治理

---

① ［美］伯顿·R.克拉克：《高等教育系统——学术组织的跨国研究》，王承绪等译，杭州大学出版社1994年版，第120—150页。
② 同上书，第121页。
③ 同上书，第7—8、300页。
④ ［加拿大］约翰·范德格拉夫：《学术权力——七国高等教育管理体制比较》，浙江教育出版社2001年版，第186—198页。

的内部权力结构是学校内部各种利益团体之间权力博弈的结果。[①] 但2000年以前，中国学者更多关注的是学术权力与行政权力之间的关系，对大学学生权力的研究很少。中国学者中较早关注学生权力问题的是谢安邦、阎光才教授。他们在1998年就敏锐地指出，除了学术权力和行政权力外，大学权力"还包括其他方面的权力，如一般教师、教辅人员和学生的权力等等"，但当时他们认为学生权力是由民主社会所赋予的个人自由言论、参政议政的一般公民权利，还没有认识到学生权力与学术权力和行政权力一样，是高校内部权力的重要组成部分。[②] 1999年，陈玉琨、戚业国在《论我国高校内部管理的权力机制》中指出，学术权力、行政权力和学生权力构成了国外大学权力，中国大学权力则在这三种权力之外，增加了政党权力和外部权力，由五种权力构成。[③] 其实他们这里谈到的外部权力，是一个和政党权力交叉的概念，这种分类并不清晰。但可贵的是，他们明确将学生权力作为中国大学内部的一种权力类型。2004年，刘亚敏明确提出，学术权力、行政权力和学生权力相互作用的关系构成了大学内部的权力结构。[④] 2005年，林荣日提出，行政权力、学术权力和学生权力是高校内部最基本的权力。除此之外，大学有时还存在政党权力。[⑤] 此后，黄春平进一步将大学权力进行了分类，认为按权力主体不同，可以将大学权力分为行政管理人员的权力、教师的权力、学生的权力和辅助人员的权力；按表现形式不同，可以分为显性权力和隐性权力；按权力性质不同，可以将大学权力分为决策权力、知识权力、主体权力和事务权力；按作用力度不同，可以分为强势权力和柔性权力。[⑥] 这些学者开始关注学生权力，并进行了一些开创性的研究，但

---

① 李立国：《大学治理的内涵与体系建设》，《大学教育科学》2015年第1期。
② 谢安邦、阎光才：《高校的权力结构与权力结构的调整》，《高等教育研究》1998年第2期。
③ 陈玉琨、戚业国：《论我国高校内部管理的权力机制》，《高等教育研究》1999年第3期。
④ 刘亚敏：《大学内部权力结构及其调整》，《现代大学教育》2004年第2期。
⑤ 林荣日：《论高校内部权力》，《现代大学教育》2005年第2期。
⑥ 黄春平：《大学中的权力：来源、类型与结构》，硕士学位论文，山东师范大学，2006年，第27—34页。

对大学学生权力的独特性和重要性的认识还有待进一步深入。

还有一些学者对国外学生参与大学治理的权力实践进行了经验研究和理论总结，也推动了相关研究的深入。如王林的《新经济时代美国大学治理的改变》[1]、于杨的《治理理论视域下现代美国大学共同治理理念与实践研究》[2]、甘永涛的《美国大学共同治理制度的演进》[3] 等研究，对学生参与大学共同治理的历史性、合法性、合理性以及具体实践中的操作性和保障性问题进行了细致分析。刘军仪还选取美国明尼苏达大学作为案例，对该校董事会、评议会、评议会咨询委员会和各专门委员会共同治理大学的框架展开了描述分析，探讨了共同治理模式中的学生参与问题，对学生作为大学重要利益相关者在大学发展、科学研究、教学计划以及其他方面的决策权力进行了研究[4]。

近年来，专门研究大学中学生权力的文章开始逐渐增多。孙芳认为，在中国大学内部治理结构中，学生权力的运行出现了"权利"与"权力"概念混淆、保障制度缺乏以及权力异化等方面的问题。[5] 王丽琛等认为，学生权力在大学治理中有优化大学内部权力结构、促进大学民主管理、维护学生利益特别是其受教育权的作用。当前，中国大学学生权力面临的困境主要体现在观念障碍、制度障碍、组织障碍、渠道障碍四个方面，需要从更新学生权力观、健全有关法律规章、完善民主管理和监督制度、加强学生组织建设、拓展学生参与管理范围五个方面构建保障体系。[6] 一些学者还开始将中国学生权力与国外学生权力进行对比研究。如吴太胜认为，从立法情况看，中国已经初步形成从《宪法》《教育法》《高等教育法》到《普通高等学校学生管理规定》这样一条清晰的学生权利保护的法律链条。但中国高校内部管理制度却十分笼统

---

[1] 王林：《新经济时代美国大学治理的改变》，《高教探索》2012年第1期。

[2] 于杨：《治理理论视域下现代美国大学共同治理理念与实践研究》，博士学位论文，东北师范大学，2009年。

[3] 甘永涛：《美国大学共同治理制度的演进》，《清华大学教育研究》2009年第3期。

[4] 刘军仪：《民主、协商、合作：来自美国明尼苏达大学共同治理模式的经验》，《外国教育研究》2011年第12期。

[5] 孙芳：《复合共治视域下我国学生参与大学内部治理的权力问题探析》，《中国高教研究》2011年第11期。

[6] 王丽琛等：《学生权力及其在大学治理中的保障》，《教育与职业》2015年第4期。

和模糊,可操作性弱,内容不够规范系统。[1] 董太华指出,高校大学生有权参与涉及学生权益方面的决策,应享有对学校涉及学生权益的相关行政工作、教学工作及公共决策工作的平等参与权、监督权[2]。胡庆山认为,学生参与大学治理的事项主要集中在充实、保障及促进学生学习研究方面。具体包括有关授课事项的权力;选择校长、院长的过程中表达意见的权力;学生福利设施营运等相关事项的权力;校规修改及学校发展方向相关事项表达意见的权力;学生惩戒标准及影响其身份变动相关事项的权力;学校预算及学生生活相关事项表达意见的权力;与大学制度、大学教育及学术研究有直接关系的国家政策、立法及行政事项等表达意见的权力。[3] 贺德芬在《大学中学生自治的涵义和实践——兼论台湾的实况》中提出,学生参与大学治理,所争取的不只是学习自由与参与大学自治让学生学习处理自身在校园内的生活等方面,而且应包含学生组织团体、邀请演讲者、发行刊物、传播个人与组织观点等权力。[4]

不同研究者从不同的角度对大学权力和高校学生权力的内涵、现状、困境原因等进行了探索和分析,但存在将权利与权力混淆,学生权力与学生参与大学治理的关系,学生权力的特征、运行机理和功能认识不清的问题。

四 学生参与大学治理的问题与对策研究

对于学生在大学治理中存在的问题及如何促进大学生更有效、合理地参与到大学治理中来,国内外学者都做了相应的调查和研究,并形成了许多极具价值的观点和意见,为大学生参与学校治理提供了宝贵的理论依据。

菲利浦·凯瑞(Philip Carey)指出,学生参与大学治理已经成为英国高等教育政策分析的一个关键特性,通过对英国一所大学内关键利益相

---

[1] 吴太胜:《大学生参与管理:高校和谐治理的推进路径分析》,《山东省青年管理干部学院学报》2008年第6期。
[2] 董太华:《论高校管理中大学生权利的保护》,硕士学位论文,山东大学,2009年。
[3] 胡庆山:《宪法人权保障的学问自由与大学自治》,载欧阳教、黄政杰《大学教育的理想》,师大书苑有限公司1994年版,第237—238页。
[4] 贺德芬:《大学中学生自治的涵义和实践——兼论台湾的实况》,载欧阳教、黄政杰《大学教育的理想》,师大书苑有限公司1994年版,第245—246页。

关者的小规模探索性研究，了解这种课代表团体在大学治理运作中的内容和学生代表在大学治理中的角色。研究结果表明，复杂的文化、社会、个人和结构性因素之间的相互作用塑造了这种学生团体的特性。该研究结果指出，要增强大学生的大学治理参与度，就需要抵制来自强制主义（managerialist）对课代表的调节和控制权力的冲击。因此，大学要为教师和学生创造一个有意义的管理环境，使他们能灵活自然地应对。① 英国学者沃森以英国布莱顿大学的"大学—社区伙伴项目"、澳大利亚昆士兰大学的"社区培训计划"和美国宾夕法尼亚大学的"社区活动中心"三个案例为研究对象，从管理的角度探讨了学生参与大学治理的理论和实际问题，指出了参与可能带来的风险，为进行比较研究提供了重要的资料，也拓宽了对中国大学生参与大学治理研究的视野。②

普拉纳斯等学者主要研究了影响大学生参与大学治理的相关因素。他们的研究带着明确的目的，要通过学生问卷调查、教师访谈和学生讨论组了解学生参与大学治理的主要障碍。通过对学生和教师的意见及看法的比较，他们发现了促进学生参与大学治理发生变化的主要方式，并建议大学不仅要改善那些学生已经知道的参与方式，同时也要构建学生参与的新路径和参与过程，还要注意调适与学生接触最密切的管理人员和教师的角色定位③。

学者阿尔夫和威尔逊发现，学生在大学治理中的作用和贡献是一个相对被忽视的领域，因此调查了部门委员会成员的学生代表觉得最能帮助或阻碍他们参与大学治理有效性的因素。通过采访来自不同学科的二十名学生代表，了解他们在这个角色上的经验，发现了他们作为学生代表的复杂动机和观念及对教学人员的看法和期望的敏感性。学生代表觉得其参与大学管理的最大的挑战是角色的模糊性，而角色的整体有效性则认为是依赖于学术管理者和员工与学生进行建设性的对话的意愿和能

---

① Philip Carey, "Student Engagement: Stakeholder Perspectives on Course Representation in University Governance", *Studies in Higher Education*, Vol. 38, Issue 9, 2013, pp. 1290 – 1304.

② ［英］沃森：《高等院校公民与社区参与管理》，马忠虎译，江苏教育出版社 2010 年版。

③ Anna Planas, Pere Soler, Judit Fullana, "Student Participation in University Governance: The Opinions of Professors and Students", *Studies in Higher Education*, Vol. 38, Issue 4, May 2013, pp. 571 – 583.

力。最后研究认为，大学需要采取更积极主动的方法去发展和支持学生领导者和代表[1]。

张琳、夏梦晓、周晶从不同角度研究了学生参与高校治理问题，得出了比较接近的结论。大学生作为大学治理的主要成员之一，在参与中存在以下问题：参与主体不明确，参与机制不健全，参与意识不足，参与途径单一，参与范围狭窄，参与影响力较为有限。原因在于大学"行政化"现象严重，治理意识淡薄，参与能力有限，参与法律不完善，传统文化的影响。并提出大学生参与高校治理的路径建议：转变观念、健全法律制度、完善参与机制、畅通渠道、重塑文化。[2] 张梅芬认为，大学生参与高校管理不仅是提高学校管理效能、实现民主管理的客观需要，更是大学生的一项基本权利，是大学生实现自身价值的重要途径。通过对台州学院的实证研究发现，大学生参与动机强烈，但参与的内容和范围比较狭窄，也缺少一定的组织机构与制度保障。[3] 乜晓燕、倪志英认为，要从培养学生的权力意识、改革现行的学生组织形式等方面着手解决学生参与权行使举步维艰的问题。[4]

总体来看，国外学者多采用定量的研究方法从微观的视角开展经验探讨，在实证调查的基础上了解学生参与治理的具体问题，并提出解决方案，显得很有说服力。中国虽然也有一些学者采用了实证调查的研究方法，但普遍存在不够规范的问题，多数研究对问题的分析不够深入，提出的解决方案也很相似，显得比较空泛，欠缺说服力，需要开展进一步的研究。

---

[1] Alf Lizzio, Keithia Wilson, "Student Participation in University Governance: The Role Conceptions and Sense of Efficacy of Student Representatives on Departmental Committees", *Studies in Higher Education*, Vol. 34, Issue 1, 2009, pp. 69 – 84.

[2] 张琳：《大学生参与高校管理的机制研究》，硕士学位论文，首都师范大学，2009年；夏梦晓：《安徽大学学生参与学校管理问题研究》，硕士学位论文，安徽大学，2010年；周晶：《大学内部治理中的全员参与研究》，硕士学位论文，湖南大学，2012年。

[3] 张梅芬：《大学生参与高校管理的实证研究——以台州学院为例》，《台州学院学报》2010年第32卷第2期。

[4] 乜晓燕、倪志英：《大学内部治理过程学生参与问题探析》，《西北民族大学学报》（哲学社会科学版）2013年专辑。

五 对相关研究的述评

笔者通过中国知网等检索平台搜索的以"大学治理"为题名的475篇文章，其中期刊论文共434篇，占总量的91.37%，硕士、博士论文41篇，所占比例为8.63%；现有的博士论文中，研究大学治理的文章共有8篇，但还没有将学生参与提高到推进高校治理体系和治理能力现代化程度上的，特别是关于学生参与大学治理的权力研究的文献还暂付阙如。从研究方法来看，规范研究占到了所有文献的85%以上，而定量分析和实证研究所占的比例还不到15%，说明当前基于实证和计量方面的研究还比较欠缺。从研究时间的分布来看，2003年之前，每年只有零星的几篇文章专门研究学生参与大学治理问题。2003年之后，大学治理研究呈加速增长之势，2013年之后更呈现井喷之势，每个重要教育学期刊每个季度基本都有相关的重头文章出现。这说明随着中央对推进国家治理体系和治理能力现代化的重视，以学生为中心理念的深入，以及国家加强对高校人才培养质量的监控，大学生参与高校治理的研究越来越受到学者的重视。从现有的研究成果看，国内外的研究除了水平差距外，研究取向也存在较大差异。国外学者多从假设出发，通过对微观层面具体经验事实的广泛深入调查，对理论进行验证，揭示大学生参与高校治理各种现象背后的关系或规律，研究规范，学理性强。而国内学者的研究受国家政策影响较大，注意跟踪热点问题，自觉把自己的研究放在国家政策框架下进行思辨，展开对相关治理问题的思考和论述，进行理论构建，使得研究成果一方面时效性强，另一方面也难以进行实证检验，容易成为"易碎品"。总体看来，国外对学生参与高校治理的研究开始较早，连续性强，无论是研究深度，还是研究广度，都表现出成熟的特质，对中国的理论研究和实践都具有一定的借鉴意义。但由于中国学生参与大学治理的权力运行具有鲜明的中国特征，因此其理论成果对我国而言，针对性、适切性又相对欠缺。国内研究起步较晚，尽管近年来增长较快，但很多研究的原动力并不是出于学科研究本身，而是受到了国家政策的带动，有些研究功利性较强，"短、平、快"，缺少时间积淀，这也导致不少研究成果都停留在宏观政策的解释与制度的应然层面，真正深入高校内部、通过对学生群体广泛调查后得出的具有学理价值的研究成果较少。

（一）已有研究成果的特征

1. 针对宏观"管理"问题研究多，从微观"治理"问题切入少

现有研究多从国家政策和法律法规的宏观角度出发，探讨宏大问题，对治理与管理的区分不够，概念运用比较混乱。而且对学生参与动机、参与需求、参与途径、参与状况等微观治理问题调查研究较少。缺少微观基础的透视与解剖，很多研究就容易出现立论基础不稳、空疏不当的缺点，影响了研究的科学性和说服力。

2. 有关学生参与大学治理的权力研究缺乏

现有文献涉及学生参与大学治理的模式、机制、途径、历史，等等。但关于学生参与大学治理的权力的研究成果还相对较少，真正以学生治理权为主题的研究在中国几乎还是空白。少数硕士论文开展了对学生参与大学治理（管理）的权力的研究，但停留在现象描述和一般的政策建议上，缺少对学生权力性质、模式、实现机理的深入分析，对学生权力对学生发展、大学治理体系现代化的功用探讨不够，而且没有跳出原来教育学、管理学一般研究的框架，视角单一，系统性不够。

3. 研究方法科学性有待加强

目前搜集的学生参与大学治理的国内相关文献中，很多研究都采用二次文献，也缺少深入的实证调查材料做论据，使得研究结论的可靠性大为降低，显得科学性不足。

（二）本书的研究空间

学生参与大学治理的权力问题的研究，涉及教育学、政治学、心理学、经济学等多个学科，需要从不同的角度切入，进行深入探讨，才有可能揭示其内在规律。研究还存在以下空间：一是对学生参与大学治理的权力运行规律的研究有待进一步拓展。现有文献不乏对学生权力理论的研究，但对学生权力的来源、性质、特征、实现机理，与大学自治及其他权力的关系缺乏讨论；二是缺少对中国学生参与大学治理的权力运行背景及其独特性的研究分析，即在与西方做法对比研究的基础上，对中国学生参与大学治理现状的分析还有待深入；三是对学生参与大学治

理对学生成人成才和大学治理结构体系现代化的作用机制和意义缺少探讨；四是对深入中国高校学生一线，开展广泛深入调查，再进行理论检验，多次往复得出结论的研究方法的运用还较少。

基于以上评述，学生参与大学治理的权力研究在研究理论、研究方法以及研究内容上都有较大的探索空间。

第五节　研究思路与方法

一　研究思路

学生是大学的核心群体，保障学生参与大学治理的权力是建构现代大学制度不可回避的问题。本书的起点是学生权利的保障必须通过参与大学治理来实现，其实现过程就是对大学组织决策权力的重新分配过程，也是学生取得公平公正的治理资格的过程。学生参与符合人才培养规律，参与促进学生成长，学生成长会进一步提升他们的参与程度和参与能力。这样就形成一个良性循环。

本书总目标是对学生参与大学治理的权力实现的基本规律及其在中国的实践做出较为全面的分析研究，探讨学生在参与大学治理过程中的基本关系和基本规律、存在的问题及改进方式，揭示学生参与大学治理与学生发展及高等教育治理体系、治理能力现代化的关系。

具体目标一是科学解释学生参与大学治理的权力性质、特征和实现机理，二是对学生为什么要拥有这种权力、如何得到和行使这种权力展开历史和国际的比较分析，三是对中国实际问题作出较为系统的分析，提出改进路径。

本书以学生权力的实现为主线，首先是绪论，介绍研究背景（第一章），接着以马克思主义人本理论、利益相关者理论和学生发展理论为基础，论述学生参与大学治理的合理性与必要性（第二章）。然后对学生参与大学治理的权力的性质、模式和实现机理进行探讨（第三章），再选取代表性案例，对学生参与大学治理进行历史梳理（第四章），随后切入对中国现实状况的调查与反思，通过问卷调查和个案分析，探讨其中存在的问题（第五章），并展开对中国学生参与大学治理困境和成因的讨论（第六章），接下来对中国学生参与大学治理的权力实现的机遇、空间进行讨论，并探讨中国大学学生权力实现的路径（第七章），最后是总结（第八章）。

本书从选题到问题确立到问题分析，再到问题解决，研究路线如图1.1所示。

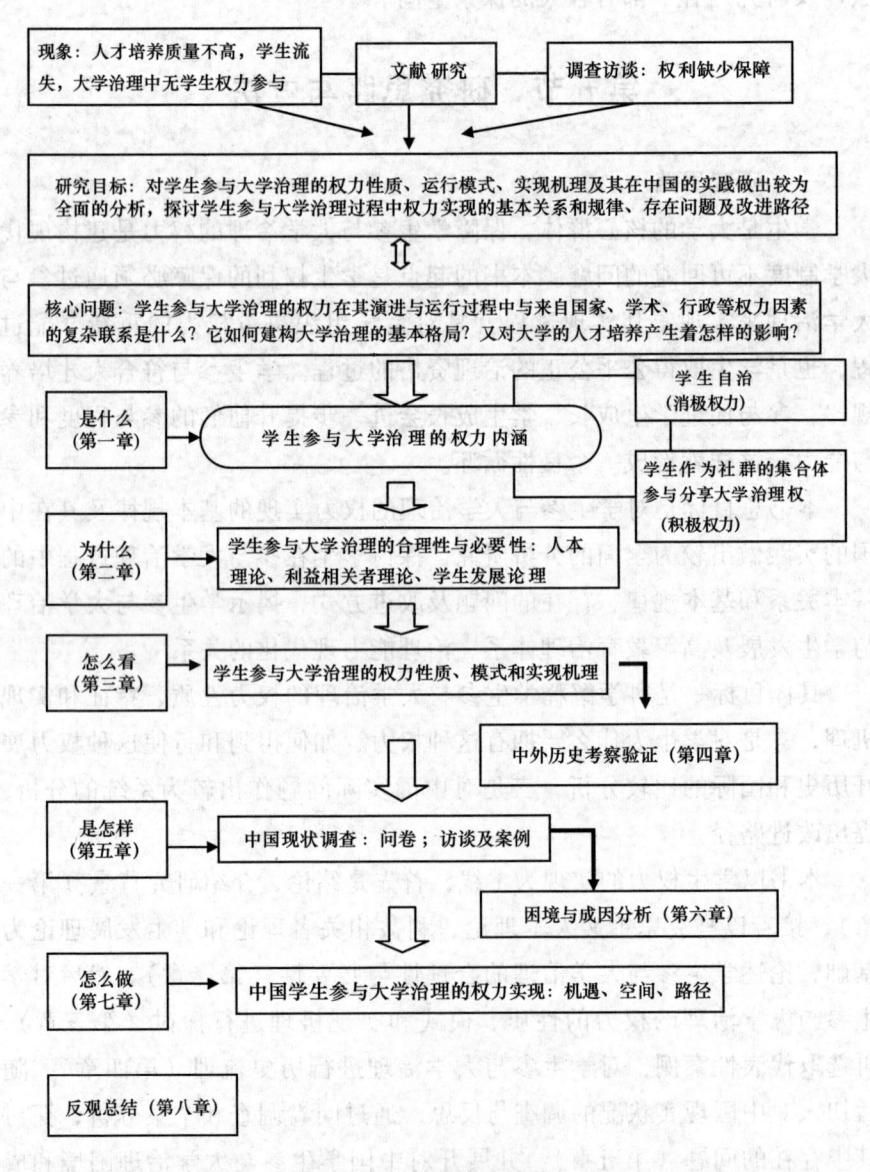

```
现象：人才培养质量不高，学生流        文献研究          调查访谈：权利缺少保障
失，大学治理中无学生权力参与

                    ↓↓↓
研究目标：对学生参与大学治理的权力性质、运行模式、实现机理及其在中国的实践做出较为
全面的分析，探讨学生参与大学治理过程中权力实现的基本关系和规律、存在问题及改进路径

                    ⇩
核心问题：学生参与大学治理的权力在其演进与运行过程中与来自国家、学术、行政等权力因素
的复杂联系是什么？它如何建构大学治理的基本格局？又对大学的人才培养产生着怎样的影响？

                    ⇩                              学生自治
是什么                                              （消极权力）
（第一章） →   学生参与大学治理的权力内涵
                                                   学生作为社群的集合体
                                                   参与分享大学治理权
                                                   （积极权力）
                    ⇩
为什么         学生参与大学治理的合理性与必要性：人本
（第二章） →   理论、利益相关者理论、学生发展伦理

                    ⇩
怎么看
（第三章） →   学生参与大学治理的权力性质、模式和实现机理

                    ⇩
                                    中外历史考察验证（第四章）

是怎样
（第五章） →   中国现状调查：问卷；访谈及案例

                                    困境与成因分析（第六章）
                    ⇩
怎么做
（第七章） →   中国学生参与大学治理的权力实现：机遇、空间、路径

                    ⇩
反观总结（第八章）
```

图1.1　本书研究路线

二 研究方法

本书中，研究方法的运用并不是孤立的，很多情况下是同时综合运用多种研究方法。

（一）文献分析法

文献查阅和研究是任何一项研究展开的必要环节。本书重点查阅一些与大学治理、学生权力相关的教育学、政治学、管理学、心理学等学科相关历史与理论文献，提炼出适用于学生作为权力主体参与大学治理的理论框架。文献法还可以为本书提供相关背景资料，补充有关信息，与实证调查结果互相印证，为现实问题剖析提供参考。

本书采用的材料包括相关法律法规，内部规章制度和会议资料，相关专业人士的工作笔记、日志等。在分析的过程中，注重对资料的筛选、归类，力求最大限度地尊重文献材料的客观性。

（二）调查法

调查法可以为问题的研究提供支撑数据。

1. 问卷调查

在问卷设计的过程中，在借鉴社会学有关公民参与量表的基础上，问卷从学生参与治理的制度环境、参与治理的渠道以及学生个体行为三个维度进行建构。相关指标体系采用德尔菲法进行确定。

问卷调查以在校大学生为对象，采用分层随机抽样的方法。本书研究的大学群体广泛，层级多元化，既包含高水平研究型大学，也包含一般层次的普通本科院校。因此抽样在不同层次的各类型大学（"985"、"211"、一般本科）、不同年级的学生中交叉分层进行。抽样范围为湖北、北京、云南、浙江4地6所高校，具体样本量为540。

2. 访谈调查

为了更好地理解从定量研究中获得的数据，本书还进行了访谈调查。访谈的内容主要集中在高校管理者如何看待学生参与治理、学校如何践行学生参与治理、理想状态与现实实践冲突原因有哪些等。通过访谈，一方面可以更加深刻地了解管理者们对待学生治理权力的方式，为研究提供一手翔实的资料；另一方面也为提出加强和改进学生参与对策提供参考。访谈样本主要集中在上述6所案例的高校,对管理人员、教师的访谈,包括15名辅导员、10名教师、10名分管学生工作的副书记、2位教务处长、3名学工处长、10名学院院长(含分管教学工作副院长)、2名学校党委书记、1名校长、3名分管学生工作的副书记;对学生的访谈,包括30名学生干部和30名非学生干部。此外,还访谈了1名省级教育行政部门思想政治教育处处长。在访谈方法上,主要采用了一对一访谈,特殊情况下对少数学生采取了一对多访谈的形式。

(三)案例研究法

案例研究法(case study methodology)包括实地研究(field research)、实验研究(laboratory experimentation)和调查研究(survey),属于经验性研究方法(empirical research method)的范畴。美国学者伯顿·R. 克拉克在其学术自传中介绍了案例研究方法对他的帮助,"只要通过富有想象力的案例研究就能创造概念,并通过概念点出一个组织甚至一类组织的'个性'""亲临现场,一个接一个地做制度案例分析,然后提出一些通用概念,去解释大学变化的种种现实""我要自己发展出一个概念以点出主题,这是我多年研究的一个经验""无论我研究什么,我的工作模式都是三步:案例研究、构造概念、写书"。[①] 笔者曾经在省级教育行政部门工作了7年,从事高校管理工作,作为一个决策参与和亲历者,具有一定的宏观视野,并掌握了丰富的一手材料,又作为一名高校中层管理者,在高校工作了近10年,先后担任过多年分管教学工作的副院长和分管学生工作的副书记,亲身浸入高校治理之中,积累了丰富的案例。选择具有代表性的学生参与大学治理案例,通过观察和访谈,获得多样化的第一手资料,有助于帮助我们直观、深刻地弄清问题到底"是什么",并为其他问题的研究提供具体论据。当"是什么"弄清之后,很多"为什么"的问题就迎刃而解了。

本书研究方法的一个创新之处就是在部分案例中,研究者本人作为案例中的一个重要行动参与者,通过从内部进行观察,以及和其他案例对象的互动开展研究,研究者内部人的身份又使得案例研究包含了一定程度实验研究的意蕴。

---

① [美]伯顿·R. 克拉克:《我的学术生涯》,《现代大学教育》2002年第6期。

(四) 比较研究法

比较研究法就是按照一定的标准,对两个或两个以上有联系的事物进行对比分析,寻求普遍规律与关系的方法。虽然比较研究法不是本书的核心方法,但通过历史、现实的多维度中西方比较,分析不同大学治理模式下学生的参与问题,可以更好地揭示学生参与大学治理的权力运行的普遍关系和规律,寻找可为我国借鉴的经验。

第二章 学生参与大学治理的合理性

中国要实现国家富强和人民幸福，就必须转变发展方式，建设创新型国家，从中国制造转向中国创造。要做到这一点，必须培养出具有创造力的人才。培养创新型人才，需要中国大学做出回应。中国共产党十八大提出要实现国家治理体系的现代化，大学作为负有文化引领之责的国家机构，率先实现治理的现代化，责无旁贷。大学治理现在得到了空前的重视。在很多高校颁布的大学章程中，出现了学生参与大学治理的表述。但是，这种重视合理吗？其立论基点何在？现代化的大学治理，必须学生参与吗？学生参与与学生发展之间的作用机制是什么？卡西尔（Enst Cassirer）在其名著《人论》中指出："人类最终能从动物中走出高贵于动物之处就在于，人总是对事物发展的内在规律具有非常浓厚的兴趣，能在现实的基础上不断向着非现实的境地探求，开展冒险式的探索，这就是人之所以成为人的主要特征。"① 本章主要探讨学生参与、分享大学治理的权力的合理性和必要性。

第一节 人本主义理论与学生参与大学治理的价值追求

关于学生参与大学治理的必然性，很多学者从多元治理理论、教育消费理论等视角进行过论述，也有过很多洞见。但这些研究从社会、学校发展需要来分析学生参与大学治理，忽略了运用人本理论从学生发展本身来分析的视角。站在这个角度，就会发现，学生参与大学治理是学

---

① [德] 恩斯特·卡西尔：《人论》，甘阳译，上海译文出版社2004年版。

生发展的必然要求。"人本"既是学生参与的依据，又是出发点，还是学生参与的目标。

最早的大学是因人（教师、学生）而设立的，人是大学存在与发展的核心要素。尽管后来大学朝着与社会紧密联系的方向发展，但关于人的理论是学生参与大学治理的核心依据之一。在关于人的理论中，最具有权威性的是马克思主义的人本理论。同时，作为中国特色社会主义的高等教育理论研究，更离不开马克思主义的人本理论的指导。

一 "以人为本"的理论意蕴

近代西方意义上的以人为本，是相对于神本而言的，经过宗教改革，特别是启蒙运动，人的主体意识和地位得以空前凸显，神被还原为"人的本质的异化"，人本主义在文艺复兴时期开始成为一种思潮。法国大革命之后，人类社会经历了前所未有的剧变。"人即目的"的信念，便在这空前剧变的历史中逐渐形成共识。康德被革命中的"天赋人权"的理念鼓舞，也对革命中的杀戮痛心，他鲜明地提出人不能是国家、宗教、家族甚至是经济体制的工具，人绝不能被任何人（甚至不能被上帝）只当作工具，而不同时作为目的本身。康德说："人不应被作为手段，不应被作为一部机器上的齿轮。人是有自我目的的，他是自主、自律、自决、自立的，是由他自己来引导内心，是出于自身理智并按自身的意义来行动的。"[1] 哲学家费希特也指出："教育必须培养人的自我决定能力，而不是要去培养人们去适应传统的世界。教育不是首先着眼于实用性的，不是首先要去传授知识和技能的，而是要去'唤醒'学生的力量，培养他们的自我性、主动性、抽象的归纳力和理解力，以便使他们能在目前还无法预料的未来局势中自我做出有意义的选择。"[2]

马克思、恩格斯作为思想家和革命家，对人类社会的前途怀有强烈的道德使命感，他们怀着对被剥削、被压迫工人阶级命运的深切同情，批判地继承了以前的人本理论，不管是马克思主义哲学、政治经济学，还是科学社会主义，都以社会中的"人"为研究起点，对人的关怀贯

---

[1] Thomas Nipperdey, *Deutsche Geschichte*, *1800－1866*, München, 1983, p. 34.
[2] Ibid., p. 57.

穿始终。马克思主义理论中的"以人为本"不是一个抽象的原则,而是具有明确的内涵:人是主体和目的,每个人都有天赋的不可剥夺的权利,都可以而且应该自由发展(指不受他人干涉)且全面发展。对教育而言,人既是教育的出发点又是教育的终极目标。根据马克思人的全面发展理论,大学必须培养全面发展的人。这里的人本身即是目的(价值理性),不是工具和手段。大学绝不能将人的培养作为经济的、政治的、宗教的手段(尽管人的培养过程中不可能剥离掉这些因素)。学生是大学的前提以及创造主体,学生就是大学的目的。学生的自由、全面发展是人的本质决定的,是人的本质的内在要求。

大学生也一样具有天赋的不可剥夺的权利,特别是有独立处理自身事务和与己相关的公共事务的权利。如果一个大学生丧失了这种权利,不管是自愿还是被迫,那就不可能被认为是一个自由的人、一个全面发展的人。如果一所大学不重视学生的这种权利,不把学生的发展看成目的,即使其办学指标再靓丽,同样也背离了马克思主义"以人为本"的原则。

高等教育哲学家布鲁贝克认为,20世纪大学中存在以认识论为基础和以政治论为基础的两种高等教育哲学。[①] 认识论哲学认为大学是一个寻求真理事业的共同体,由学者与学生组成,本质是一个按照自身规律发展的独立的有机体,以"闲逸的好奇"精神追求知识是人们接受高等教育的目的。[②] 由于知识完全由学者根据自己的兴趣和爱好来定义,所以笔者认为这种哲学观也是人本论的高等教育哲学观。政治论哲学则将大学从云端降到地面,认为它"只不过是统治阶级的知识之翼",是国家的附属物,知识因为国家的需求而产生和存在,人们接受高等教育、追求高深学问主要是作为手段而不是目的的。不管是以"闲逸的好奇"精神追求知识,还是国家和统治阶级的需要,这两种哲学观都可以在"人的需要"这一点上统一起来(当然,认识论和政治论两种哲学观中的"人"是有差异的,一个考虑学者,一个考虑统治者;

---

① [美]约翰·S.布鲁贝克:《高等教育哲学》,王承绪等译,浙江教育出版社2001年版,第13页。
② [德]卡尔·雅斯贝尔斯:《大学之理念》,邱立波译,上海世纪出版集团2007年版。

对"需要"的认识,也是一个从价值理性出发,一个从工具理性出发)。两种哲学观的冲突实际上反映了人们在高等教育观念上"人本位"和"国家本位"的冲突。按照政治论的哲学观,判断学生是否应该参与大学治理的标准很简单:国家需要。苏联作为践行这种哲学观的典型,它的分崩离析从反面证明大学培养人绝不能抛开人的本性和需求,只考虑目的性问题,而不考虑人的成长规律和教育规律。湖南师范大学张楚廷教授明确提出"人是什么"是教育的第一问题。[①] 人是教育的起点和终极目标,人的教育必须遵循"人本"法则。

现代大学传授知识和技艺,但这并不是大学的目的。良好的大学教育要让人跳出这些知识和技艺,能够不被既有知识、技艺所禁锢,"役物而不役于物"。所以大学的使命,就是通过知识教育启发学生的理性,进而实现自由教育。只有当学生成为了哲学意义上精神的自由人,大学才完成了它的使命。所以大学本质上是一个"满足大学生发展需要的有机体",高等教育的目的是实现学生的全面发展,理想大学必须以人为中心,人的个性和智慧应该得到充分的解放,人的自由、尊严、志趣和选择权应当得到尊重。这里可以借用一下林肯的话,即"学生所有、学生所治、学生所享"(the university of the student by the student and for the student)。

遵循"人本"法则,就必须强调学生的自我意识。动物都是按照自己的本能去生存和繁衍的,不会去探索它本能中没有的东西,也不会放大它的欲望。人类则可以将自己与周围环境独立开来,可以将自己作为一个对象来思考,可以建立一个理念的世界。因为"自我"是看不见摸不着的,是非物质的,是精神层面的,"自我意识"是人作为理性的思维主体的体现和证明,是人成其为人的重要标志,是人和动物的区别。正是因为人有自我意识,人就具有了主体性。有了主体性,人就不再是任何其他事物的附属品。所以自我意识也可以称为主体意识。一个人如果没有发展出成熟的自我意识,其自由意志和创造力就难以发挥,他很难被承认为是一个现代意义上的人。目前中国大学最大的问题就是泯灭学生的自我意识。在我国一贯的教育体制中,学生向来都是处在一个客体的地位、被动的地位,比如我们曾经将培养"听话出活"的人

---

① 张楚廷:《论教育哲学》,《高等教育研究》2016 年第 1 期。

视为高等教育的目的（其实听话和出活之间本身就存在巨大的内在冲突），漠视、淘汰"不听话不出活"的人。如果一个学生自我意识强，敢于申明和维护自己的权利，当然会被划入"不听话"之列，受到排斥。这样的理念怎么可能给学生以人文的关怀？这根本违背了人本理念的教育哲学。而且有自我意识，才会有个性成长，才能有创造性，因材施教才有可能，培养出的人才能具有创造力和独立人格。没有主体意识的人，是无法培养出创新能力的。学生权力的合理存在和正确表达正是实现和发挥学生主体意识的根本保障。

成熟社会的公民，每个人都认为自己是社会的主人，权利是法律规定了的，出了问题，首先是自己想办法，行动起来去解决。由于每一个人都是参与者，在必要时就可以让国会通过法律影响政府行动。他们的权利是自己挣来的，别人夺不去。没有权利意识就只能是原子化的臣民，而臣民的权利是别人恩赐的，没有法律的保障，别人随时可以拿走，出了事情只有到处求青天，求之不得，就可能会从奴隶转变为暴民。

实现学生的发展是学校最主要的价值目标。只有赋予学生权力，使学生享有对教育的参与、选择和评价的权力，使学生切实成为参与决策的直接决策者、管理者和监督者，大学自身才能真正实现"以学生发展为本"的理念。这就是学生成为学校内部权力主体的内在依据。

二 "参与"是学生发展的内生需求

一个人具有了权利意识，就会在思想上或行动上产生将自我这个"主体"加入"权利"客体的意识，这就是参与意识。其实心理学研究已经发现，人类天生就有参与意识。比如妈妈干活时，小孩子会主动搬一个凳子过去。只是由于后天的环境和教育因素，一些人的参与意识被隐匿了。教育会加强或减弱这种意识。不愿被人管，希望自主处理自身事务，也是人的天性之一。大学组成人员中，学生占到80%左右，年龄大部分为17岁到22岁，正处于"叛逆"的青春期，都有表现欲，而且他们已经成人，具备了管理自身事务的资格和能力。

改革开放以来，宽松的政治环境，网络的普及，信息交流的便捷，生活的富足，使民众获得了更大的表达空间和言论自由，这是最强大的思想酵母，中国社会已经产生了结构性变化，正在由"人治"走向"法治"。思想领域内"人"的觉醒必然推动政治法律领域内"人权"的复苏,而政治上的开放也唤醒了国人对自身民主权利的诉求。对年轻人而言,过去物化的、没有个体诉求的"螺丝钉"正在变成个性鲜明、富有人情味的千姿百态的"这一个",相当一部分学生正在由"有知识的人"变成"有思想的人",越来越多的学生也逐渐由"听话的孩子"变成"难管的孩子",这已是不争的事实。"思想分子"大量产生,就像好动的鲶鱼钻进了惰性很强的沙丁鱼群,一下子就让中国的大学变得生动活泼起来了。于是"不听话"的人越来越多,吵吵嚷嚷、叽叽喳喳的声音充斥于大学校园,有些人还在尝试付诸行动。此时,一个学生参与的时代帷幕徐徐拉开了。"90 后"以及以后的"00 后"学生会越来越现代,越来越有现代公民的权利意识。他们思想活跃、精力旺盛,参与大学治理会激发他们成人成才的内生需求,可以培养他们的积极心态,提高自身存在的价值感,也可以使他们产生对学校更高的认同感,更好地实现其自身与学校共同追求的目标。对一些大学毕业生的跟踪调查发现,我国毕业生中在行政管理岗位干得比较出色的人往往在大学担任过班级或学校学生会干部。大家参加毕业后同学会的经验往往可以证实这个判断。

卢梭说过,一个自由国家的公民的社会责任感,体现在他对社会治理的参与上面。《社会契约论》的开头说:"生为一个自由国家的公民并且是主权者的一个成员,不管我的呼声在公共事务中的影响是多么微弱,但是对公共事务的投票权就足以使我有义务去研究它们。"① 沃尔夫也认为:"既然所有政府的合法权利都来自被统治者的同意,那么所有与学生有重要关系的决策都应该征求学生的意见。"② 心理学家罗杰斯(Carl R. Rogers)也指出:"很多有意义的知识或经验并不是从现成的知识中学到的,而是在做的过程中获得的。学生通过实际参与活动,进行自我发现、自我评价和自我创造,从而获得有价值的、有意义的经验。"③ 参与使学生将个人情感主动投入到组织中,是一种自我卷入,

---

① [法]卢梭:《社会契约论》,法律出版社 2012 年版。
② 转引自[美]约翰·S. 布鲁贝克《高等教育哲学》,王承绪等译,浙江教育出版社 2001 年版,第 42 页。
③ Carl R. Rogers, *Freedom to Learn*, Columbus OH: Charles Merrill Publishing Company, 1994, p. 98.

能够增强学生的认同感、责任感和自我效能感。

三 "参与"是实现教育公平的前提

约翰·罗尔斯在《正义论》中说:"正义是社会体制的第一美德,正如真实是思想体系的第一美德一样。"① 学者刘瑜认为《正义论》可以概括为一句话:只有当你不知道自己可能是谁时,才能想清楚什么是正义。② 意思是说,当我们在事后才能选择自己在事件中的角色时,站在"无知之幕"后面的我们,都会希望游戏规则尽可能公平。众所周知,教育是缩小贫富差距、促进社会公平正义的最主要途径。"以人为本"在教育领域的体现就是尽可能实现教育公平,让每个人都享有公平的受教育机会。北京师范大学顾明远教授提出,中国教育的发展"新常态"就是要适应教育规律、顺应社会经济的发展,解决教育公平、提高教育质量和"互联网+教育"三大问题。③ 对大学治理而言,存在两类不公平。一是管理人员、教师、学生的地位不公平。在当下中国的大学校园,有上述三个身份让人选择,恐怕很少人会选择学生。二是当受教育水平越来越与财富、地位相关时,教育本身变得越来越不公平了,上大学不平等,在大学参与治理的机会也不平等。如何才能避免教育被掌握权力的人用于强化自己的既得利益?让尽可能多的学生享有平等参与权应当是一个重要条件。来自较低社会地位和阶层的学生,家庭环境限制了他们的视野,但他们的才智并不欠缺。大学对社会负有责任,大学有关政策和行动应当保证学生都有公平参与的机会,使校内所有学生都能够达到潜力所能达到的最高水平,实现他们的社会提升。

俞可平认为,从统治走向治理是人类社会发展的普遍规律。在全球化背景下,作为国家统治的政府行为越来越少,而治理的行为则越来越

---

① [美]约翰·罗尔斯:《正义论》,中国社会科学出版社2001年版。
② 刘瑜:《民主的细节》,上海三联书店2009年版,第189页。
③ 顾明远:《中国教育发展面临三个"新常态"》,http://learning.sohu.com/20151020/n423698127.shtml。

多。① 与这一规律相适应，越来越多的学生参与到学校的治理中，也是实现教育公平的必然选择。因为参与既肯定与尊重了学生的个人价值，又包含了服务社会公众的现代公民意识。学生参与大学治理，不仅是一种制度设计，更是一种价值观、一种行为规范，体现了两方面的精神内涵：尽忠竭智、乐群奉献的精神和扬才露己、个人成长的精神。

学生参与大学治理，是培养学生权力意识和公民责任感的一个重要路径。中国学生从小在应试教育的环境和儒家文化传统影响下长大，一直缺少理性交流的氛围和对公共议题的关切传统，缺少这方面的意识和能力，相比西方而言，培养权力意识更急迫，更需要学生参与大学治理。笔者访谈的教师和管理干部中，就有8位谈到自己由于缺少权力意识，在人生关键时候错失一些发展机会（包括生活上、学习上和事业上）。其中一位退休的院系书记以过来人的口吻提醒笔者，他人生最大的失败就在于没有独立的权力意识，不会说不。不管读书时学习文科，还是在大学调整专业、毕业分配工作时，又或者在结婚、做管理工作时，都不是自己选择的，明明自己非常不乐意干的事情，但因为环境、性格等，还是逆来顺受，结果别人看着还不错，实际上自己非常痛苦，感觉人生价值没有实现，是失败的人生。美国富尔顿学院陆哥·赫胥教授有一段名言：回顾20世纪人类历史的时候，我们最大的悲剧不是恐怖极端行为、地震、战争，甚至不是投向日本广岛的原子弹，而是千千万万的人们日复一日地生活着，尔后死去，却从未意识到他们身上存在的巨大潜能。真正的教育，绝不能缺失对学生公民责任感的教育。大学生正处于人生发展并运用潜能的黄金时期，参与大学治理，就是要帮助学生发掘生命中的优势潜能，从而更好地自由、全面地发展。这是对教育真谛的深刻领悟，也是培养学生创新能力和实现教育公平的要求。胡适先生说过，争自己的自由，便是争国家的自由。在大学，学生一定程度上脱离了应试教育的压力，开始离开家人独立自主地生活，这是进行公共精神和自治精神培养的最好、最具可行性的时机。学生必须从明确自身的权利开始，培养公共精神和自治精神，这就是学生参与大学治理的起点。

---

① 俞可平：《国家治理现代化的若干问题（上）》（http://theory.people.com.cn/n/2014/0608/c40531-25118749.html）。

第二节 利益相关者理论与学生参与大学治理的工具理性

上节主要从学生个体成长、发展来看学生参与大学治理，接下来将用利益相关者理论从大学的功用来谈学生参与大学治理的必要性。只有参与治理，才能保障学生成长成才的外部条件。

一 利益相关者理论简述

传统经济学认为，因为股东是出资人和企业的所有人，所以企业的所有活动都必须为股东服务，企业的目标就是追求出资人利益的最大化。这种"股东（shareholder）至上主义"观点很有解释力。但是，随着社会经济衍化发展，人力资本相对于物质资本的价值在不断提升，企业治理的多元化趋势也越来越明显，这种理论无视企业内外部很多相关方的利益，也忽略了企业的社会责任，其弱点日益凸显。20世纪60年代，斯坦福大学的研究人员最先提出了"利益相关者"概念，他们认为，只注重股东和客户这些表面上更具有影响力的利益相关者，而忽视雇员、消费者、供应商，甚至是社区居民等其他利益相关者的需求，是一种短视的行为。因为仅仅依靠股东，企业是无法生存的。员工等所有企业利益相关者都对企业进行了专用性投资，同时也分担了一定的企业经营风险，因而也应该拥有一定的企业所有权。如果公司治理没有恰当地考虑和满足各利益相关者的利益要求，就会影响企业的持久生存和发展。这之后，利益相关者研究日益受到重视，并发展成一种有重要影响力的理论，其发展经历了"利益相关者影响""利益相关者参与"和"利益相关者共同治理"三个阶段。[①]

"利益相关者"理论是针对股东至上主义理论的不足及企业社会性的加强而做出的理论回应，它与企业社会责任（corporate social responsibility）理论不谋而合，成为20世纪八九十年代一个有影响力的理论范式，

[①] 杨瑞龙、周业安：《企业的利益相关者理论及其应用》，经济科学出版社2000年版，第129页。

其主要观点可以总结为以下几点：①企业的存在和发展除了满足自身内在发展和公司股东利益需要外，企业的外部和内部还存在大量的利益相关者，他们都应当有参与企业决策的权力；②必须强调企业的社会责任，企业管理者也负有服务所有利益相关者的信托责任；③企业的目标是促进所有相关者的利益而不仅仅是股东的利益。① 根据利益相关者理论，企业的发展离不开各个利益相关者的投入和参与，企业不再仅仅是为自身的股东利益而活，它追求的是更广阔范围内各种利益主体的共同利益。相应地，企业治理模式也应由单边治理向多边治理转变。多边治理有助于保持利益相关者长期合作，减少企业的激励和监督成本，提升企业创新能力和竞争力。当然，多边治理并不等于所有利益相关者都可以参与企业决策，也不意味着利益相关者都可以平等地分享企业权力。

二 大学治理核心是实现利益相关者的多元共治

（一）大学是一种利益相关者组织

引入利益相关者理论开展研究，首先要明确高等学校是不是一种利益相关者组织。由于现实中股东利益是企业核心利益这一点始终无法否认，在与主流企业理论的较量中，利益相关者理论一直无法取代"股东至上主义"的主流学说地位，始终没能占据优势地位。但是与企业相比，作为一种非营利性组织，大学没有严格意义上的股东，其办学目标绝不是实现教授、行政人员以及学生等内部人的整体利益最大化，而是以培养人才、促进人力资本增值、实现社会效益最大化为终极目标，其社会责任也是企业无法比拟的。雅斯贝尔斯指出："大学是一个由学者与学生组成的、致力于寻求真理之事业的共同体。"② 德里克·博克认为，大学已经越来越多地与周围的组织和个人结合在一起，是一个通过"一张庞大而复杂的关系网与社会其他主要机构连接起来"的利益相关者组织③，阿特

---

① John R. Boatright, "Contractors as Stakeholders: Reconciling Stakeholder Theory with the Nexus-of-contracts Firm", *Journal of Banking & Finance*, Vol. 26, No. 9, 2002, pp. 1837–1852.

② ［德］卡尔·雅斯贝尔斯：《大学之理念》，邱立波译，上海世纪出版集团2007年版，第19页。

③ ［美］德里克·博克：《走出象牙塔——现代大学的社会责任》，浙江教育出版社2001年版，第7页。

巴赫也认为:"大学不是一个整齐划一的机构,而是一个拥有一定自治权的各种团体组成的社会。"① 大学的行政管理人员、教师、学生、校友、政府官员、社区居民、纳税人都希望学校在办学过程中能优先考虑他们的利益,以便实现他们的目标,但这些权益主体的相关利益及所关心的热点问题存在很大的差别,有时甚至相互冲突、相互矛盾,这使大学在如何对待各利益相关者主体的问题上必须采取协调均衡的办法。以上这些特点,使相比企业而言社会责任本身要求很高的大学,是一种更典型的利益相关者组织,更适合运用利益相关者理论去研究。

与利益相关者理论在企业中强调股东与利益相关者和谐相处一样,大学必须考虑大学内部和外部利益相关者的诉求,与各利益相关者建立合作伙伴关系,争取社会各方面对大学的最大支持,以实现大学的社会责任。我国将大学的社会责任定为人才培养、科学研究、社会服务以及文明传承四项。克拉克·克尔在《美国高等教育的伟大转型:1960—1980》一书中将大学的职能归纳为生产职能、消费职能和公民职能。哈佛大学前校长德里克·博克(Derek Bok)也指出:"大学承担社会责任,或者说大学的社会职责,是任何国家大学存在的目的。这种社会职责,一般包括培养人才、发现新知识和社会服务活动。"他还针对人们对大学社会责任的理解分歧补充说:"大学和它的教师似乎把他们的责任严格限制在学术领域。但是,公众几乎肯定对大学和教师有更多的期望。"② 为此,传统的大学治理模式就必须进行反思,需要打破传统大学那种单一主体主导治理的状况,如"董事会特权""政府集权""教授治校",大学不能是"政府的自留地",也不能是"教授或者董事们的私人领地",要让利益相关者参与到大学治理过程中来,让大学在人类文明和福祉方面发挥更大作用。

(二)多元共治是大学作为学术共同体的必然要求

大学是多元利益相关者共同控制的组织,大学治理主要是指一套与外部和内部利益相关者都有关的决策结构和过程,是在大学利益多元化

---

① [美]菲利普·G. 阿特巴赫:《比较高等教育:知识、大学与发展》,人民教育出版社教育室译,人民教育出版社2001年版,第5页。

② 转引自徐小洲《博克论大学的社会责任》,《比较教育研究》2002年第8期。

情况下协调大学各利益相关者的相互关系的一系列制度安排。不同的利益相关者在大学有着不同的利益诉求，并通过不同的途径、方式对大学产生影响。它们之间相互影响、相互牵制。大学治理结构，就是在利益群体、集团博弈的结果之上形成的。构建大学治理结构的目的是平衡各利益方的相互关系。回顾大学的发展史，就会发现其基本上是一部大学利益相关者之间博弈的历史。教会、政府、行政管理者、教师、学生以及社区居民等大学利益相关者，有强势的，也有弱势的，他们之间互相斗争，又互相合作。某些主体之间结成联盟，又不断分化瓦解，目的都是管控学校，维护自己的最大利益。不同利益相关者参与程度不同，权力分布也不同，他们博弈形成的合力决定着大学的性质与走向。有效的大学治理结构，因时因势而变，没有规定的完美模式，也不需要使大学组织各利益群体都得到满足，但各利益方博弈形成的合力的平衡点必须居于大学前行的方向，这是保障大学组织有效运行的关键。

单一主体治理大学在历史和现实中都存在，但它是很不稳定的一种治理结构，具有不可克服的内在矛盾，难以持久。正如诺斯悖论所指出的那样，"国家的存在是经济增长的关键，然而国家又是人为经济衰退的根源"，单一主体为追求自身利益最大化，最后不可避免地会阻碍大学的发展。人才培养、科学研究、社会服务、文化传承是现代大学公认的四项职能。离开了多元共治的治理结构，大学职能的实现必然大打折扣。全球化使得中国大学面对全球竞争，利益相关者共同治理大学是对政府控制的一种扬弃和超越。市场和开放是消解国家中心地位的天然力量，随着市场经济的逐步规范，国家权力将越来越多地进入制度的笼子，说服多于强制，协调多于命令，政府权力必须以自我改变来适应社会的变化。而且随着代际更替，新成长的一代人会更倾向于从与西方发达国家的水平比较而不是与过往历史的比较中看待治理行为的合法性。多元主体参与大学治理是大学发展的必然趋势和要求。

大学是一个学术共同体，追求学术卓越的本质要求大学实施共同治理。21世纪以来，全球化进程进入了一个新阶段，大学作为一个开放系统，与社会、市场、政府存在多重交叉关系，牵涉系统内外的各种权力主体。良好的大学治理结构要求建立一个动态平衡机制，使大学内外部各方力量都能够在协商氛围下充分表达自己的意志。当前我国高等教育改革发展的一个重大课题是调整政府、大学、市场的关系。由于教育具有准公共产品的特性和巨大的外部效应，正如"就像战争意义太重大，不能完全交给将军们决定一样"①，大学的社会责任太大，也不能完全交给大学自己来决定。大学的办学目标不是大学内部利益相关者利益最大化（比如行政管理人员、教师、学生），甚至也不是学校价值最大化。大学如果出现内部人控制的局面，将与教育的公益性目标背道而驰，会严重妨碍大学社会功能的发挥。所以理想的大学治理结构是大学外部，政治权力、市场权力与社会权力各安其位，给高校权力足够的空间和舞台；大学内部，政治权力、行政权力、学术权力、学生权力也形成多元参与、互相制衡的关系，这样就可以解决学生、教工民主参与途径不畅等问题。

三　学生是大学核心利益相关者

（一）学生应当在中国大学治理结构中占据重要位置

那么，谁是大学的利益相关者？胡赤弟认为，大学是利益相关者共同治理的组织，高等教育的利益相关者，是指在对大学有一定"投入"的基础上，能从大学获得一定利益并产生一定影响的各类主体（个人或群体）。②政府、家长、社区、产学研合作者都对大学投入各种资源和精力，自然也都会对大学产生不同程度的期许和要求，在这个意义上，他们都是大学的利益相关者。但这个定义也有不严谨之处，特别是对"利益"和"投入"的界定过于"物化"了。大学作为人类文明的保存和传播者，它的"利益"的内涵，绝不同于企业，笔者理解，这里的"利益"更是一种"权利"，含有价值的元素。比如我们的子孙后代、宇宙万物，无论他们是否为大学提供资源，都是当然的利益相关者。李福华借鉴企业利益相关者的分类方法，将大学利益相关者分为核心利益相关者（教师、学生、管理人员）、重要利益相关者（校友、财政拨款者）、间接利益相关者（科研经费提供者、贷款提供者等）和边缘利益相关者（当地社区和社会公众）四类。③曾担任哈佛大学文理学院院长的

---

①　[美] 约翰·S. 布鲁贝克：《高等教育哲学》，浙江教育出版社2001年版，第32页。
②　胡赤弟、田玉梅：《高等教育利益相关者理论研究的几个问题》，《中国高教研究》2010年第6期。
③　李福华：《大学治理的理论基础与组织架构》，教育科学出版社2008年版，第85—86页。

罗索夫斯基认为，大学利益相关者不仅包括教授、董事，还应包括学生、校友、捐赠者、政府、公众、社区等更广泛的个人或群体。教师认为他们就是大学，因为他们担负着教学和研究这一大学最重要的使命；政府官员、行政管理人员、董事、校友及捐赠者、科研经费的提供者、向学生和大学贷款的银行家、学术活动的评审委员，自认为是学校的"部分拥有者"，是因为他们有权决定大学政策或为大学提供经费。与他们相比，学生在课程设置、教师选聘、学校投资政策以及对校长和院长的任命等方面拥有某种控制权，并不是没有道理的。因为学生是大学得以存在的理由，毕业后又会充当校友、教师、捐赠者或董事的角色。他还特别强调了学生的地位，"大学是学校，如果没有学生，学术成就终归会枯萎"[1]。西班牙思想家奥尔特加·加塞特在《大学的使命》一书中提出"大学必须以学生为基础，而不是以教师或知识为基础"[2]，他还十分强调学生对于大学的意义，认为学生是大学服务的根本所在，甚至他"很想把整个'大学的使命'移交给学生"[3]。阿什比说："剑桥大学的校印无论盖在任何合同或协议书上，都是代表校长、教师和学生盖的。在这个组合之中，三者并没有高下之分，是相互平等的。"[4] 学者Cress认为，学生作为利益相关者参与大学治理，从大学的角度看，会提高学校决策的透明度，增强学校的责任意识，增加学校决策的科学性，还有利于组织学习提高；从学生的角度看，可以为学生提供大量难得的学习机会，根据参与"质量"的不同，会不同程度地对学生的个体技能，如领导力、团队合作及批判思维产生有益的影响。[5] 可见，无论何种划分，学生是大学的核心利益相关者，是现代大学内部民主治理当然的重要参与者，这一点学界已基本达成共识。

---

[1] ［美］亨利·罗索夫斯基：《美国校园文化——学生·教授·管理》，谢宗仙、周灵芝、马宝兰译，山东人民出版社1996年版，前言。

[2] ［西］奥尔特加·加塞特：《大学的使命》，浙江教育出版社2001年版，第26页。

[3] ［美］克拉克·克尔：《大学的功用》，陈学飞译，江西教育出版社1993年版，第14页。

[4] ［英］阿什比：《科技发达时代的大学教育》，滕大春、滕大生译，人民教育出版社1983年版，第63页。

[5] Cress, C. M., A. W. Astin, K. Oster, and J. C. Burkhardt, "Developmental Outcomes of College Students' Involvement in Leadership Activities", *Journal of College Student Development*, No. 1, pp. 15–29.

(二) 学生参与有利于维护学生、大学和社会的利益

学生是大学重要的利益相关者，学生也是我们一直忽视的大学治理力量，是建立共同参与、民主管理大学治理结构的关键要素。在欧美国家，学生参与大学治理一直得到重视，理由是其对学生、大学、社会都有巨大价值。一是学生在参与中受益，得到发展。学者克莱斯通过实证研究证明，参与大学治理能促进学生多方面能力的形成与提高。[①] 二是大学从学生参与大学治理中受益。塞宾和丹尼尔斯的研究表明，学生参与大学治理有效提高了高校决策的民主度，是提高大学决策质量和问责力的重要因素。[②] 三是社会受益。艾斯町认为，参与大学治理是公民教育的一部分，学生在其中掌握了成为有效公民（effective citizenship）的技能和态度。[③]

随着全球范围内的高等教育市场化潮流的冲击，全世界的高校基本都做到了经费来源多元化，各种形式的学生贷款逐渐取代了对学生的无偿资助。在中国，学费收入也已成为高校最重要的收入来源之一，普遍占到学校总收入的1/3以上。在西方发达国家，很多人把大学与学生之间的关系看成是"服务提供者与消费者"的关系。所以，学生参与大学治理是维护学生消费者权益的最有效方式。

此外，学生如果不享有对学校的办学、教育教学以及管理工作的参与权，对中国大学发展是十分不利的。特别是我国高等教育存在一些畸形"市场化"现象，一些所谓的"投资方"打着投资高等教育的招牌，违规套取办学资金，侵害学校法人和学生、教师的利益，缺少利益相关方的制约也是一个重要原因。只有通过法规、章程等制度安排，使各个主要利益相关主体都享有法定参与大学决策的权力，同时再通过适当的投票机制和利益约束机制来稳定合作的基础，制衡各利益主体的行为，才能防止大学成为某些利益团体牟取经济利益的工具，达到各利益主体

---

① Cress, C. M., A. W. Astin, K. Oster, and J. C. Burkhardt, "Developmental Outcomes of College Students' Involvement in Leadership Activities", *Journal of College Student Development*, No. 1, pp. 15 – 29.

② Sabin J. E., Daniels N., "Managed Care: Strengthening the Consumer Voice in Managed Care", *Psychiatric Services*, 2001 (5), pp. 461 – 642.

③ Astin A. W., "Liberal Education and Democracy: The Case for Pragmatism", *Liberal Education*, 1997, 83 (4), pp. 4 – 15.

的行为统一于满足社会公共利益需要这一共同目标。

第三节 学生发展理论与学生参与大学治理的作用机制

顾明远教授认为，大学的本质是求真育人。求真就是研究学术、追求真理；育人就是培养真才实学的人才。[1] 学生参与大学治理的行动是不是就能起到育人的效果呢？其作用机制如何？这是值得探讨的问题。

一 学生发展理论

学生发展（student development）理论是人的发展理论在高等教育领域的延伸和发展，主要是受到心理学和社会学发展的影响而发展起来的。它主要关注学生个体在校期间是怎样转变、怎样成长为具有认识自我、他人和世界能力的个体的过程。心理学家桑福德（Sanford）认为，个体的发展过程同时是一种积极的成长过程。在这个过程中，个体通过参与各项活动，融入群体以获得各种体验。发展是学生应对挑战和学校支持的结果。大学应该为学生参与提供适宜的环境。社会心理学理论（psychosocial theory）代表人物奇克林（Chickering）在其《教育与同一性》（*Education and Identity*）一书中所提出的认同发展理论（theory of identity development）是被最常引用、影响最大的理论，该理论提出了学生发展由简单到复杂需要培养的七个方面：能力发展、情绪管理、自我管理、发展成熟的人际关系、自我认同、成长目标、自我完善和整合。[2] 1982 年，罗森斯海因（B. Rosenshine）等开展了大量的实证研究，证明学生的学习要取得最好成果，只有当学校环境鼓励学生积极参与时才会发生。[3]

二 参与治理与学生发展

参与对学生发展的作用机制是怎样的？阿斯汀（W. Alexander As-

---

[1] 顾明远：《大学的本质是求真育人》，《中国大学教学》2015 年第 2 期。
[2] Chickering A. W., Reisser L., *Education and Identity*, Josses-Bass Publishers, 1993.
[3] B. Rosenshine, "Teaching Functions in Instructional Programs", *Paper Presented at the National Institute of Education's National Invitational Conference on Research on Reaching: Implications for Practice*, Washington, DC.

tin）进一步推进了关于学生发展的研究，他1984年提出的学生涉入理论（student involvement theory）初步解开了这个谜底。[①] "涉入"（involvement）指的是学生投入活动中不同的生理和心理上的能量，它不属于刺激—反应型，更强调学生主动卷入、参与到活动过程中的含义，笔者认为基本可以等同于参与的概念。阿斯汀明确指出了学生参与的重要性，强调积极参与对学生发展的重要作用，认为只有激发学生付出足够的努力、投入足够时间，才能达到教育的效果。他批评传统的教育学理论有两个错误认识，一是将学生作为学习过程中被动地接受工具，认为学生的成长主要取决于学生受教育的内容；二是认为学校增加资源投入就能促进学生发展，片面强调学校改善图书、师资对学生发展所起的作用，注意资源扩充而忽视其利用。那些高度涉入（involved students）的学生会投入大量时间和精力到学习、校园活动、学生组织、师生交流互动中去，从而实现自身发展。而那些未涉入的学生（uninvolved students）往往逃避参与课余活动，较少与教师和同辈接触交流，忽视学习，也很少在校园活动中投入时间。

学生涉入理论不仅关注学生获得什么发展，更关心学生如何获得这些发展。学生涉入理论认为，学生的收获和发展主要是靠学生投入学习活动中的时间和努力程度决定的。学生对学习的时间投入是最重要的资源。学校和教师更应关注学生的行为、注重激励学生以及创造条件让学生投入更多的时间和精力参与到大学的学习和集体活动过程中，只有这样，才能实现学生发展的最大值。

阿斯汀认为其理论体系中最为重要的假设是以下两个：学生的发展与学生在活动中投入的时间精力成正比，政府教育政策和大学教育的效能（effectiveness）及它们促进学生涉入的效力相关。[②] 他还特别提醒教育者注意：涉入的发生是一个连续的过程，随时间和目标的不同，学生投入活动的能量也在不断变化；对涉入程度的评估既要考虑定量因素，也不能忽略定性特征（比如考查学生参与学术讲座的时间可以比较容易地定量显

[①] Astin W. A., "Student Involvement—A Developmental Theory for Higher Education", *Journal of College Student Development*, 1999 (40), pp. 518–529.

[②] Astin A. W., *Four Critical Years*, San Francisco: Josses-Bass, 1977.

示，但学生到底在听讲还是在玩手机却需要定性分析）。为了对这些假设进行检验，阿斯汀还开展了涉及20万学生及80多种不同的学生产出的实证研究。研究还就一些不同类型的涉入活动对学生产出的影响得出了一些结论：学生辍学率和是否住校有较强相关性，原因在于住校的学生有更多时间和机会参与学校生活，也更容易对学校产生认同和归属感。[1] 学生在校期间加入学生组织不但可以收获更为丰富的成长经历，而且学生对学校及对同辈的满意感也可以得到显著加强。此外，学生与教师的交流互动比学校特征对学生满意度的影响更大。因此，找到激励师生交流的参与方式将会有效促进学生发展和学校的产出。[2]

美国学者帕斯卡雷拉等人也就"大学是怎样影响学生的"这一课题进行了为期30年的追踪调查，他们建立的大学对学生成长影响力理论模型证明，大学生的就学经验或学习生活参与度是影响学生成长的关键，学生在大学期间各个方面的成长和发展主要取决于学生个人的努力程度以及参与程度，而不是教师工作的数量和强度。[3]

另一位美国学者丁托（V. Tinto）1975年提出的研究学生辍学问题的经典理论从侧面证实了参与对学生发展的重要作用。丁托对学生辍学原因的研究发现，学生在校期间会面临两种融合——学术融合（指学生的课业表现、智力发展、学业成就等）和社会融合（指学生在校内的同伴关系、师生关系、社交行为等）。在任何一种融合上的成功都会使学生倾向于留在学校而不辍学。只有两种融合同时失败的学生才会辍学。当学生身处于学校环境之中而又无法参与学校学术生活和社会生活时，学生个体与学校之间的连接就被切断，出现失范现象，辍学行为就容易出现。[4]

中国学者孙泊睿、丁小浩也在国内高校开展了类似的研究，证实学生的参与行为，也就是学生在面对一定的院校环境和条件，在不同活动

---

[1] Astin A. W. , "The Impact of Dormitory Living on Students", *Educational Record*, 1973 (54), pp. 204 – 210.

[2] Astin, A. W. , *Assessment for Excellence*: *The Philosophy and Practice of Assessment and Evaluation in Higher Education*, ORYX Press, 1993.

[3] Ernest T. Pascarella & Patrick T. Terenzini, *How College Affects Students*: *A Third Decade of Research*, San Francisco: Jossey-Bass Publishers, 2005.

[4] V. Tinto, *Leaving College*: *Rethinking the Causes and Cures of Student Attrition*, Chicago: The University of Chicago Press, 1987.

中付出的时间和精力投入,决定了他们能够在哪些方面取得发展、取得多大程度的发展。①

这些研究都证实了学生的参与行为对于学生成长具有积极作用。当学生身处一定的院校环境和条件时,其投入的时间和精力与他们的成长发展效果呈正相关关系。在这些研究的基础上,笔者将学生参与大学治理的育人作用机制归纳为图2.1。

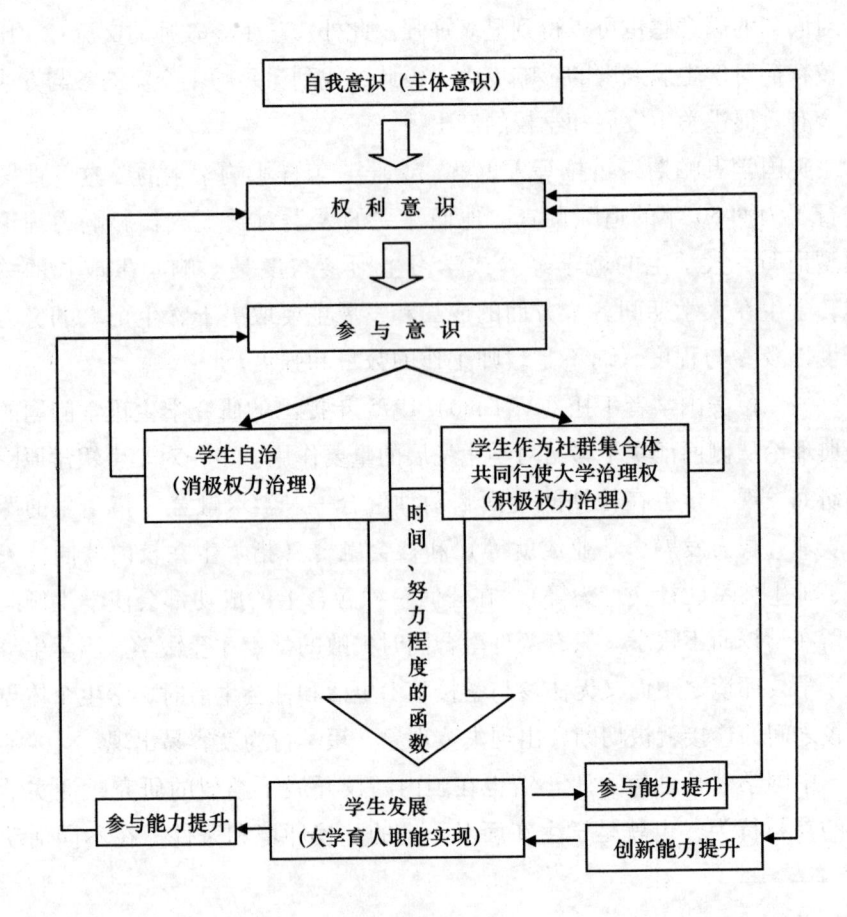

图2.1 学生参与大学治理作用机制

首先需要强调学生的自我意识。"自我意识"是人成其为人的重要

---

① 孙油睿、丁小浩:《大学生课外参与投入的适度性研究》,《大学教育科学》2010年第6期。

标志，一个人如果没有发展出成熟的自我意识，其自由意志和创造力就难以发挥。只有具备自我意识，才会有个性成长，因材施教才有可能，培养出的人才能具有创造力和独立人格。而没有主体意识的人，是无法培养出创新能力的。目前我国大学一个很大的问题就是忽视、泯灭学生的自我意识，学生处在一个客体的地位、被动的地位，漠视、淘汰"不听话""不出活"的学生。这样的理念自然就放弃了对一大批学生的教育，少数得到关注的"听话""出活"的学生也会变得"乖巧""势利"。

一个人具有了自我意识，就会把一部分物和事与自身联系起来，就必然产生权利意识。一个人如果没有健全的权利意识，就会出现缺陷型人格。在公开场合属于自己的权利不敢争取、维护，反而变为私下的小动作，或者自我人格分裂，从大学走出一群"骗子"或"傻子"。大学生也一样具有天赋的不可剥夺的权利，特别是有独立处理自身事务和与己相关的公共事务的权利。如果一个大学生丧失了这种权利，不管是自愿还是被迫，那就不可能被认为是一个自由的人、一个全面发展的人。

一个人具有了权利意识，就会在思想上或行动上产生将自我这个"主体"加入"权利"客体的意识，这就是参与意识。其实心理学研究已经发现，人类天生就有参与意识。只是由于后天的环境和教育，一些人的参与意识被隐匿了。教育会加强或减弱这种意识。不愿被人管束，希望自主处理自身事务，也是人的天性之一。大学的组成人员中，学生占到80%左右，年龄大部分为17岁到25岁，他们风华正茂、表现欲较强，而且他们已经成人，具备了管理自身事务的资格和能力。

参与中学生的诉求和愿望得到表达和尊重，会使学生将个人情感主动投入到组织中，这是一种自我卷入，能够增强学生的认同感、责任感和自我效能感。这就为学生提供了表达的通道、自由选择的条件、潜能激发的机会和个性张扬的舞台，符合心理学刺激—反应定律和人成长成才的规律。参与有助于学生发展，学生发展提升参与能力，能力提升后可以更好地参与，这就形成良性循环。在这一循环过程中，其育人路径是复杂往复和非线性的。大学生的主观能动性需要在民主、自由的大学治理制度环境中得到充分激发。所以说，参与是学生发展的关键因素，它通过一系列作用机制实现了学生的发展，符合内化和外化作用机制。

参与还可以起到防止学生因为内生需求外化渠道不畅反而成为学生发展的病灶的问题。

  总之，参与意识内生于学生内心，必须外化为行动，才能真正促进学生成长。政府、社会、学校要做的，就是为此提供一个广阔的空间。

第三章 学生参与大学治理的权力性质、模式和实现机理

大学是人类文明共享的财富，其治理内在规律是共通、普适的，世界各地大学生的参与诉求总体差别不大。一个国家政治制度决定了其教育形态，学生参与大学治理是一个复杂的过程，各个国家、各个学校由于受到不同文化传统、管理体制的影响，其治理形态也呈现出多元化的特征，学生参与大学治理又是共性与个性统一的问题。本章研究学生参与大学治理的权力的普遍关系和规律问题，重点审视学生参与大学治理的权力的性质、模式和实现机理。

第一节 学生参与大学治理的权力性质

分析学生参与大学治理的权力的性质，是探讨其他问题的基础。从学生参与大学治理的权力性质来说，它只是一个工具，是保证学生权利和发展、保障学生成人成才的工具。如果离开了这个出发点和宗旨，就会走入歧途，走到大学善治的反面。

一 学生权力的来源

学生参与大学治理，不管是行使消极权力的学生自治，还是行使积极权力的学生作为社群的集合体参与大学治理，都来源于资源与动机。

占有资源是学生权力的基础。美国学者伯恩斯在《领袖论》中认为，权力有一个最重要的来源是对资源的占有，对资源的占有可以分为几种，有的是传统的，有的是现实的，有的资源属于物质范畴，有的则

纯粹属于精神上的。[①] 学者约翰·P. 科特在《权力与影响力》一书中提出权力的来源之一是知识，"知识就是权力"。[②] 如果我们把知识也看作一种资源，这两种理论就取得了一致性。正如权力的形式有多种一样，作为权力基础的资源也是多种多样的，包括暴力、财富、技能、知识、信息等。反之，如果组织内的一个主体拥有组织不可或缺的独特资源，那么，这个主体就必然在组织内拥有权力。所以学生权力主要来源于学生所拥有的独特资源。大学的权力总是向掌握资源的人手中集中。

虽然学生自身就是学校离不开的最独特的资源，离开了学生，大学无以存在，但是学生自身作为资源，并不构成学生拥有权力的充分条件。就像空气异常重要却缺少经济价值一样，只有当满足了"稀缺性"条件，大学生对大学变得稀缺时，这种资源才可能转化为权力。就像21世纪初，独立学院刚出现时，办学水平再差，也有无数的学生挤破头皮要交钱去上。尽管学费是一些学校生存的基础，但在国家严格控制招生计划的垄断条件下，缺少从学费到大学的压力传导机制，学校对学费"脱敏"，这种资源并不稀缺。加上学生无法自由选择学校，"用脚投票"，所以是没有话语权的。

学生权力的第二个来源是学生的动机。资源的控制并不是导致权力扩张的唯一条件。诺伊施塔特对罗斯福、杜鲁门、艾森豪威尔三位美国总统进行了研究，发现这三人都控制过相同的资源，但他们对权力的需要程度不同，有人追求权力的欲望更迫切，会千方百计利用资源和努力来得到它，动机使得他们拥有不同的控制技能，政绩也相差甚远。[③] 动机可以解释技能和资源相同的管理者为什么存在权力差异的问题，所以动机是权力的另一重要来源。学生动机也就是学生对权力的需要程度如何，愿意用什么样的资源和努力去得到它。那么，学生参与大学治理的动机是什么？应该是地位获得。这种获得有三个维度：经济获得、声望

---

① [美] 詹姆斯·麦格雷戈·伯恩斯：《领袖论》，刘李胜等译，中国社会科学出版社1996年版，第7页。
② [美] 约翰·P. 科特：《权力与影响力》，李亚等译，机械工业出版社2013年版，第5页。
③ 转引自 [美] 詹姆斯·麦格雷戈·伯恩斯《领袖论》，刘李胜等译，中国社会科学出版社1996年版，第8页。

获得、资源获得,即通过参与,可以为学生个体和学生团体获得经济利益,获得资源,获得声望,提升学生个体和组织在学生群体和大学治理体系中的地位。

可见,学生参与大学治理的权力的来源主要蕴含于学生所拥有的资源的稀缺性和动机之中。学生权力不是天赋的,需要争取得来,得到权力后还需要依靠资源和动机去保持。学生权力不是一成不变的,而是呈动态变化的,对学生权力的适当运用,不仅不会减少反而会增加学生权力,权力的使用是增加权力的重要途径,而对已有权力不使用或使用不当,权力反而会减少、消失。那么,应当如何看待这种权力的正当性呢?

二 学生权力的正当性

大学生取得学籍后,就从大学获得某些特定利益的资格,享有大学生权利。这种权利是学生参与大学治理的前提和基础,需要转化为学生权力,因为学生权力是学生参与大学治理的保证。卢梭在《社会契约论》中提出,国家是由公民通过社会契约组成的,国家权力的本源来自于公民通过社会契约将其权利向国家的让渡。[1] 如果我们承认权力为权利而设,国家权力必须把保障公民权利作为其存在的基础和目的,那么就必须承认大学权力也为学生而设,大学权力必须把保障学生权利作为其存在的基础。

马克斯·韦伯认为,权力的正当性可以基于法理型依据、传统型依据和卡理斯玛型依据三个方面[2]。相对其他权力而言,由于学生权力缺少传统的权威,也缺少卡理斯玛型依据(魅力的信仰),更多应思考其法理型依据。一般认为,法理型统治要遵循三个原则:一是要先建立基本的规则,后实行统治;二是要所有公民的基本权利都有切实的保障;三是要通过一种和平的、寻求多数公民支持的方式选择统治者。[3] 显然,学生在大学权力的正当性是有一定法理型依据的。但是,如果学生

---

[1] [法]卢梭:《社会契约论》,钟书峰译,法律出版社2012年版。
[2] 法理型依据下的权力指的是规范权力,在法治社会中指法律权力;传统型依据下的权力指的是权威;而卡理斯玛型依据下的权力是一种对超凡魅力的信仰,即权力的正当性基础是领袖个人的超凡魅力或者对具有特殊力量和品质的人的信仰。
[3] 包刚升:《政治学通识》,北京大学出版社2015年版,第31页。

缺少参与的机会、权利、信息，其在大学权力结构中的边缘性地位就难以改变。在大学治理中，就还只能是观众的角色，就难以产生效力。

学生参与大学治理既涉及权利，又涉及权力，需要进行区分。权利遵循的规则是"法不禁止即自由"，而权力的规则是"法不授权即无权"。权力实际上是一种他治，在自治的基础上才能做好他治，他治包含个体参与和群体参与两种方式。笔者认为，当行使主体是单个具体的自然人或其集合时，其性质是权利；当行使主体是作为大学治理组织机构的一个组成部分时，不管是学生个体还是组织，其性质就是权力。学生参与大学治理的权力如果被忽视和侵犯，当他们觉得自己的声音在校内不起作用时，就会寻求外部救援，这时大学内部的"权力"便衍化成"权利"。近年来很多学生诉母校的案例便是例证。对"治理权"性质的认识关乎治理权的功能能否有效实现，即权力能否有效对抗其他权力方从而保证学生成长的问题。但权力绝不是学生参与治理的目的。我们关注学生权力，并不是关注这个概念。而是关注概念背后的人。大学生作为公民，应该拥有《宪法》和法律所规定的各种权力，包括生存权、财产权、自由权、平等权和发展权等；作为消费者，应该具有知情权、选择权、监督权、申诉权等权力；作为受教育者，应该拥有选择课程、专业、参与研究等权力。

学生参与大学治理的目的是保护学生作为公民、作为受教育者应有的权利。学生必须参与大学治理，不参与的话，不但保护不了已有的权利，也无法获得更多新的权利①。所以学生参与大学治理的最终目的，是改变"权力"的组合，最终才能改变"权利"的构成与分配。参与大学治理，是保障"学生权利"、实现学生权力的必要手段。大学中权力的获取并不都是符合理性和程序的，通过非制度化、非道德方式获得权力的马基雅维利主义行为屡见不鲜。由于大学权力的无效和不公平运用，学生作为大学中的相对弱势群体，他们经常为维护自己的权利奋起抗争，与教师权力、市政权力、教会权力等发生对抗和冲突，争取自己

---

① 随着时代的发展，人的权利边界总是不断拓宽的。以同性恋为例，在中世纪，会被处以火刑，今天一些国家却将其合法化。学生身穿"奇装异服"，在20世纪80年代的中国大学，可能会被处分，今天已被视为学生的天然权利。

在大学组织权力结构的地位。权利和权力都是可以栽培和生长的，前提是必须认真参与。不参与的话，不但保护不了已有的权利，也无法获得更多新的权利。

三 学生参与大学治理的权力特征

学生参与大学治理是学生权力的正当行使，这种治理权的正当性显然不同于那种以国家机器为载体的线性的、自上而下的、通过强制手段实施的传统权力。所以需要明确其特征。参考当代法国思想家米歇尔·福柯（Michel Foucauh）的权力观[①]，可以将其特征归纳如下。

第一，这种权力不是一种像校长权力那样基于身份而拥有的权力，它不附着在人身上，而是在行使过程中才表现出来，它不应被看作一种所有权，实际上它是一种被行使的而不是被占有的权力。第二，这种权力发挥作用的机制不同于传统权力重在压制、约束，它则注重挖掘出权力具有的训练、塑造、传播乃至生产的功能。第三，传统权力是线性的，它是网状的，是一种微观的、发散的权力。这种权力有无数的作用点，每一点都有可能发生权力斗争、冲突，甚至发生暂时的权力关系的颠倒。权力的行使方式不仅有自上而下的，也有自下而上的。这个特点也决定了通过学生"参与治理权"的方式，可以解决行政化的科层管理方式难以解决的问题。第四，不同于传统权力强调实体，它更强调关系，突出表现为学生与其他相关方（也包括另一部分学生）关系的互动。第五，这种权力的有效期较短。学生治理权期限与学制基本是一致的，其存在时间较短，而且由于实习、就业等问题的干扰，其全面运行时间更短，致使从大一到大四，学生通过权力行使得到的边际收益逐渐降低，影响了他们追求权力的动机。"大学生虽在早期的中世纪大学中曾享有卓越地位，但他们在学术界'转瞬即逝'，在大学事务中起着极有限的作用。"[②] 伯顿·R. 克拉克形象地指出："一位专职的、把教育作为终身职业的文职官员，他的率直形象，比政治家和学生工作得更长久：他现在有更多的时间，可以走

[①] [法]福柯：《疯癫与文明》，刘北成译，生活·读书·新知三联书店1999年版，第29页。

[②] 张应强、高桂娟：《论现代大学制度建设的文化取向》，《高等教育研究》2002年第6期。

很长的距离。所以为什么在 1960 年代和 1970 年代，在许多国家的高教系统，政治家、官吏和学生反对教授的压倒优势的权力联合斗争，官吏是强大的胜利者而学生则所得最少，就不是什么秘密了。……永久编制的人很可能胜过临时工作的人。"①

现在的欧美和中国香港、中国台湾的大学中，学生都拥有相当的权力。学生一般参与招生政策制定、课程安排、学费标准、教学和教师评价、学生处分与申诉、学生宿舍管理、学生生活与服务等方面，美国一些州的学生在学校大学校长选拔委员会中也具有正式席位。此外，在一定意义上，学生权力还具有影响社会、经济和政治的能力。

那么学生是如何行使这些权力的呢？总的来看，各个国家的大学生参与高校治理都是在法律的框架下开展的。学生参与决策多是通过高校管理机构如董事会、理事会或校务委员会等管理机构以及学生组织机构来实现的。

第二节 学生参与大学治理的权力运行模式

学生参与大学治理，意味着学生要从制度上分享大学治理的权力，其本质是权力的重新分配过程。这种分配必然带来大学各大利益主体之间的利益博弈。提出"多元化巨型大学观"的美国教育家克拉克·克尔认为，大学"类似一个政府体系，如一座城市或一个城邦：多元化巨型大学的城邦。它可能是不统一的，但必须对它进行管理——它现在不是原来那样的行会，而是一个权力分得很细的复杂实体。对于这种权力有一批竞争者"②。

大学治理的权力对统治者来说永远是一种诱惑，他绝不会放手让别人去掌握它，去享受它的利益。所以围绕大学治理的权力总存在巨大的争斗，无论是善治还是恶治，不过是权力分配之后运行的结果而已。学生权力在大学治理的权力中的消长，表面是思想、道德的变化带来的，

---

① [美] 伯顿·R. 克拉克：《高等教育系统——学术组织的跨国研究》，王承绪等译，杭州大学出版社 1994 年版，第 173 页。
② [美] 克拉克·克尔：《大学的功用》，陈学飞译，江西教育出版社 1993 年版，第 13 页。

实际上是现实的利益博弈决定的。批判的武器代替不了武器的批判。讨论学生参与大学治理权力问题，首先需要弄清大学控制权在谁手中。大学组织内的其他各种权力关系的运行，是以这个为基准的。如果弄不清这一点，就只能是盲人摸象，不可能看得清楚。"大学治理的权力"完全是"大学控制权"解决之后才要考虑的问题。掌握大学核心控制权的一方会继续和大学的其他利益相关方博弈，去保护和扩大自己的权力（当然也可能失败，并丧失权力），这就形成了大学的动态治理结构和过程。学生参与大学治理的权力运行就是在这种背景下展开的。

一 市场模式、学术权威模式和国家权力模式

伯顿·R. 克拉克提出了学术、国家与市场的"三角协调图"（见图3.1），直观展示了世界上不同国家对高等教育控制的三种模式，认为大学的组织系统运转就是这三股力量影响的结果。[1] 由于历史原因，中国的情况基本上未进入研究者的视野，但他们将社会主义国家苏联的高等教育模式定位为集权模式的研究，可以作为一个参考。

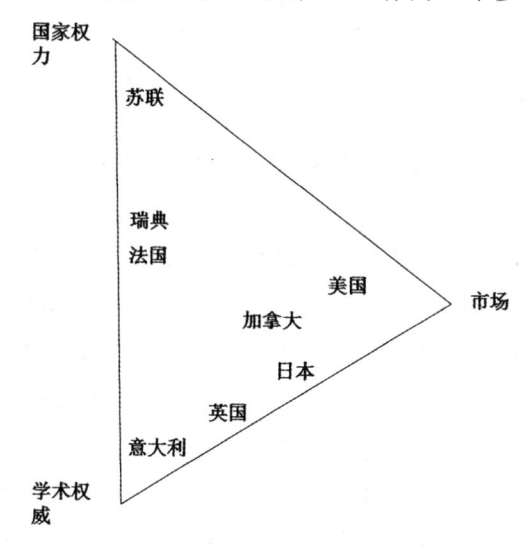

图 3.1　伯顿·R. 克拉克的权力三角协调

---

[1]　[美]伯顿·R. 克拉克:《高等教育系统——学术组织的跨国研究》，王承绪等译，杭州大学出版社1994年版，第159页。

笔者在对学生参与大学治理的权力的历史演变进行研究的基础上，以"三角协调图"为参照，主要根据大学核心控制权的不同，将学生参与大学治理的权力运行模式也分为三种，即市场模式、学术权威模式和国家权力模式（见图3.2）。这种划分的前提和依据是大学核心控制权的不同使得学生掌握的资源不相同，学生权力在大学权力博弈场的地位也不相同。当然，这种划分并不精确，以中国香港为例，它发源于英国的学术权威模式，但又受到美国的市场模式的较大影响，处于两者之间的过渡地带。

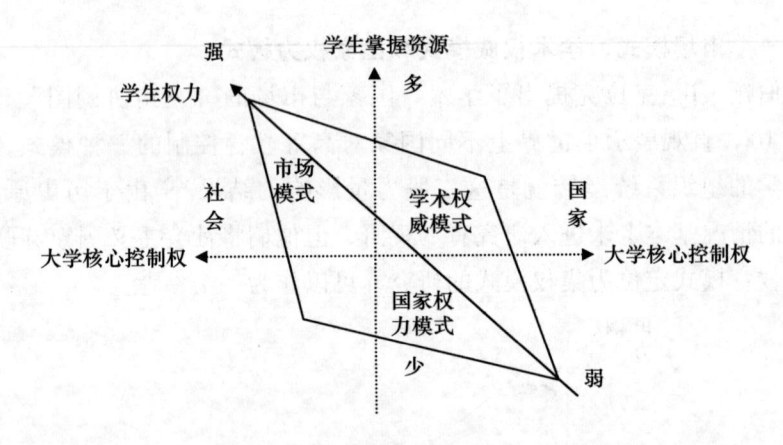

图3.2 学生参与大学治理的权力运行模式

学生参与大学治理的权力运行的市场模式是一种学生（消费者）发展本位逻辑支配下的权力运行模式，以美国、加拿大等国家最为典型。在这些国家中，资本占据社会统治地位，学生也主要依靠其掌握的经济资源取得参与大学治理的权力。在这种模式中，教育系统与政治系统是相对分离的，大学一般都具有独立法人地位。大学从人格上来说是独立的，不从属于政府，大学完全可以起诉政府。很多大学的历史都比所在国家的历史要长。先有哈佛大学，后有美国，更是众所周知的。由于大学权力是内生的，不是国家给予的，所以国家不能剥夺。以美国大学为例，主要就是董事会（由州长等人参加）、评议会、教授会三股力量互相牵制、互相平衡的结构。大学自治作为一种核心的价值观和理念，是建构大学制度的基础。在这种权力体系下，学生作为消费者的权利得到普遍尊重，学生权力是独立的，有较大的活动空间。

学生参与大学治理的权力运行的学术权威模式是一种知识本位逻辑支配下的权力运行模式，以欧洲的意大利、法国、德国和英国为代表。在这些国家中，政治系统和教育系统是相互交叉的，实际上是一种弱国家权力、学术权威主导的模式。大学是政府的附属机构，从属于政府，一般不具有独立法人地位。在这种体制下，大学也有一定的自由，但这种自由是政府管制下的。教师是公务员，政府和高级教授分享大学权力，教授主宰教学科研领域的各种事务，控制着本学科领域中的助理人员和学生，"这些教授的团体，对学院和大学进行集体统治，主要垄断了课程、教师任用和研究方向等方面的决策权"[①]。大学权力，一部分来自外部，另一部分植根于组织内部。即使在极端状况下，比如德国在法西斯统治下，日本在军国主义统治下，大学短期失去了自治权，但很快就得到恢复。在学术权威模式下，比如中世纪的"教师大学"巴黎大学，教师掌握着大学权力，学生基本上没有权力。到了13世纪中叶，巴黎大学逐渐被教会完全控制，大学失去了自治权，教师对大学的治理权力没有了，但学生仍然无法取得权力。只是到了近代，大学所处的社会环境发生了重大变化，学生的消费者观念和多元民主参与观念也逐步流行，学术权力尽管仍然居于校内主导地位，但学术权威基于高深知识所具有的对学校的控制权变弱了，学生也享有一定程度的大学治理参与权。学生权力具有一定的独立性。

这两种模式是当代世界高等教育的主流，居于全球高等教育的主导地位。从高等教育权力分配模式来看，德国、法国的学校自治权较小，政府介入程度更深，美加模式中学校自治权相对更大。两种体系从根本上来讲，都是一种民主参与体制，其共性是它们的"国家""政府"都不是"大一统""强势国家"的概念，美国等国是联邦制国家，根本没有居于国家权力中心可以直接统管国家高等教育的部门，英国是大学拨款委员会等专业团体作为国家管理中介的。在这两种体制下，学生要得到治理权力，需要突破的压力无疑会小很多。学校由教授、学术人员、

[①] ［加拿大］约翰·范德格拉夫：《学术权力——七国高等教育管理体制比较》，王承绪等译，浙江教育出版社2001年版，第199—201页。

学生、行政人员实行"群体自治",就很自然了。当然,在学术权威主导大学权力模式中,国家权力大于以美国为代表的市场导向的模式,相应地,学生权力也较市场模式小。

　　学生参与大学治理的权力运行的国家权力模式是一种国家发展本位逻辑支配下的权力运行模式,存在于东亚、东南亚、中亚、非洲和美洲的一些国家的高等学校中。其突出特点是教育系统依附在政治系统上,属于中央集权的高等教育管理体系。中国是这种模式的典型代表。中国自古以来就把教育摆在为政治服务的地位上。即使孔子办的私学,也在毕生寻求国君(权力)的认可,而不是像古希腊的一些学者那样,将追求知识作为终极目标。我们近代引进现代大学制度时,既有模仿市场模式的"清华派",也有学习学术权威模式的"北大派"①。但从20世纪50年代开始,学生发展的逻辑被国家建设的逻辑取代,开始全力学习苏联,大学完全依附、从属于政治,所有权力都来自国家,大学无自治权。大学作为国家教育行政管理部门下属的事业单位,并不具备独立法人的地位。进入90年代,随着《教育法》和《高等教育法》的颁布,高等学校开始取得独立法人地位,但仍然缺少自治权。在一元化的集权管理体制下,大学中的任何一方想要取得治理权力,都不是一件容易的事。由于高校没有多少自治权,国家和大学的边界并不清晰,党和政府的意图可以最高效地在大学得到贯彻,有利于"集中力量办大事"。在大学内部,由于决策权与执行权统一,决策执行成本低,工作效率高。1999年开始的扩招、高校调整合并以及大学新校区建设,不到10年时间,高等教育规模翻了一番,在西方看来都是难以置信的奇迹。但其弊端也非常明显,"大树底下不长草",集权体制使大学内部缺少有效制约,容易出现内部人控制的现象,包括学生权力在内的其他权力缺少生长环境。所以在这种模式下,学生权力是依附在政治权力之下的,没有自主性。

　　从市场模式、学术权威模式到国家权力模式,学生参与大学治理的权力依次递减。在市场模式下,私立高校的"大学核心控制权"由社

---

　　① 京师大学堂是模仿日本东京大学建立起来的,而东京大学是直接模仿德国大学模式建立起来的。

会资本掌握，公立高校的"大学核心控制权"也由政府和大学利益相关方共同掌握，学生掌握着学费以及"用脚投票"的选择权，这些都是对大学来说事关重要的资源。在学术权威模式下，教授和政府掌握着学校很大一部分资源，学生掌握的资源相对少一些。而在国家权力模式下，国家掌握着大学发展的所有核心资源，学生占有的资源难以对大学发展产生影响，学生权力自然也难以扩张。

如果用学校资源控制者产生方式作为观察指标，上述三种模式又可粗略地分为两类：一类是国家权力模式，政府从大学外部任命，政府也可以随时撤换，比如中国大学的控制权就完全掌握在国家手中，尽管一些大学形成了内部人控制的局面，却很容易被国家更换；另一类是市场模式和学术权威模式，由于国家政治权力本身就呈现出多元共治状态，没有一种单一的权力格局，政府只能参与，并无决定权。在这种形势下，大学利益团体凭自己掌控的资源享有相当程度的大学控制权，即自治权，这种权力内生于大学之中，外部力量难以轻易动摇。下面就来分类讨论其运行特征。

二 市场模式、学术权威模式下学生参与大学治理的权力运行特征

（一）国家层面：法律保障下学生权力运行

在欧洲、北美和南美，很多国家在学生参与大学治理问题上已经形成一个基本的理念，即学生参与大学治理是其应有的基本权利，这不仅是大学生实现自身价值的重要途径，也是提高学校管理效能、实现民主管理的客观需要，也是国家、政府的责任，政府应该支持学生参与大学治理。在具体路径上，这些国家基本都制定颁布了相关法规，以立法形式确立学生通过参与高校决策管理机构行使参与权的制度。[1] 如葡萄牙1982年颁布的《宪法》第2款第77条规定：大学师生都有权参与学校的民主管理；学生组织和教师组织、家长组织及科研机构一样，都享有参与教育管理的权利。[2] 法国1984年修订的《高等教育方向法》明确

---

[1] 刘振天：《欧美发达国家教育管理体制中的社会参与》，《比较教育研究》1996年第3期。

[2] 张向东：《大学生参与高校管理理论与实践研究》，硕士学位论文，江西师范大学，2006年。

提出"大学实行有全体工作人员、学生和校外人士参与的民主管理""大学决策机构是校务委员会,科学审议会和教学与大学生活委员会作为咨询和执行机构",还规定"学生代表占大学校务委员会各类人员的比例为20%—25%""教师—研究人员、教师和学生代表按相同比例共同占教学与大学生活委员会组成人员75%—80%"[1];英国《教育改革法》明确规定"英国的学校董事会组成由教育当局代表、学生和家长代表及学校教师代表参加"[2];德国通过了《高等教育总纲法》,学生和初级教员能在更大程度上参与学校事务的管理和决策;美国很多州的法律也明确规定学生具有参加学校董事会的权力,而且享有投票权(在一些州,教师反而只能作为列席代表,没有投票权)[3]。

通过法律,学生的主体地位得到充分体现,权利得到了极大的保障,也在一定程度上避免了再出现20世纪60年代那种狂飙突进式学生运动的局面。

(二)学校层面:通过学生代表以及学生组织实现学生权力

近代西方学生权力的实现是从体育活动、教学和教师评价以及选课逐步拓展开的。早在70年代,美国教育委员会(American council on education)开展了一个调查,在被抽样调查的669所高等学校中,大约有2/3的大学允许学生在系一级的机构中对教学进行评价。到了80年代,学生对大学教学进行评价已成为大学的一个常规制度,一些学生还在大学管理机构中担任代表参与到对老师的评价中,而且评价的技术越来越现代化。[4] 此外,选课制也得到广泛推行,这实际上是一种学生行

---

[1] 黄福涛:《外国高等教育史》,上海教育出版社2008年版,第226—227页。
[2] 金含芬:《学校教育管理系统分析》,陕西人民出版社1993年版,第204页。
[3] 美国加州宪法第九章第九条规定:校董会具有除去一些非常具体的由立法决定的事项以外的大学组织和治理的全部权力。以加州的州立大学加州大学的校董会为例,由26名校董组成,其中州长任命并经州参议院批准的18名(社会人士),每人任期12年。校董会任命1名在校学生,任期1年。另外7名是现任州长、副州长、州议会主席、公共教育主管、校友会主席和副主席,以及校长。除此之外,2名教师代表(学术委员会主席和副主席)列席校董会,没有投票权。美国中部伊利诺伊州的伊利诺伊大学(UI)是一个多校区的州立大学系统,在厄巴纳—香槟、芝加哥和春城各有一个分校,其董事会共有13名成员,其中10名是校外人士(州长是当然成员,另外有9人是州长任命的),还有3人是每个分校投票选出的一个学生,其中1个和其他10人一样享有投票权。
[4] 陈晓端:《美国大学生评价教学的理论与实践》,《比较教育研究》2001年第2期。

使参与管理权力的间接方式,从一定意义上来说为学生提供了反映"消费者偏好"的机会。①

在欧美发达国家的学校组织中,学生代表都占有一定的比例,他们参加会议,发表意见,享有广泛的参与机会。非常关键的是,学生与其他人的权力是平等的,学生是决策参与者,而非以"蒙主恩召"的心态参加会议的"花瓶"。美国学者卡巴(Mariame Kaba)认为,西方国家的学生被广泛吸收加入董事会和校务委员会等各种决策管理机构中,使学生获得了学习和运用民主的机会。② 学生可以通过学校董事会、理事会、学生参议院、各类学生组织等多种途径参与到大学治理中,保护自身的权益。学生不仅参与教师评价、课程评估、培养方案修订讨论事项,而且学校重大规划、学习条件保障、财务管理、体育活动、生活服务等各方面,都有学生的声音。

从20世纪60年代开始,美国就有大学逐步出台了一系列相关制度,让学生通过选举代表参与的方式分享大学治理权力。学生代表进入董事会、学生事务委员会、学术事务委员会、基建和土地管理委员会并拥有表决权,有些学校的学生代表还加入了校长选拔委员会。学校评议会尽管以教授为主,但学生代表名额在增加。如哥伦比亚大学评议会(University Senate)由校长、教务长、各院院长等107名成员组成,其中有24名学生代表,占到评议会总人数的1/4。美国的一些州还要求州立院校申请经费时,必须提供学生对教师的评价意见作为对学校提供资金的依据之一。在英国,校务委员会(理事会)成员多达数百人,其中有很多学生代表。在法国,学生代表占到校务委员会比例的1/4左右,学生代表和教学科研人员一起占到学习和生活委员会成员的3/4以上。在德国,自柏林大学建立开始,公立大学的学生就不同程度地参与到学校的决策和管理机构中。现在,校务委员会是德国大学最高权力机构,其成员包括选举产生的教授、助教、职员和学生代表,学生有权参与学校的重大问题讨论和表决。在参与内容上,除了对教师的教学评价

---

① [美]约翰·S.布鲁贝克:《高等教育哲学》,浙江教育出版社2001年版,第43页。
② Mariame Kaba, "Contradictory and Consciousness and Student Participation in Decision Making", *High School Journal*, December 1, 2000.

外，学生参与最多的还属宿舍、食堂等学生事务，并在这方面享有很大的权力。

欧美国家的大学生参与行使大学治理权力还往往借助一定的组织形式。学生成立各类学生组织以维护自己的权益，行使权力表现为较成熟的组织行为。这些学生组织种类繁多，作用多样，有些在学校影响较大。以欧美国家学校的学生（评议）会为例，与中国不同，它是一个独立于学校行政的学生组织，其成员多由学生直接选举产生。每位学生交付给学校的学杂费中，有固定比例费用进入学生会账户，再加上学生会经营的一些餐饮、住宿、租售等产业收入，所有学生会都有资金来源，其行动都是独立的，不受学校领导，但需要服从董事会授权的法规权限。其职能一是代表和维护学生权益，二是代表学生参与学校管理，三是组织活动和为学生提供服务。美国大学学生评议会是在大学章程规范下建立起来的，属于学生自筹经费组建的学生组织，定期缴纳学生活动会费的所有在校注册学生均可当选为学生评议会成员。评议会为学生提供自我管理的平台和机会，主要负责组织课外活动、参与和学生相关事务的决策、调查和听取学生的意见并反馈给学校。学生评议会这种参与的组织形式有效调动了学生参与治理的积极性，也促进了学校治理结构的完善和学生的发展。在英国公立大学，各院校学生会均是独立于学校并在政府注册的社团法人，享有事权、财权上的完全自治，很多还积累了自己的资产，学生组织的主要负责人还专门停学工作一年。学生会有多种渠道和方式参与大学事务治理，比如对涉及学校发展方向、学科建设、教学计划和人事变动等问题，可以采取发表备忘录或决议的方式表达自己的意见，学校必须回应。

这些国家一般还都组建有全国性的学生联合组织，这些组织在向政府和大学争取学生权益的活动中表现活跃。英国早在1922年就成立了全国学生联合会。1968年10月，英国副校长和校长委员会与该组织达成协议，同意更多学生参与大学的各项决策。此外，美国有大学联谊会和大学女生联谊会，其参与举办的一些体育赛事世界闻名。加拿大、澳大利亚等国也都有类似的全国性学生组织。在我国香港"占中"运动中大出风头的激进学生组织"学联"就是香港八大院校的学生会组织共同成立的一个沟通平台。

（三）个体层面：直接行动伸张权力

直接行动模式是一种非常规模式，即学生突破常规，直接采取行动来表达权力诉求的方式，如游行、集会、示威，等等。在这种模式下，学生的不满集中爆发，通过不约而同的个体集中行动，表达意愿，对学校管理层施加影响，进而改变学校的决策。这种行动模式，尽管有些行动依然未突破法律框架，但少数过激的行动（如占领校园，扣留管理人员等），很容易突破法律界限，造成局面失控。

学生直接运动模式影响力巨大，可以对学校管理者甚至政府施加较大压力，但其破坏力也非常巨大，是一种非常重要同时也值得非常警惕的学生权力行为模式。尽管目前欧美的大学以及我国香港的大多数学校已经将学生参与大学治理的权力内容和方式制度化，学生表达利益诉求也已经有了比较充分的自由和空间，学生自主参与大学治理的权力得到很大程度的保障。但对学生来说，他们保护自身权益、维护社会公正的意愿特别强烈。特别是由于大学生成员结构缺乏稳定性和连续性，加上年龄特点，无论看待社会问题，还是关注自身利益，他们通常都采取精神批判和道德批判的态度，高度敏感，多从"应然"而非"实然"角度考虑问题，认为自己更能代表真理和正义，可能出现被美国比较高等教育学家阿特巴赫称为"学生行动主义"的突破国家法律框架的极端行为，其行动"可能涉及社会政治问题，也可能涉及大学内部事务"[1]。比如我国香港出现的部分大学生"占中"事件，还有 2015 年 7 月香港大学校委会会议后，因不满校委会关于空缺副校长任命的相关安排，校委会委员中的学生代表和强行冲进会议室的部分港大学生围堵参加校委会的委员，侵犯校委会委员人身自由的事件等。对学生这种表达权力的行动模式需要特别加以注意和引导。

三 国家权力模式下学生参与大学治理的权力运行特征

在国家权力模式下，学生参与大学治理的权力的运行特征简而言之就是双重集权体制下上缺依托、中少渠道、下无根基的浮萍状态。

在国家权力模式下，就国家与大学关系而言，是政府对大学集权；

---

[1] 中央教育科学研究所比较教育研究室编译：《教育管理》，教育科学出版社 1992 年版。

就大学内部而言，是学校行政权力高度集权。一言以蔽之，其特点就是在国家掌控大学所有核心权力的前提下，学校行政管理人员受国家委托实施对学校的全面领导，以行政权力支配大学，学生权力运行在大学权力链条的末端，缺少活动空间。

上缺依托是指国家层面缺少相应法律保障。以我国教育行政管理部门颁布的《普通高等学校学生管理规定》为例，这是国家有关大学生管理的一部基础性规章，也是学生行使大学治理的权力的主要依据。它1990年发布施行，2005年教育部对其进行了修改，2015年10月教育部再次发布了修改稿，并向社会征求意见。总的来看，1990年版除了意识形态色彩较浓外，在学生权利维护方面反而是着笔最重、尺度最大的。其第五十条"鼓励学生对学校工作提出批评和建议，支持学生参加学校民主管理。学生对国家政务和社会事务的意见和建议，学校应负责向上级组织和有关部门反映"，第五十一条"学生对有关切身利益的问题，应通过正常渠道积极向学校和当地政府反映"，第五十二条甚至规定"学生举行游行、示威活动，按法律程序的规定进行"，都超越了学校的范围层次。2015年版相比2005年版，尽管将维护学生合法权益写入了总则，但总的来看，并没有根本性地修改，比如制定规章的出发点还是"维护普通高等学校正常的教育教学秩序和生活秩序……规范学生日常行为"。2005年版第四十一条规定"学校应当建立和完善学生参与民主管理的组织形式，支持和保障学生依法参与学校民主管理"，到了2015年版降为第五条"学生在校期间依法平等享有下列权利"中的第（五）项："参与学校民主管理，对学校发展和教育、教学改革提出意见和建议"，与参加学校教育教学、勤工助学活动，学生团体及文娱体育、申请奖助学金及助学贷款等并列。总的来看，三个版本中内容方面尽管有"学生权利"的表述，但相比高校内其他分别被赋予了政治权力、行政权力和学术权力的主体而言，学生权力并没有享有与其他权力主体实现制度上的对等关系。

中少渠道是指学生组织和学生代表基本都在行政权力的控制之下，是表达行政权力意志的工具，学生权力在大学组织实际运行过程中缺少真正的行使渠道。

下无根基是指学生的参与资源受到约束、参与动机受到限制、参与能力缺少锻炼。有关情况待后文再进行详细讨论。

第三节 学生参与大学治理的权力实现机理

学生参与大学治理的权力是在一定社会环境背景下才有可能实现的。主要基于三点：第一，生产力发展水平。随着生产力的发展，社会创造出来的资源越来越多，人民变得富裕。富裕后人们的选择更加多样，可以不看政府的眼色生活，个人争取权力的动机也增强了。国家中就会涌现出越来越多敢于提出权利要求的人。当这些人达到一定数量，所有掌权者都无法再无视他们的呼声，他们逐渐会成为所有掌权者都必须争取的对象。第二，社会的经济基础。在封建社会，领主、教会控制着社会的经济资源。在纯粹的公有制社会中，所有的社会资源都控制在政府手里，政府自然可以决定一切。随着时代的发展，经济基础变得多元化，政府控制的社会资源相对变少，社会的话语权逐渐变大，约束政府、官员的权力，向社会、民众分权的思想已经成为一种潮流。西方国家，资本占统治地位，很多大学的经费依靠私人捐款和学生的学费，所以学生的话语权相应更大。中国是政府权力占统治地位，但随着社会对大学资源投入的增多，政府完全控制大学的局面也在逐渐变化。第三，随着交通和信息技术的发达，大学人数比例最大的学生在维护、追求共同利益时，更容易实现联合协作了。在这种背景下，国家和社会必然得学会尊重他们的意愿和利益。

一 学生参与大学治理的权力与大学其他权力的关系

权力的运行必须以组织为依托。组织是治理生长的土壤。大学组织本质上是特定权力之间的力量制约关系，权力主体在组织内拥有权力是以它在组织内拥有独特的组织资源为前提的。学生要想拥有参与大学治理的权力，离开组织，便成为无源之水、无本之木。所以研究学生参与大学治理的权力，必须研究学生权力与大学组织内其他权力组织之间的关系。

在学生权力之外，大学组织内部还有两种主要权力：在西方，主要是教师的学术权力和包括董事会在内的行政组织的法定权力；在中国，主要是代表管理人员的行政权力和代表教师团体的学术权力等。学生权力在运行过程中，与大学内部利益团体之间相互影响、相互作用，或独立，或联合，或依附于某一种或多种权力，不断变动，形成制约关系、同盟关系、统领关系等。大学治理的权力总是在种种力量的动态平衡之中存在，大学各权力主体利益关系的变化和实际力量的对比所形成的权力格局和态势，就构成了大学的权力结构。在大学权力的轴线上，学生权力较少位于中心，更多时候处于边缘地带。

不管在西方还是东方，也不管在中世纪还是现在，大学治理中的学生权力及其与其他权力之间的关系永远处于不断变动之中，不同时期、不同地点都不相同，希望一劳永逸、一成不变，从来都是一种妄想。比如在欧洲中世纪的学术权力占据主导的"教师大学"巴黎大学中，学生受到教师权力的压制，并没有什么权力。在20世纪30年代的中国，学生权力又与教师权力互相配合，共同抵抗行政权力和政府权力的压制，成功扩大了大学自治权。到了20世纪60年代的德国，学生开展了全国性抗议运动，要求对"教授治校"模式进行变革。再看美国，其大学学生事务发展先后经历过"替代父母制"、学生人事工作、学生服务和学生发展四个阶段[①]，在"替代父母制"阶段，管理人员对学生权力是极力压制的，到了学生发展阶段，出现了"学生消费者至上"的理念，行政权力对学生权力的态度则可以用"扶持、服务"这四个字来概括。

学生参与大学治理的权力与大学其他权力的关系不断变化的原因在于不同时代、不同地点大学发展所面临的主要问题不一样，大学内部各种权力之间的矛盾和矛盾的主要方面不一样。简言之，就是各种权力主体之间的利益关系发生了变化。在今天的中国，大学过度行政化，其他利益方无话语权是公认的中国大学治理困局的症结所在。目前中国高校治理结构现状已经形成了一个纳什均衡的状态，作为既得利益者的政治权力、行政权力不愿改变，而学术权力无力改变（一部分学术人员也通过双肩挑的方式加入行政权力，从中分到一杯羹）。在这种背景下，让

---

① 李湘萍、马娜、洪成文：《美国大学生寄宿制管理理念及发展趋势》，《中国高等教育》2012年第1期。

学生这个最重要的也最无顾忌的利益相关者参与分享大学治理的权力，会与教师的学术权力实现良性互动，形成"溢出效应"，拓展两种权力的活动空间，加大对行政权力的制约，有助于打破这个平衡状态，完善大学学术共同体的制度安排。

此外，学生参与大学治理的权力本身与教师参与大学治理的权力两者之间具有很大的相关性。现代社会，教师越是有权力的大学，学生也越有权力。正如布鲁贝克所说，学习自由和教学自由利害攸关，学生的学习自由充分体现在教授的教学自由中。① 西方如此，中国也是这样，层次越高的学校，行政权力越有所顾忌，学术权力越强，教师自由度越大，学生意见也越受到重视，层次低的学校则反之。有人曾戏称北京大学，"不强干，不蛮干，有人反对就不干"。

为什么会出现这种现象呢？系统论中的"功能耦合"和经济学中的"溢出效应"原理提供了一个解释。任何事物都可视为一个为了实现一定目标组成的系统。系统中的各个不同的部分，相互之间互为存在的条件，一方的功能输出正是相联系的另一方所需要的功能输入，每一方都在功能上相互需要，各方都离不开对方，相互间通过功能耦合，结成了一个统一整体。这种功能耦合使处于不同层次、不同功能和职责不同而又相互依存的组织纵横交错，互相耦合支撑，形成一个权力的矩阵，将高校组成了一个不可分割的有机整体，这个有机整体，也使得组织内各部分因结合产生了新的组织运行效益，并产生了内生发展动力。

此外，一个组织在开展某项活动时，不仅会产生活动所预期的效果，而且也会对相联系的其他相关方产生影响，也就是说，另一方在没有任何成本付出的前提下，获得了收益。比如养蜂人会给相邻的果园带来收益。这种现象在组织内部更加普遍。参与治理活动使学生的学习积极性和主动性得到提高，也使学生更积极主动参与到学校行政管理事务中去，这将有效提高教学效果和管理效能，可以给学校的工作带来一个正效益的增量 $\Delta 1$。另外，学生参与将推动大学利益相关方参与大学治理，可有效提高利益相关方参与大学治理的程度和效果，"溢出效应"可以给他们参与大学治理也带来一个正效益的增量 $\Delta 2$。$\Delta 1$、$\Delta 2$ 是学生

---

① ［美］约翰·S. 布鲁贝克：《高等教育哲学》，浙江教育出版社2001年版，第53页。

参与大学治理带来的效益增量。而且在组织运行中，学生权力和学术权力二者互相激发（这一点在下一章讨论清华大学学生参与大学治理的历史时可以作为一个例证），会形成一个内生运行机制，推动双方都不断努力，扩大自身权力边界，增大各自活动预期收益，产生出给对方的效益增量Δ。这个Δ是组织内生发展动力优化组织资源配置过程中产生的"溢出效应"，可以在一定程度上防止和制约行政权力对大学的伤害。

二 学生参与大学治理的权力实现条件

学生参与大学治理的权力的实现条件，主要受到以下因素的影响：在大学外部，主要是大学与国家的关系，也即大学的自治程度；在大学内部，一是行政人员、教师等其他利益相关方对学生参与的态度，二是学生自身的因素，包括学生掌握的资源、参与动机和参与能力。不同时代、不同社会环境下，这些因素此消彼长、不断变化，影响学生参与大学治理的实现程度，也即学生权力的强度。

从大学之外看，学生参与大学治理的权力实现程度，也即权力强度与大学自治程度具有较强相关性。一般而言，某一权力主体在大学治理中的权力份额越大，则其在大学运行中做出的决策所受到的干扰就越小，其决策就越有可能出现极端值，因此大学治理的波动率就应该越大。学生权力强度与大学发展水平以及大学办学效能波动率均存在显著的正相关关系。学生权力强度与大学自治程度波动性显著相关，大学自治程度的改善可以有效提升学生权力强度阈值的区间。

下面对其作用机制做一分析。大学要么有自治权，要么无自治权。大学不能自治，意味着大学被国家（政府）权力所控制。国家权力是最强大的权力，任何权力都难以抵抗。在这种环境下学生权力自然难以生长。大学能自治，又分两种情况：一种是几种权力共同掌握大学控制权，在多元共治格局下，学生权力自然容易找到纵横捭阖的空间；另一种是大学内部被某种单一权力控制。历史上仅出现过两种情况：以博洛尼亚大学为代表的学生控制的"学生大学"和以巴黎大学为代表的教师控制的"教师大学"。但这两种权力对大学的控制，一直面临外部强大的压力（教会权力、政府权力，等等），这就给大学内部受压制的权力以机会，可以寻找时机联合大学内外的反对力量夺回一部分权力。博洛尼亚大学的学生权力、巴黎大学的教师权力就是这样逐步丧失的。所以在这种情况下,学生得到参与大学治理的权力的难度是远远小于没有自治权的大学的。在接下来的一章中,笔者还将用历史事实验证这个观点。

大学是教师与学生构成的共同体,需要作为一个学者共同体的自治权。[①] 当大学拥有了自治权时,大学的土壤就不会板结,就会有活力,学生才会有更多机会分享大学治理的权力。在当今世界各国中,总体而言,市场模式的美国大学是自治程度最高的,也是最有生机和活力的,学生参与也呈现出一种百花齐放、异彩纷呈的局面。其学生权力强度超过德法也在一定程度上说明了学生权力与大学自治权的相关性。也有学者举出一些反例,试图证明学生权力与大学自治相关度不大。比如欧洲中世纪,"教师大学"巴黎大学尽管享有自治权,但学生并没有多少权力。20世纪50年代,德国奉行"学校本位",大学享有高度自治权,但权力被正教授掌握,不仅副教授、编外讲师没有参与决策的权力,甚至连校长、院长也都变成了象征性职位,学生更是基本上没有什么权力。[②] 其实,这是错把必要条件当作充分条件了。大学没有自治权,学生很难分享大学治理的权力。但大学有了自治权,如果大学的权力被大学之内的某一方完全掌控了,学生想要突破压力、分享权力,困难也是非常大的。所以学生参与大学治理的权力的实现,大学取得一定程度的自治权是必要的前提条件。

从大学内部看,需要观察两点:一是学生能否组成一个利益团体;二是学生能否取得掌握大学控制权的利益集团的支持,参与分享大学治理的权力。也就是说,首先学生必须形成利益群体,这样才有力量,才有可能享有大学治理的权力。学生作为一个抽象概念并没有自己的利益,学生群体和单个学生才有自己的利益。学生必须摆脱原子化的个人状态,形成有凝聚力的利益群体,形成组织(即便以个人身份参与大学治理,背后也必须有学生团体做支撑),这样才具备参与大学权力场博弈的资格。如果学校行政权力掌握着一切资源,面对无钱、无势、无影

[①] 邓正来:《布莱克维尔政治学百科全书》,中国政法大学出版社1992年版,第693—694页。

[②] 郑文:《发达国家大学生管理权力的历史发展及特点分析》,《湖南师范大学教育科学学报》2006年第11期。

响力而且是一盘散沙分散成一个个原子化的个体的学生,是不会给予他们参与治理的权力的。托克维尔曾经指出:"人们把自己的力量同自己同志的力量联合起来行动的自由,是仅次于自己活动自由的最自然的自由……结社自由在性质上几乎与个人自由一样是不可转让的。"① 正如一句西方谚语所说,"Freedom is not free(自由从来不是免费的)"。学生要建立组织,不管是正式的还是民间的,对外都需要冲破利益集团的阻力,对内都需要实际费用,还需克服"搭便车"等行为,并不是一件容易的事。实际上,在国家完全掌握大学控制权的情况下,学生权力往往缺少资源和联合的力量,难以在大学治理中占有空间。

学生必须以所掌握大学的独特资源为前提,与最有力量影响大学的利益群体结成联盟,才可以真正拥有参与大学治理的权力。或者说,只有当学生可以与最有力量影响大学的利益群体共享治理大学的利益或者这个利益群体无法压制学生的参与权时,也即学生参与大学治理符合这些团体的总体利益时,学生才可以参与分享治理权,或者说不被赶出局。博洛尼亚大学和中国清华大学学生权力形成和发展的历史,当代西方国家大学治理的现状都说明了这一点。在市场模式下,学生容易拥有资源,学生参与大学治理还可以实现地位获得,形成正向激励,所以学生也不会缺乏参与动机。学生具有资源和动机,其参与大学治理的权力就是内生的,具有独立性和自主性,权力就会具有一定的强度。而在国家权力模式中,学生缺少资源和动机,其权力来源是外生的,由其他权力主体所赋予,是不稳固的,缺少独立性和自主性,随时可能被其他主体拿走,权力缺少强度。学生参与大学治理会受到其他利益相关方的压制,无法实现地位获得,就容易形成负向激励,学生就会缺少参与动机。学术权威模式处于两者的中间地带,学生权力受到的压制小于国家权力,学生权力的空间也相对会更大一些。

有了资源与动机,获得了大学控制方的支持(或者无力反对),并不意味着学生权力可以自动实现。要想真正参与、分享大学治理的权力,还需要适宜的土壤,这就是相应的文化制度环境。比如欧洲中世纪

---

① [法]夏尔·阿列克西·德·托克维尔:《论美国的民主》,董果良译,商务印书馆1988年版,第218页。

大学在宗教和律法思想的笼罩下，实行行会"契约"式自治。欧美现代大学有着民主、法治的基因，还对利益相关方权利保障提供各种法律、社会救济渠道，等等。

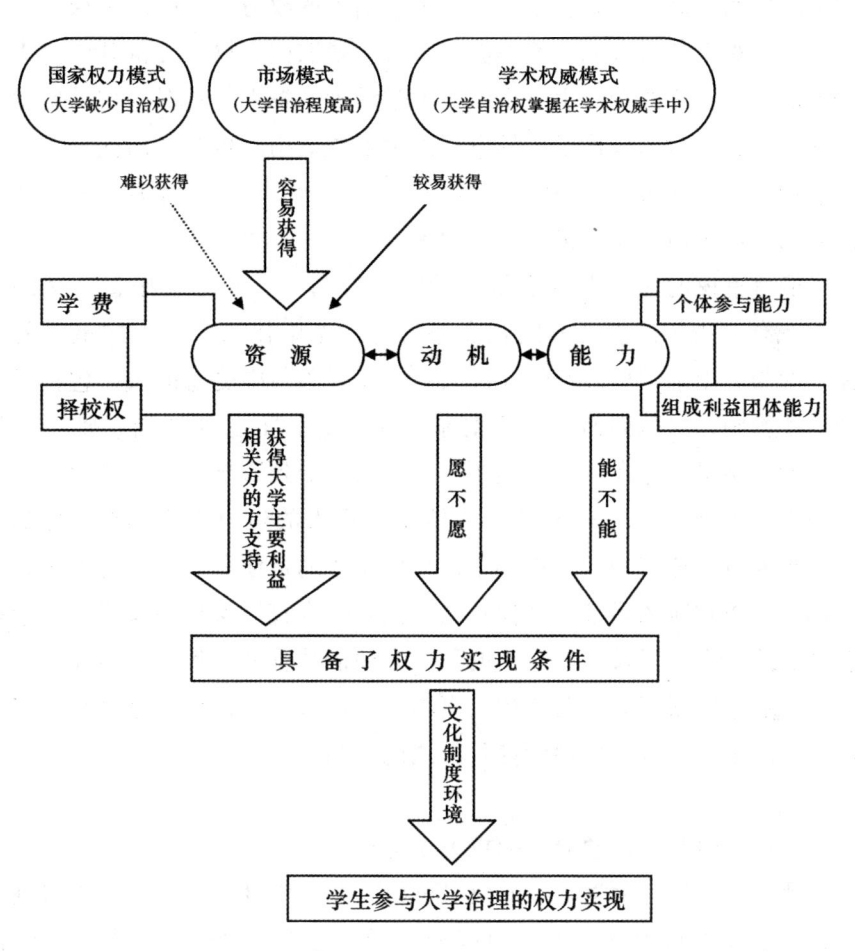

图3.3　学生参与大学治理的权力实现机理

图3.3还提供了接下来相关章节进行学生参与大学治理的权力研究的分析框架。图中还有两个值得注意之处：一是在学生权力实际运行的过程中，资源、动机、能力三者之间是相互联系、相互作用、相互促进的整体，需要进行系统研究。时代背景不同，起主要决定作用的因素也会变化，会有所不同。在传统等级社会，学生的家庭出身就基本决定

了学生的社会地位和经济实力,这些因素会直接影响学生权力的大小。到现代社会,经济因素、学生能力越来越成为决定学生权力大小的主要影响因素。与学生相关度高的、对高深知识需求少的事项学生参与的权力强度应当更高。二是在学生参与大学治理的权力运行的国家权力模式下,学生难以获得资源,就不能以资源为换取国家权力支持其参与大学治理的条件。要改变学生缺少参与大学治理的权力的状况,就需要给学生择校权,同时形成让学生的学费发挥资源效用的机制。而国家放开对学生拥有资源的限制,一定是在政府遇到压力的情况下才有可能,比如内部的经济困境、外部世界民主化浪潮、学生权力运动,等等。

值得重视的是,学生取得大学治理参与权,并不意味着问题的结束,还有一些非常重要的问题需要思考。学生作为大学人数最多的群体,参与大学治理可以影响几类人:一是在参与中受益的人,包括学生和一些教师,对他们而言,主要是公平问题,不要让他们感到参与过程、参与结果中存在不公平问题;二是权力受到影响的人,学生有权力参与大学治理,"一进一退",必然有一批人的权力受到影响,比如行政管理人员,他们的权力更小了,提供服务的责任和范围却更大了,对他们要给予相应的精神或其他补偿;三是并未直接参与的观望者,包括教师、管理人员以及人数众多的学生,他们尽管因为各种原因并未直接参与,但他们很多人会关心相关事项,会进行相关评价,是潜在的参与者,重点是要继续争取他们各种形式的参与。

三 学生参与大学治理的权力功能和边界

评价学生参与大学治理的效果可以有两个维度:内在,学生得到提高,有独立的价值观,可以更好地生活;外在,通过学生参与大学治理,大学、社会都得到发展、进步。但需要明确,学生参与大学治理不是为了参与而参与,参与只是一种手段,其主要目的是实现学生发展。参与有助于学生发展,学生发展提升参与能力,能力提升后可以更好地参与,这就形成良性循环。所以参与是实现大学育人功能的手段。当然,学生参与还改善了大学治理结构,其效用不限于育人。

学生有权力参与大学治理实现了以下功能。

第一,让大学由被动管理变为主动治理。参与是一种权利,也是基于权利的权力和责任。通过参与，学生不再是消极的服务等待者，而成为积极参与治理的权力主体。学生的大学生活变为主动的、自我选择的大学生活。

第二，可以为学生提供自治、自主、参与、民主、责任、开放等价值。学生参与的过程也会成为学生相互信任和社会资本的累积过程。参与增强了学生间的联系，提升了学生对学校的感情和信心，也有利于促进学生之间的信任。学生在参与中培养、提升了自治的能力、习惯、知识和经验，提高了对社会的信任度，树立了契约法治理念，这些都是现代国家的基石。青年学生的改变当然也会使国家的竞争力得以持续提高。

第三，参与激发了学生的公民责任感，养成了学生的公共精神。如果学校的每一个学生活动都是由学校负责组织和监管的，学校也就肩负了相关的一切责任。如果向学生授权，学生组织的声誉、同学之间的监督、其他利益相关方的问责，这些机制会激发参与者的参与意识、责任意识。学校也可以避免承担自己无法承担的责任。正如欧洲中世纪的贵族精神来源于建立在土地所有权上的宗教权、司法权和武装权一样，学生的责任感也是与权力挂钩的，没有权力的人当然缺少担当。

第四，学生权力参与促进学校达成稳定平衡的多元治理格局。多中心治理是波浪式动态平衡秩序，单一中心的权力治理则可能爆发龙卷风式的突然走向某个极端的风险。多中心治理结构则有极大的包容性，大学内部不同群体、不同利益、不同价值之间可以保持动态平衡。它的多元性使得这种治理能够及时发现和处理学生中出现的问题，建立学生问题的自我修复和秩序平衡机制。原来一元化管理体制发现不了、发现后也难以解决的"小事"，在这种格局下有了更多解决的可能性。

需要警惕的是，学生参与大学治理的权力功能的实现，是以学生权力正当行使为前提的。由于年轻人心理状态、思想感情、价值观念并不成熟，富于激情，容易冲动，极易受社会新思潮的影响，学生参与大学治理如果出现偏差，不但无法实现上述功能，还可能造成不良后果。

学生权力一直和外部的因素发生着关系和作用，与环境之间有密切的互动。随着时代的发展，学生的要求会更多，因为就业、政治、环保等问题引发的社会抗争也越来越多，并可能造成高校的不稳定因素。网络实时交流工具的运用，大学对学生的动态了解越来越没有优势，而学生则很容易实现爆发式集聚。就像学术同行评议应该成为制约教授学术权力的主要机制一样，我们也需要明晰学生参与大学治理的边界，规范学生参与行为，将其权力强度控制在适当范围之内。

学生参与大学治理不光是对自己的荣辱得失负责，还要对大学、对社会、对国家负责。它不能靠青年人的冲动和血气之勇，更不能建立在乌托邦的海市蜃楼之上，必须接受理性之光的照耀。学生在渴望正当权力时，应该考虑其他教育主体的需要，防止遮蔽、剥夺他人的合法权力。权力是必要的，又是容易异化的。学生权力也不例外。正如孟德斯鸠的警世名言："一切有权力的人都容易滥用权力，这是万古不易的一条经验。有权力的人使用权力一直到遇有界限的地方才休止。"[①] 人的行为，特别是有组织的政治行为，既要看动机，更要看效果；既要看当下的效果，还要看长远的影响。如果用动机的道德观取代结果的道德观，就会出现马克斯·韦伯所说的只有"心志伦理"而没有"责任伦理"现象，就会出现由于责任伦理缺失而导致的悲剧。最近几年，在中国香港，从"反高铁运动"开始，"反国教运动""罢课运动""占领中环运动"，一些青年学生已经逐渐沦为"街头政治"裹挟对象；在中国台湾，学生占领立法会，一些行为影响了社会正常秩序。所以学生参与大学治理，如果不控制在法律和道德责任的界限之内，一旦突破底线，权力强度超限，不管是参与校园治理，还是参与社会活动，都容易失控，有可能走向愿望的反面。我们需要引导学生学会选择，规范参与行为，不能突破非暴力的底线。

学生权力需要边界，还是由学生自身特点决定的。无论是中世纪大学还是美国现代大学，学生权力的无限扩张的后果往往并不乐观。霍夫曼认为，学生在高深学问领域只不过是初学者，不具备做出有效决策的能力。[②] 其他一些学者也认为，"学生在判断课程内容的适宜性和先进性以及教师的学术水平方面并没有处于一个最佳的位置。"[③] "重视'现

---

① [法]孟德斯鸠：《论法的精神》，张雁深译，商务印书馆1990年版，第225页。
② 转引自[美]约翰·S.布鲁贝克《高等教育哲学》，王承绪译，浙江教育出版社2001年版，第42页。
③ 陈晓端：《美国大学生评价教学的理论与实践》，《比较教育研究》2001年第2期。

第三章 学生参与大学治理的权力性质、模式和实现机理 89

时'的适切性往往趋向于学生希望的东西而不是有价值的东西"①。由于学生的理解力不足、缺乏经验等种种原因,许多课程只有等到了比较成熟的年龄,才能发现其价值所在。胡克和西尔勒也提出,如果在课程计划、实施和评价方面给予学生与教师同等的权力,学生就很有可能成功地降低大学的学位质量。②

总的来看,不能因为担心学生越界而畏缩不前,也不可急于求成。学生在参与大学治理的过程中,不可避免地会遇到困难和挫折,会产生与其他利益相关方的权力冲突,这是非常正常的。应正视社会生态的复杂性,认可相互冲突的目标的存在,理性而不是情绪化地表达意见和诉求,真正理解民主的要义是协商和妥协,非理性的攻击只会加深人与人之间的鸿沟,妨碍相关方的合作和进步。

防止学生参与大学治理的权力强度超限,应做到如下三点:①学生参与大学治理时应提前弄清反对者的观点以及可能会提出来的主要反对意见,将自身方案的弱点减到最少;②学生参与治理过程中应该控制自己的行为,不要让情感冲破理智,应避免夸大自身诉求的正当性和紧迫性;③每次重要的治理行为之后,都应进行评估,细致探究所提议的策略给其他相关方价值与目标造成的影响,为下一次参与寻找一种更佳的策略组合。

总之,学生权力的指向应该是求真的、向善的、符合美的,是从学生发展出发的对学生心智的真正解放。要引导学生理解自身权利的内涵,理解自身发展的多样性和个人成长的多种可能性,要为学生权力的行使创设一种宽松的、自由的、多元的教育情境;召唤学生释放智慧,驰骋思维,积极选择,勇于承担;鼓励学生以一个自主的、开放的心态去行使权力。

---

① [美]约翰·S. 布鲁贝克:《高等教育哲学》,王承绪译,浙江教育出版社2001年版,第43页。

② 同上书,第42页。

第四章　学生参与大学治理的源流

剑桥大学前副校长阿什比（Eric Ashby）说过："大学是继承西方文化的机构。它像动物和植物一样地向前进化。所以任何类型的大学都是遗传与环境的产物。"① 任何一个国家都是从历史中走来的，对于学生参与大学治理问题，仅在理论上进行阐释是不够的，还要在历史中验证其可行性，寻找历史经验。本章就要在前文理论建构的基础上，进一步梳理其内在脉络。

大学起源于欧洲，诞生在中世纪。过去曾流行一种观点，认为欧洲古希腊和古罗马文明是辉煌的，启蒙运动之后的欧洲文明也是很辉煌的，但其间封建主义盛行的中世纪是一个黑暗时代。学者詹姆斯·汤普逊批判说，"整个来说，封建制度是一个社会进步和社会完整化现象……（中世纪）不是一座跨过野蛮和文明之间的海湾上的桥梁——它本身就是文明，是一种高级文化，而且在1150—1250年之间，达到了它的顶峰"。② 历史学家拉斯达尔也说，"中世纪遗赠给我们的各种组织制度，要比其留下的气势恢宏的大教堂还要更加珍贵和不朽；而大学，如同宪政王权、议会代议以及陪审判决等组织制度一般，毫无疑问正是中世纪最独特的组织建制之一"。③ 接下来，我们就要从西方大学的源头开始，来探究学生参与大学治理的历史。当然，由于并不是进行历史

---

① ［英］阿什比：《科技发达时代的大学教育》，滕大春、滕大生译，人民教育出版社1983年版，第7页。

② ［美］詹姆斯·汤普逊：《中世纪经济社会史（下册）》，耿淡如译，商务印书馆1997年版，第326—327页。

③ ［英］海斯汀·拉斯达尔：《中世纪的欧洲大学（第一卷）——大学的起源》，崔延强、邓磊译，重庆大学出版社2011年版，第15—16页。

研究，所以不需要对学生参与大学治理进行全景式探寻，而只需要抓住一些关键点，去解剖麻雀，探寻发现学生参与大学治理的内在经验。

在中世纪欧洲的博洛尼亚城，博洛尼亚大学作为学生大学突然横空出世，学生掌握了大学几乎全部的权力，但就像流星划破夜空一样，很快，这种"学生行会"模式的大学就消失在历史长河中，被巴黎大学类型的"教师行会"模式所取代。在20世纪60年代，学生运动风起云涌，不少大学的一部分权力被学生所掌握。可此后不久学生又退出大学权力舞台，再次归于沉寂。

现实的反差，使我们不得不思考学生参与大学治理是不是只存在于理想的观念世界之中，或者只适合在某些发达国家的土壤中生长。有人认为，只有在经济和社会取得相当进步之后，学生参与大学治理才是有必要的；对不发达国家而言，奢谈学生参与大学治理只会增乱。人们经常拘泥于他人的行为是否符合自己认可的"真理"，却忽视了对于"事实"的审查。历史是人类发展史中代表事物本质发展方向的"事实"的汇集，本章将从中世纪学生参与大学治理的源头开始，通过对从古到今几百年历史中的关键点的梳理，来探讨学生是如何得到大学权力，又是如何行使大学权力，最终是如何失去大学权力的，来发现和验证隐藏在其中的关系和规律。

第一节 中世纪大学学生治理权力的兴起：博洛尼亚大学案例

"大学"是拉丁文"universitas"一词的译名，原义是行会，表示一些合作性的团体，如手艺人行会、自治团体等，近代大学的雏形出现在欧洲中世纪①。那时的大学与今天的大学相比，没有校园、没有教学大楼、没有操场、没有实验室、没有图书馆，"大学"实际上就是教师和学生的社团，哪里有"教师"和"学生"，哪里就是大学。当教师们上课时，也许会选择城市广场，也许在出租屋内，也许在自己家中。

---

① 欧洲中世纪一般指从公元476年罗马帝国灭亡开始到公元1400年前后，此前为古典时期，此后为近代。

《人类的故事》一书中对中世纪大学有一个形象的白描:"一个智者自言自语道,'我发现了一个真理,我必须把我的知识传授给别人'。只要能找到几个人听他说话,他就开始宣扬自己的智慧,就好像当代的街头演说家一样。假如他能说会道,那人们就会驻足倾听。如果他讲话干巴巴,听众就耸耸肩,接着赶路。慢慢地,一些年轻人开始定期来听这位大师的智慧之语。他们还带着记录本,一小瓶墨水,一支鹅毛笔,把听起来重要的东西记下来。有一天,下雨了,师生就撤到一间闲置的地下室里,或者退到'教授'的房间里。大师坐在椅子上,年轻人则席地而坐。这就是大学的起源。"①

学生权力兴起于欧洲中世纪,并以博洛尼亚大学"学生行会"为代表,正如伯顿·R. 克拉克所说:"学生权力的全盛时期发生在12世纪到15世纪这个背景上,后来从来没有被超过。"② 中世纪大学作为一种行会,其发展是在教会、世俗君主、自治城市当局三种权力互相制约、斗争的背景下出现的。大学充分利用了三种权力主体之间的矛盾,在与它们的摩擦和斗争中,不断为自己拓展生存空间,争取自治权。当教会对大学过度干涉时,大学便会向世俗君主靠近,争取支持,反之亦然。1158年,费迪南德一世(Federico Ⅰ)就颁布过针对教会的法令:大学可以不受任何权力影响,独立进行研究。大学既抵制教会和国王的干涉,也抵制所在地方的限制。当大学在对所在自治城市提供的条件及环境不满、与市政当局矛盾激化时,便会全校搬迁到其他地方办学。人口的流失对城市经济来说毫无疑问是一个重大打击,这种手段往往可以迫使城市当局妥协。中世纪大学为后世的大学开创了自治传统:除了教师可以自由讲授外,学生则可以自由结社、聘请教师、选择课程,并享有行乞权和免纳捐税、免服兵役和不受普通司法机关管辖等权力。

一 学生权力的获得

学生参与、分享大学治理的权力,有以下几个问题需要明确。

---

① [美] 房龙:《人类的故事》,刘子缘等译,内蒙古人民出版社2005年版,第98—99页。

② [美] 伯顿·R. 克拉克:《高等教育系统——学术组织的跨国研究》,王承绪等译,杭州大学出版社1994年版,第171页。

(一)学生有没有参与分享大学治理权力的动机

学生参与大学治理是实实在在的价值和成本问题,其交易费用和外部性是必须考虑的约束条件。学生参与的一个关键问题是要解决激励机制和动力机制问题,还需要考虑其参与后"个人收益"和"社会收益"是否一致的问题。

被公认为"最古老的欧洲大学"的博洛尼亚大学(University of Bologna)位于意大利艾米利亚—罗马涅大区首府所在地,属于当时的交通和经济中心,12世纪中期便已吸引了数以百计从事法律研究的学生来求学。他们没有城市公民权,也不受城市市民法保护。最初,博洛尼亚大学由从事教学的博士们管理,但这种情况并没有持续多久。根据博洛尼亚城市的法律,来自欧洲各地的学生被当作外地侨民,无法享受与本市市民一样的待遇。即便一个学生在本国的家庭地位显赫,在博洛尼亚仍然难以摆脱歧视性的法律和缴纳苛刻的税金。学生可能突然被要求为本国素不相识的同胞的债务承担赔偿责任。比如,某个伦敦商人无法偿还博洛尼亚商人的债务,博洛尼亚商人就可能强迫就近的英国学生进行赔偿。[①]"一个外国人在中世纪的城市里并不容易生存,无论这个人的家世是多么显要,在这里都要受到苛刻的区别对待"。[②] 当时本应为学生提供保护的教师(博士们),在城市当局分裂性的政策下,与学生之间的关系并不和谐,一部分教师还公开站到市政当局一边,与之共同歧视这些远离故乡又无人保护的学生。在这种情况下,为反抗当地居民和市政当局的歧视和不公正待遇,学生们有迫切的愿望团结起来,反抗不公正的法律,争取权力来维护自己的权利。这样,外在的压力使学生们积极团结起来进行权力斗争,以争取自己的权利。

(二)学生有没有参与治理的能力

在博洛尼亚,这根本不是一个问题。当时在博洛尼亚求学的外籍学生大多是"一群在他们自己的城市里地位显赫、年龄上也足够有权自证

---

① 贺国庆:《欧洲中世纪大学起源探微》,《河北大学学报》(哲学社会科学版)2007年第6期。

② Willies Rudy, *The Universities of Europe: 1100 - 1914*, Associated University Press, 1984, p. 18.

的年轻人"①，相当一批还是拥有一定社会地位的神职人员，他们给城市带来了巨大的经济利益，而且人数规模远远超过了教师行会，他们开始运用被称作"结伙抵制"的集体弹劾权对教师行会进行反击，而且向市政当局施压，以迁徙权为武器，在从城市当局获得自治权的同时，还逐步与城市当局达成协议，将教师薪酬的发放进行了改变，由原来的教师直接向学生收取改为由学生行会或学生行会委托城市当局发放。薪酬是当时教师的全部生活来源。通过对教师薪金的控制，学生行会进而迫使教授宣誓服从执政人的命令，教师实际上在一定程度上沦为学生行会的雇佣工人，学生行会逐渐取得了大学的实际统治权。到13世纪时，尽管教师名义上还保留着理论上的优越地位，但实际上其对大学的控制权已经完全丧失了。

陶行知先生曾说过："大凡团体都有一种特别的势力，这种势力比个人的大得多。"② 学生作为个体，其力量是微不足道的。只有形成有凝聚力的利益群体，才能有资格参与与控制大学利益集团的博弈。而要成为有力量的团体，就必须摆脱原子化的个人状态，通过建立组织来形成有凝聚力的利益群体。但成立这个团体，不管是正式的还是民间的，都需要实际费用，还需要克服"搭便车"等行为，所以不是一件容易的事。

在12世纪的最后10年，学生们联合起来以互相保护和支持。他们以当时各城市中普遍存在的行业行会模式为参照，按家乡、种族组成了伦巴底同乡会、托斯卡纳同乡会、罗马同乡会和阿尔卑斯山外同乡会四个同乡会。最初，同乡会的组织结构还相对比较松散，到13世纪，大学学生人数达到5000人之多，学生行会渐趋成熟壮大，并以阿尔卑斯山脉为分割线，最终形成了著名的两个学生团体：山南团体（transmontane）和山北团体（cismontane）③。他们还按照伦巴第诸城的城市法律，依照民主自治的理念选出自己的执政人，进行内部自治。众所周知，当

---

① 宋文红：《欧洲中世纪大学的演进》，商务印书馆2010年版，第68页。
② 华中师范学院教育科学研究室：《陶行知全集（第一卷）》，湖南教育出版社1983年版，第136页。
③ Pearl Kibre, *The Nations in the Medieval University*, Massachusetis: Mediaeval Academy of America, 1984, p. 5.

时大的社会背景是神圣帝国君主与罗马教皇一直在进行争夺统治权的政治交锋，各自认为君主体制和教会体制是最适合欧洲社会的统治模式。由于同乡会的学生大多是曾担任过重要社会职务的富裕外乡人，这就使同乡会成为教皇和城市当局都不能无视还不得不争取的重要社会力量。也正是由于教皇和君主之间的对抗和争斗，才使得同乡会可以利用他们之间的矛盾谋求自己的利益，也给大学发展留下了自治的土壤。

（三）其他相关利益主体对学生权力的态度

学生参与大学治理的前提是形成利益集团并且获得强大的力量支撑，或者能打破强势力量对他的制约。那么，学生如何才能得到强大力量的支撑，或者能打破强势力量对他的制约呢？那就是学生分享大学权力符合强势集团的利益，或者强势利益集团的博弈给学生权力提供了生长的空间，正如恩格斯所说："在利益面前，几何定理也会被改写。"①

当时，博洛尼亚大学主要受到四种权力的影响：大学外部的教皇、市政当局、大学内部的教师（博士）和学生。众所周知，中世纪大学起源于行会组织。行会的意思是同种职业者之间组成的法人社团。根据罗马法的观念，行会可以组成内部自治的社团法人，不受政府其他特别权力机构的制约。与基督教源自上帝这种"自上而下"的权力不同，行会是出于保护本行业利益、解决同业困难、相互帮助、限制竞争而由各行业自发形成的民主自治组织。大家为了保护自己和同伴的利益，选举出领导人，并将自己的权力让渡出来，这是一种自下而上的权力。教皇出于与世俗权力斗争的需要，不管大学内部哪一方取得控制权，他都会利用他们去反对市政当局。只要学生行会取得大学的控制权，教皇就会支持他们，从而达到间接抗衡世俗权力的目的。教皇和电影《让子弹飞》中的鹅城百姓一样，谁在大学权力博弈中胜出，他就会和谁站在一起。

学生行会以罢课和迁移权打破了市政当局的压制。博洛尼亚市政当局一方面迫切需要大学带来的经济利益，另一方面又不满学生挑战其管辖权，所以两者本质上是一种既斗争又合作的关系。市政当局既在经济上加紧对大学的盘剥，又极力限制学生校长的审判权，甚至故意挑起教

---

① 恩格斯：《再论蒲鲁东和住宅问题》，《马克思恩格斯选集（第3卷）》，人民出版社1995年版。

师和学生之间的冲突。学生行会则以罢课和将学校迁离博洛尼亚进行反抗。1217年5月，学生就成功联合教会力量，借助教皇洪诺留三世的支持，将大学从博洛尼亚先后搬迁到维琴察、阿雷佐、帕多瓦和锡耶纳等地，建立起一些类似博洛尼亚模式的学生大学。学校迁校给博洛尼亚地区的经济带来沉重打击。1220年，市政当局终于做出重大让步，不得不承认学校自治权，以使学生重返博洛尼亚。但市政当局依然保留了作为中间人给教师发放薪酬的权力。[①] 经过漫长的斗争，学生逐渐占据了上风，不但取消了歧视性法律，而且与学生生活相关的住宿、食品、房租价格和税额都专门通过了有利于学生的法律，学生还取得了免交市民税、免服兵役的权利[②]。到13世纪中期，博洛尼亚大学的学生自治达到顶峰，他们自己组建大学管理机构，自行选举校长，甚至还从城市当局取得了自行选举一名专门为大学利益服务的市长的权力。罗马教廷也于1252年前后承认学生行会的法定地位，学生行会在大学中的主导地位获得了社会的认可。从争取平等待遇、保护自身权益不受侵害到完全掌管大学，学生权力的发展走过了一条漫长、曲折的道路。

　　教师主要依靠学生的学费来获取收入，通过这一点，学生团体实现了对教师团体的控制。早在12世纪中期，博洛尼亚所在的伦巴第诸城便成立了法学教师行会，法学知识的传播与应用是他们的职业特权。在学生行会成立的初期，学生行会无意挑战教师的学术权力。但学生行会的成立，就意味着学生可以成为独立的阶层和行业，无形中打破了法学教师行会的垄断权力，影响了教师最初的显赫地位，自然造成教师的不满。他们起初试图将自己与学生行会之间的关系参照商业、工匠业中的师徒关系进行界定，要求介入学生行会的内部治理，还质疑学生行会具备形成合议制社团以及推选裁判官的资格。但是，"教学博士屈从于学生权力的关键原因在于学生对教师的经济束缚"，由于学生掌握了博士们赖以生存的经济权[③]，加上在大学发展初期，大多数教授本身是博洛

[①] 贺国庆等：《欧洲中世纪大学》，人民教育出版社2009年版，第139页。

[②] James Bowen, *A History of Western Education*, London: Metlluen & Co. Ltd., Vol. 2, 1975, p. 130.

[③] Cobban A. B., *The Medieval Universities: Their Development and Organization*, London: Methuen & Co. Ltd., 1975, p. 65.

尼亚市民，享受本土法律保护，面对反抗压迫、争取平等的学生同乡会，他们没有学生那种背水一战的斗争意愿，所以斗争的结果是同乡会取得了学术事务控制权，学生不用再服从教师或者教师行会，甚至学生还获得了教师的任命权，教师取得执教资格的前提是要宣誓效忠于学生同乡会执政人，并保证遵守同乡会规范教师的法令。教师行会只保留了考核求职者资格的权利。

在上面这三个问题都解决了之后，学生在大学内部成功压制了教师的权力；在大学外部，在争取教会势力支持的同时，又让市政当局低头，承认自己的治理权，学生掌握大学治理的权力终于成为现实。但需要注意的是，这种权力基础是不稳定的，在大学内外，教师权力和市政当局都不甘于自己的地位。

二 学生权力的行使

借助学生行会组织——同乡会，学生使城市当局准许他们组建自己的团体、自行选举校长、控制学校的行政事务。还允许学生选举一名市长专门为大学的利益而服务。各同乡会会长和大学校长由学生选举产生，学生选举的校长任期一般为一年，个别的也有两年，同乡会的每个学生都有投票权。校长候选人有三个条件：有担任教会神职的经历，但不可以公开宣誓遵从某一种教派，以便管理协调学校的神职人员；学习法律5年以上，年龄不小于25岁；未婚。[1] 博洛尼亚大学名义上的最高权力机构是"全体学生大会"（The Congregation of the Universities）。全体学生大会召开时，执政人先提出议题，全体成员进行讨论并发表意见，最后由执政人总结。涉及选举事项，就用黑白双色的豆子进行全体投票。[2] 根据罗马法精神，执政人的治理权来自全体成员自愿遵守的行会法令，并和普通会员一样，他们通过宣誓来厘清彼此之间的权力义务。而且执政人对组织内部的治理权不需要其他权力的认证，可以天然地获得市政当局的认可。实际上，学校的权力中心是由少数人掌控的，

---

[1] A. B. Cobban, *The Medieval Universities: Their Development and Organization*, London: Methuen & Co. Ltd., 1975, p. 72.

[2] Ibid., p. 69.

大学校长及其顾问、各同乡会的学生领袖及其代表构成的行政委员会（collegia）控制着博洛尼亚大学的领导权。经过行政委员会批准之后，全体学生大会才可以按照既定议程和规定的内容召开，"最高级别的会议在大多数情况下显得软弱无力，只是被动地反映行政委员会决定的场所"[①]。

学生代表自行负责大学和地方当局的交涉。学生还负责聘请教授、任命教师的职级、支付薪金。学生还向上课迟到或讲课过于拖拉的教授追索罚金。教授有时还需预付押金，由学生掌管，以防止他们中途离职。[②] 学生还对学校财务和学术事务进行普遍监督，他们决定学费的数额、学期的时限和授课的时数、调整学生寄宿房间的租金、书籍的出租和出售的价格，等等。在大学集会中，教师只能以旁观者的身份出席，没有选举权，而且所有教师都要服从集会的决议。为了防止教师被教会或城市贵族收买而出卖大学的独立与自主权，学生还通过每年与教师签约来制约教师。当然，在学生和教师之间，教师也并不是完全没有自主权的，例如对于学生入学资格的审查、考试制度、学生学业成绩的认定以及毕业等方面的事宜，教师还是有很大发言权。

博洛尼亚大学的教学效果也比较好，"在博洛尼亚等学生主导的大学，教室中却座无虚席，教师的职责也得到了有效的发挥，中世纪大学生学习的积极性要比教师教课的积极性高"。[③] 总的来看，校长和同乡会的首领组成了博洛尼亚大学的领导机构，带领博洛尼亚大学脱离世俗管辖，开了大学自治之先河。这种管理模式授予学生最高的管理权限，由学生来主导校务管理以及制定各项规章制度，学生在学校事务中已不是"参与"者的角色，而是起着决定作用，是一种典型的"学生大学"（student university）。

三 学生权力的丧失

回顾这段历史，可以看出，"学生行会"是当时特定社会历史条件

[①] A. B. Cobban, *The Medieval Universities: Their Development and Organization*, London: Methuen & Co. Ltd., 1975, p. 69.

[②] ［英］阿什比：《科技发达时代的大学教育》，滕大春、滕大生译，人民教育出版社1983年版，第64页。

[③] 宋文红：《欧洲中世纪大学的演进》，商务印书馆2010年版，第338页。

下的产物。学生来自欧洲各地,而且大多是有工作经验和一定社会地位的成年人,他们在无法享受市民权利、得不到城市市民法保护的情况下,通过组建"学生行会"组织,以学费来约束、对抗教师,以罢课和迁移权对抗市政当局。学生掌握了大学治理的权力,首先是因为学生团体建立了有效制约教师、市政当局、教皇等利益群体所觊觎的政治格局;其次则是因为有力量(话语权)的利益集团、群体都认为,维护学生治理大学最符合自己的利益,至少把学生赶下台后自己的利益不会得到改善,相反还有可能变差。简而言之,学生得到大学治理的权力,是因为学生组成了一个利益集团,而且这个利益集团没有得到其他强势利益集团的反对。它和其他利益集团形成了一种"对立统一"的关系,一方面互相依存,谁也离不开对方;另一方面互相制约,都受到对方的限制。

这一时期,学生人数比较少,学校职能单一、事务简单,不需要很多专业的行政管理人员,行政管理权力基本可以忽略,学校内部基本就是占主导地位的学生权力,再交织一部分教师权力。但随着大学规模的扩大、组织的成熟和知识专业化程度的提高,大学外部力量对大学的干预、大学内部的行政力量和教师权力也天然有不断提高的趋势。"随着大学社会影响力的日益壮大,其逐渐成为社会各种政治势力不可忽视的一支力量,越来越受到世俗王权、教会以及地方政府的关注,争夺大学领导权随后成为世俗政权和宗教神权斗争的重要侧面"。[1] 正如阿什比所预测的那样,大学的治理结构虽然仍将受到大学自身力量的影响,但外部环境力量的影响将越来越大,"在将来,有一点是肯定的,就是我所称为内在逻辑的力量,也就是大学的传统力量,必将有所改变,以便适应日益增长的其他两种社会环境力量。"[2]

博洛尼亚大学对城市的重要性使市政当局不甘心失败,也不愿意让学生控制大学从而威胁自己的权威。市政当局于是利用师生之间既有的矛盾,实现其控制大学的意愿。学生奋起抗争,13 世纪和 14 世纪,博

---

[1] 刘虹:《控制与自治:美国政府与大学关系研究》,复旦大学出版社 2012 年版,第 21 页。

[2] [英]阿什比:《科技发达时代的大学教育》,滕大春等译,人民教育出版社 1983 年版,第 12—13 页。

洛尼亚大学处于一个不断停滞和迁徙的过程中，在 1286—1289 年、1306—1309 年，博洛尼亚大学被关闭两次，每次时间长达三年。当大学逐步发展成熟、建起房屋宿舍时，学生们已经无法再用迁徙权来威胁市政当局了。学术事务和管理事务更加专业化，使得教师地位得以提高。当市政当局开始采用工资手段来留住和吸引优秀教师并同时削弱学生的经济权力时，学生就彻底失去了与市政当局抗衡的筹码，也无法再约束教师，同时还失去了被教皇利用的价值，学生控制大学的局面就逐渐瓦解了。也就是说，学生在大学内部无法继续控制教师，同时又无法抵制市政当局的权力进入大学的势头，治理权就逐渐丧失了。

13 世纪末期，市政当局开始负责教师工资的发放，到 14 世纪中期，"讲学付薪"体制开始成为主流，并逐渐成为大学整体生活的一部分。伴随着经济权的丢失，学生们挑选和任命讲学教师的权力也逐步失去，只剩下了提名讲学教师候选人的权力。到 14 世纪后半期，市政当局完全掌握了教师的提名任命权，学生们设立的各类管理机构已经无法发挥作用，学生校长的权力和威望也不复存在。14 世纪至 15 世纪，大学事务管理的权力已经"滑落"到市政当局手中，大学处于市政当局委派的官员的控制之下。到 16 世纪初，学生几乎没有什么"权力"了。对大学而言，学生失去权力的代价是大学屈服于市政当局，教师尽管名义上摆脱了对学生的依附，但地位并没有太大的改善，也就是说，不管是老师还是学生，大学内部人已经丧失了对大学权力的控制。

中世纪的大学作为学生或教师的行会组织，是一个象牙塔，它的产生与城市经济的兴起、工商业发展对法律、医药、神学和社会公共事务管理等方面人才的需求日益相关，正如布鲁贝克所说"中世纪的大学把它的合法地位建立在满足当时社会的专业期望上"[①]，脱离了当时大学独特的发展阶段，以及特定的政治、经济和社会环境，学生权力的兴盛期就再也没有出现了。

四 "学生大学"的治理模式

作为典型的"学生大学"（student university），博洛尼亚大学学生

---

① 转引自 [英] 安迪·格林《教育与国家形成：英法美教育体系起源之比较》，王春华等译，教育科学出版社 2004 年版，第 56 页。

独立掌握大学所有权力，与其学生富有、具有相当社会地位的特性密切相关。学生自行选举校长（还选举一名专门为大学服务的市长），控制学校的行政事务，课程安排、聘用教师，监督学术事务，管理学校财务（包括支付教授薪金）和学生住宿安排等生活事务。学生在学校事务中起着决定作用。学校名义上的最高权力机构是"全体学生大会"，实际权力中心则是由大学校长及其顾问、各同乡会的学生领袖及其代表控制的。

博洛尼亚大学作为"学生大学"的代表，总结其治理模式，有以下可圈可点之处。

第一，大学治理的权力是内生的，外部力量影响大学，但是不起决定作用。

第二，学生形成了同乡会这个利益群体，借助这个组织形式参与大学治理，掌握权力。

第三，学生具备管理能力，提供学费，带来城市的繁荣，他们自身就是大学最核心的资源，并成为大学最有力量的利益群体。教师和城市依靠他们获得收入。

第四，大学实现了比较充分的学生民主管理。学生直接选举产生大学领导机构，依靠学生校长等人掌握学校一切行政事务和学术事务。教师在大学集会中被排除在外。

第五，学生大学发展的顶点，其权力运行已开始背离大学培养人才的目标，变成一种对大学的权力独占，在权力运行中不惜损害教师的利益，也不惜损害大学的利益，这种权力格局不可能一直存在，其衰落不可避免。

在结束中世纪学生大学的讨论时，还需要顺便提一下欧洲大学治理的权力模式的另一种类型的源头——作为"教师型大学"代表的巴黎大学。1150年，巴黎大学教师们按照手工业者结社的方式，组成了自己的行会——"基尔特"，并以此为依托，在与教会和世俗统治者的多方博弈的过程中，取得了自行管理大学事务的权力，包括经费使用、教师安排、学位授予、校长遴选以及管理学生等，并在此后的几百年中，不同程度地保留了教授的基尔特权威，而学生权力则受到压制。

第二节 当代欧洲学生参与大学治理的
权力运行：学生运动的反思

20世纪60年代，欧洲学生运动爆发的主要原因并不是学生要求参与大学治理的权力，尽管两者有一定的相关性。但这次运动对大学治理的影响非常巨大，直接塑造了今天欧洲、北美，乃至亚洲的日本等发达国家和地区大学学生参与治理的权力格局。

一 20世纪60年代欧洲学生运动

历史发展到19世纪中叶，迫于学生团体的强大压力，英国管理大学的皇家委员会建议各大学都应有学生代表参与学校管理。1889年，苏格兰政府决定每所大学都要成立学生代表委员会，参加学校会议。但直到20世纪初，学生会参与管理的范围还主要局限在图书、餐饮、公寓等方面。

到了20世纪60年代，物质变得丰裕，社会从生产时代过渡到马尔库塞批评的单向度消费社会时代。随着战后出生的"婴儿潮"一代集中进入大学，校园开始变得拥挤不堪，教学品质低下，行政部门和教授把持了学校的大权，学生的权利遭到忽视和剥夺。与富足社会同步而来的，是不断凸显的各种社会矛盾：种族问题、贫困问题、环境问题、战争问题、核威胁问题等。置身繁荣、危险与不公正并存的世界中，学生的思想不断受到当时个性解放、革命思潮的冲击，受到建立一个更加自由、更加和平、更加公正的社会的激励，叛逆、挑战既定秩序成为年轻人的时尚和潮流。加上当时大学生毕业率低，就业状况差，各种矛盾旋涡中的学生们发起了一场场声势浩大的学生运动，他们罢课、占领校园、上街游行，要求权利、参与学校治理。学生运动迅速席卷世界，还带动产业工人和知识分子的参与，在一些国家发展成为社会运动，其激烈程度及对国家和社会的影响已经远远超过了博洛尼亚学生的大学时代。

在整个20世纪六七十年代，英国经常出现学生抗议运动，学生以罢课、静坐等形式要求参与大学管理。为了平息、安抚学生，政府和学校赋予了学生一定程度的学校管理参与权,尤其是决策权,"绝大多数大学都通过允许学生代表参与各种委员会(包括特别建立的师生联合团体和评议会、理事会和各种常规委员会)来减轻来自学生的压力"。[①]进入70年代后期,英国绝大多数大学理事会和评议会都有学生成员参加。学生参与学校事务管理的权力大幅拓展,从后勤、学生福利、住宿和餐饮扩展到有关学生责任与权利等行为规范守则的制定、与学习相关的课程评估、教学方法、教学诉求等,甚至还扩展到学校规划和经费预算等方面,很多事务都取得了发言权。1988年颁布的《教育改革法》中规定,英国学校的董事会成员中必须包括学生。各校学生会还联合组成了拥有750多个团体会员的全英学生联盟,进一步加强了学生作为整体维护自己权利的能力。到了20世纪90年代,撒切尔政府推行新公共管理运动,削减政府开支,减少对大学的投入,增加学费,保守党政府甚至要把学生会的权力永远剥夺。但学生早已不是昨日的吴下阿蒙,他们以学生会为依托,组织抗议活动,政府的动议最终被否决。随后,通过与学生会的协商,英国政府将对教育经费的拨款予以明确。以此为标志,20世纪90年代中后期,英国高校学生权力进入稳定发展期,非教授教学人员和学生的权力明显有所上升,教授的权力有所下降。

1967年,联邦德国也发生了全国性的学生抗议运动。学生要求在大学决策机构中拥有1/3的决策权,并迫使德国大学开始了一系列的改革。由传统的"教授治校"模式变为由全职教授、初级学术人员、学生、行政管理人员等共同参与的"组群大学"管理模式,四大组群的代表共同协商与决定大学自治事项[②]。现在,大学的校务委员会委员中有学生代表,学生可以在学校规章制定、学校财政预算的审议、校长选举等学校重要事务上参与讨论,同时拥有表决权。

1968年3月,巴黎爆发了学生反对越战的示威游行,示威学生还袭击了美国驻巴黎的新闻代表处等机构,导致6名学生被捕。此后,巴

---

① [加拿大]约翰·范德格拉夫:《学术权力——七国高等教育管理体制比较》,浙江教育出版社2001年版,第102页。

② Wilhelm Karl Geck, "Student Power in West Germany: The Authority of the Student Body and Student Participation in Decision-making in the Universities of the Federal Republic of Germany", *The American Journal of Comparative Law*, Vol. 17, No. 3, Summer, 1969, pp. 337 – 358.

黎大学农泰尔学院的学生举行要求释放被捕学生的抗议活动,再次爆发冲突。5月3日,巴黎大学学生举行罢课,抗议大学当局开除学生运动领导人,并占领了大学校舍。警察对巴黎大学的学生集会进行了强制驱散,并封闭了农泰尔学院。事件迅速升级,此后全国各地学生纷纷罢课,游行声援巴黎学生。在巴黎,学生还筑起街垒同警察对峙。后来又引发工人罢工和占领工厂,巴黎商店关门,水陆空交通停运,整个城市陷于瘫痪状态。罢课罢工潮席卷了法国90多个省。[①]"五月风暴"是学生运动的最高潮。为应对学生运动的冲击,法国重构了大学的权力结构,1968年通过了《高等教育方向法》,确立了"自治""参与"和"多学科性"的大学治理三原则。[②]

二 欧洲学生运动的影响及反思

20世纪60年代的欧洲学生运动很快波及美国,引发了美国校园学生"平权运动",学生与校方的冲突在大学校园频频出现,要求保障黑人学生的平等受教育权。在伯克利大学,梅尔森校长不得不向学生做出保证,学校发布任何规章都会事先通知学生并同他们商讨,学生的政治权利将会得到充分保障。美国大学的招生方式、教育内容、教学活动都发生了一些有利于学生的变化。[③] 运动还影响到亚洲。1969年,为应对"校园纷争",日本中央教育审议会在《关于处理当前大学教育问题的政策方法》中,决定让大学生参与大学教育管理,东京大学教养部成立了由教师、学生和职员参加的课程委员会,负责确定科目名称、教学内容和时间安排,学生代表也成为名古屋大学医学部成立的"教授选考委员会"成员。[④]

学生运动给大学和社会都带来了巨大改变。不论是政府、校方还是教师、校外人士,都对大学治理中的学生权力问题进行了重新思考。

[①] Dominique G. Carreau, "Toward 'Student Power' in France", *The American Journal of Comparative Law*, Vol. 17, No. 3, Summer, 1969, pp. 359 – 370.

[②] 黄福涛:《外国高等教育史》,上海教育出版社2008年版,第226—227页。

[③] William W. van Alstyne, "The Ten Tative Emergence of Student Power in the United States", *The American Journal of Comparative Law*, Vol. 17, No. 3, Summer, 1969, pp. 403 – 417.

[④] 黄福涛:《外国高等教育史》,上海教育出版社2008年版,第297页。

1969年,"今天的大学"教师和学生国际研讨会在克罗地亚召开,与会学者对学生参与大学管理的问题进行了讨论,形成了以下共识:除了教师选聘、教职员工工资问题之外,在所有有关大学发展的问题中,学生都不应该被排除在投票行列之外。到20世纪70年代,几乎所有的欧洲国家都颁布了法律,通过立法来保障学生、家长参与大学治理的权力。从那时开始,对全世界大多数人来说,学生参与大学治理已经是一件可以接受的事了,只是对学生如何参与、在什么范围和程度上参与有所争议。有的教师认为学生参与越过了必要的界限,学生拥有的权力也超出了他们的能力范围。一些学者还开始反思学生参与大学治理可能存在的问题。哈佛学院前院长罗索夫斯基不同意给学生与教师平等的参与权。他以20世纪60年代后的荷兰、法国为例,当时普遍吸收学生和其他辅助人员与教授一起平等参与学校管理,结果导致最优秀教授的流失。他认为大学的民主模式不应该是一人一票的,相比只是一个四年或三年的过客,一个一生都要服务于大学的人应该获得更大的发言权。① 约翰·S. 布鲁贝克在《高等教育哲学》中也专门进行了讨论,他说:"如果并不征求学生意见,如果根本没有责任制,如果听取了学生意见然而并没有照办,那会出现什么情况呢?当理性的过程受到挫折时,就有非理性的过程取而代之的危险。学生的不满就会变成破坏,而破坏又会变成暴乱。"② 他还引用康马杰的话总结说:"毫无疑问,大学是理性的堡垒,否则就不是大学。"③ 因此,使用暴力不仅与理性对立,而且是对学术自治的彻底否定。

学生参与大学治理的权力强度也开始从60年代的高峰逐渐回落,并稳定在一个均值上。总的来看,学生运动改变了大学,尽管没能改变教授和行政权力主导学校的局面的状况,但学生还是大大拓展了自己在大学权力场的空间和舞台。

欧洲的学生运动提醒我们,当社会出现动荡时,基于年轻学生敏

---

① [美] 亨利·罗索夫斯基:《美国校园文化——学生·教授·管理》,谢宗仙、周灵芝、马宝兰译,山东人民出版社1996年版。

② [美] 约翰·S. 布鲁贝克:《高等教育哲学》,王承绪译,浙江教育出版社2001年版,第43页。

③ 同上书,第45页。

感、冲动的天性，学生权力容易突破大学权力组织的压制，就像岩浆爆发一样，冲到大学权力的中心。反观学生运动中的一些学生过度参与的行动，不管是占领学校大楼，还是滞留校长，很多时候他们所做出的反对行为是情境式的，是基于"为反对而反对"而塑造出来的一套专断的、拒绝沟通而不妥协的态度和行为。这种行为一旦爆发并蔓延开来，其破坏性是不可小视的。所以学生参与大学治理的权力强度应在一定阈值内，如果超过一定限度，给学生、大学和社会发展带来的不良影响可能会超出其正面意义。

第三节　美国学生参与大学治理的权力保障：三所大学案例

20世纪70年代，随着学费收入占美国高校经费比例的上升，美国大学生源市场竞争日益激烈，"学生消费者至上"的理念逐步流行。学生消费者的权力体现在可以自由择校、转学和选择专业等方面。克拉克·克尔认为"这种从注重学术的价值到注重学生消费者的转变是美国高等教育历史上两次最重大的方向上的转变之一"。[1] 学生消费者权利得到尊重，学生代表也被邀请加入董事会，出现在各个层次的正式的委员会中。接下来就从学生自治（消极权力）和学生作为社群的集合体共同行使大学治理的权力（积极权力）两方面，以案例描述的方式来呈现美国学生权力运行的实际状况。

一　学生自治方面

这里以弗吉尼亚大学于1909年开始正式实施的"荣誉制度"为例。荣誉制度继承了杰斐逊的自治（self-government）理念，是一种独特的学生自我约束和自我管理的制度，它通过大学生对学校的一种承诺，让学生在考试、课外作业、校园生活等方面进行自我管理，其实质是培养学生的道德意识和责任感。在该校，新生报到的第一件事是做入校培训（orientation），而其中最为重要的一项就是宣讲学生荣誉守则（honor

---

[1] 黄福涛：《外国高等教育史》，上海教育出版社2008年版，第280页。

code)。学校还成立了"荣誉委员会",这一组织完全由学生自主管理,主要职责是处理学生违犯"荣誉条例"的作弊行为。荣誉委员会成员均选自弗吉尼亚大学各学院,由 27 名学生组成,其中商学院、建筑学院、医学院、工程与应用科学学院等 10 个学院各 2 人,文理学院 7 人。[1] 学生入学时,需要在荣誉卡上签字,承诺考试不作弊,也不协助他人作弊,如受到怀疑,则由荣誉委员会裁决。"荣誉委员会"成立后,学校当局不再直接处理犯规学生,学生的作弊行为必须首先通过学生组织进行处理。本科阶段曾担任审判副主席的霍金斯(Hawkins)认为荣誉制度对她影响巨大:"促使我回到弗吉尼亚大学深造、并且选择法学院读研究生的最主要原因就是荣誉制度对我的影响。荣誉制度为学生提供了特殊的机会,让学生自己制定规则,并遵守规则,在完善和捍卫规则的同时,为所有学生创造了良好的学习环境。"[2] 弗吉尼亚大学法学院另一位在读研究生福尔克(Faulk)曾在荣誉委员会任职,他说:"弗吉尼亚大学的荣誉制度不仅仅只是名义上存在……我能切实地体会到,在弗吉尼亚大学,学生不做违反荣誉制度的行为,不是由于怕被学校开除,最为主要的原因是荣誉制度这一传统制度已经深入人心。"[3]

学生社团是学生自治范畴内的典型代表,重视发挥学生社团的功能是欧美学生参与治校的又一个特点。下面就以美国俄亥俄州立大学的学生社团为例进行描述。

美国的学校从小学到大学,都没有所谓的"班干部"。它们认为学生之间应当是平等的,不应当有人被区别对待,所有学生应享有平等的发展机会。让每个人都有机会参与甚至创立社团组织是它们培养学生的领导能力、组织协调能力的一条重要途径。在俄亥俄州立大学,申请注册社团手续很简便。只要有 5 名以上的本校学生成员,就可以向学生事务管理委员会(Council on Student Affairs)申请注册一个新的社团。[4] 申请者只需要提交如下信息:

· 社团成立的目的和社团通信地址;

---

[1] *Faculty Senate Honor Handbook*, Charlottesville: University of Virginia, 2014, p. 17.
[2] School of Law, Honor System (http://www.law.virginia.edu/html/academics/honor.htm).
[3] Ibid.
[4] 参见俄亥俄州立大学学生服务中心网站 http://ssc.osu.edu/。

・3位社团负责人（第一、第二和财务负责人）的姓名及联系方式；
・社团指导老师的姓名及联系方式；
・1份社团章程和1份社团成员花名册（包括成员姓名、电子邮件）。

社团注册信息可以在校园网上的"学生社团电子注册系统"直接提交。审核通过后，信息会上传到校园网上的"学生社团在线目录"。当然，社团还必须满足若干条件，比如有鲜明的精神诉求，并且该诉求学校现有其他机构都无法满足。民族文化、环境保护、体育活动、司法公正等都是常见的主题。美国的大学学生社团必须独立，所有的政策和决议不对任何的上级部门负责。社团经费开支全都由社团自己决定，学生社团也可以运营商店、餐厅、书店、理发店等盈利项目，所得收入全部作为社团活动的经费。但这并不意味着大学对社团放任自流。社团聘请的指导老师既可以是社团的指导者、政策解读者、财务顾问，也可以是社团成员的朋友、倾听者，但绝不会成为社团的管理者。学校还有全校性社团的服务机构学生理事会（Student Governing Board）。与中国大学中的学生管理部门截然不同，学生理事会是一个服务机构和各学生团体交流互动的平台，它由多个与学生工作相关的部门组成，大多数工作人员都是由学校本科生兼任的。除了全校性本科生社团注册以及资质评议工作需要它承担外，理事会也定期召开各学生团体主要负责人大会，接受建议和批评，以便更好地改进对社团的服务。由于学生社团代表的投票结果直接决定理事会负责人的去留，如何更好地服务学生社团便成为理事会首要的任务。美国大学通常要求学生社团每年注册一次。俄亥俄州立大学规定每年的5月1日，所有学生社团开始为下一学年度做准备，更新注册信息。无论是新申请注册的社团还是已成立的社团，都需要满足如下要求才能获准注册：

・每年社团首要负责人和财务负责人都要分别接受学校提供的领导人培训和财务培训；
・社团指导老师每两年需进行一次指导老师资格培训；
・在线提交本次注册信息表和指导教师的推荐函。

目前俄亥俄州立大学学生社团在线目录上可见的社团有1500多个，由此可见学生参与社团活动的活跃度很高。对这些社团而言，学校确实尽到了服务、指导之责，学生也可以像一条鱼儿一样，自由去选择、运营自己喜爱的社团，在参与活动中得到成长。

二 学生作为社群的集合体共同行使大学权力方面

这里以美国罗斯福大学为例对学生具体参与方式进行说明。① 该校认为，学生代表应该进入高校中负责解决课程和学生生活事宜问题的委员会。学校制定了《关于学生代表在大学各委员会和治理董事会中的政策》，罗列了截至2010年7月明确需要学生代表参与的委员会，包括职业服务委员会，该委员会由学生、教职员工、雇主和校友组成，宗旨是提供有关雇主和罗斯福大学关系方面的意见，从罗斯福大学每个年级的本科生中选出代表参加；学生审查委员会，该委员会由学生和教师构成，其功能是解决由学术问题引起的抱怨和不满，以及对违反学校学生行为准则的行为做出决议，共有13名学生参加；图书馆学生顾问委员会，一共有6—8名学生代表，该委员会建立的目的是让学生对图书馆馆藏（包括图书、杂志、数据库）、硬件设施、网站建设等情况有所了解，同时也为了让学生知晓去哪里、如何查找所需信息，以及如何向同学介绍图书馆的情况，为了让该委员会的工作更为有效，学生代表也将参与一些小型项目（如调查或营销活动）。此外，还有负责为校长、其他校领导以及校园设施事务的硬件资源方面提出建议的校园规划及发展委员会；为提升学生保留率和毕业率制定战略、创建项目的保留委员会；承担给学校学生服务办公室提供有关学生健康保险计划、学生健康服务以及提升罗斯福大学学生保健和健康机会反馈责任的学生健康委员会等11个委员会，它们都被列为需要学生参与的学校治理组织。另外，如有需要，一些特别委员会（例如，有关校长就职、战略规划、教室装修的委员会），经过学校专门的机构批准，也可以邀请学生代表加入。学生代表由各委员会主席，或是其他大学官员、学生管理协会任命。除非教师章程中已有相关规定，学生代表选拔办法均由教员、管理者或委员会、理事会的官员制定。每个委员会可以规定学生代表的标准，诸如

---

① 麦可思的博客：《校长治校？教授治校？还是学生治校？》（http://blog.sina.com.cn/s/blog_5a0151030102w4ai.html）。

设置是本科生还是研究生、平均成绩需要达到多少、就读什么专业等"门槛"。这些委员会召开会议的频率，有的按月召开，有的不定期举行常务会议，有需要时召开，还有的每学期举办两次会议，会议还可以以午餐会的形式召开。

在罗斯福大学，还明确为学生参与治校划定了边界：课程与教育政策委员会、教学评价特别小组等委员会中的学生代表是无投票权的成员；在学校中解决人事问题、涉及学校管理高度敏感领域的委员会，诸如大学理事会、学术委员会、预算委员会、规划委员会、研究和专业改进委员会、员工福利委员会、教师事务委员会、大学教师人事委员会等15个委员会中，不需要有学生代表加入。

总的来看，美国高等教育生长在民主体制下，政府监管较少，市场机制发挥较大作用，学校自主权较大，大学学生参与治理的权力运行模式参差多态，有如下特点。

第一，大学治理的权力是内生的，学生参与大学治理的权力有法律的授权与保障，也普遍有操作性很强的实施细则。非经一定程序，议会、法院、政府都无法剥夺。权力运行方式体现为法律和制度框架下的百花齐放。美国不同的州，情况并不一样。比如在罗斯福大学，不需要学生代表加入大学理事会、学术委员会。但在明尼苏达大学等一批公立高校中，学生代表被邀请加入董事会，享有投票权，而行政和学术代表却只能旁听会议。在得克萨斯理工大学，学术委员会的42名成员却由教职员工和学生组成，其中的1名学生代表由校学生管理协会主席任命，还享有投票权。

第二，学生为大学提供了一定的资源（学费），加上西方大学自由自治传统，所以学生有一定程度参与大学治理的权力。但其权力小于教授群体，原因在于教授群体有在高深知识方面的优势，还掌握了科研经费。

第三，学生权力有组织保障。学生组成了利益团体，有学生评议会等组织，具有独立法人资格，可以收取会费，运营一些服务项目。

第四，政府和学校提供经费和培训等服务支持。在"国家责任"的理念下，学生参与大学治理的一部分费用是由政府提供的，并且经费支出独立于政府。

美国十分重视对学生参与大学治理的能力训练和服务支持，大学定期培训学生骨干和指导老师，提供活动开展包括房屋场地在内的各种资源。同时，政府还支持各行业协会独立对学生参与大学治理进行业务监督，如质量评估、资格认证等。在上述措施的有效实践中，学生参与大学治理既有人员的保证，也有机构和经费的保障，同时还有质量的保证，所以学生参与大学治理得以较好开展。

第四节　中国学生参与大学治理的权力演变：以中国公学、清华大学为案例

中国的近代高等教育，肇始于清廷在西方列强坚船利炮下模仿西方大学创设的一些新式学堂，早期有1895年创办的天津中西学堂，后来有1898年创办的京师大学堂，算起来，中国的现代大学只有百余年的历史。金耀基先生认为，中国的现代大学，"不是由帝国时代的大学、国子监承接过来的，而是随西潮之东来，自欧洲移植于中土者"。[①] 属于横向的移植，而非纵向的继承。与汉代的太学、宋明的书院、清代的国子监都没有太大的关联。中国大学治理也经历了一个相当长的移植和内生创新的过程。在大学治理方面，中国先后学习移植日本、德国、美国的大学治理模式。1902年的"壬寅学制"和《钦定高等学堂章程》，1904年的"癸卯学制"和《奏定学堂章程》都是学习日本的结果，学生基本没有什么权力。

一　清末中国公学学生参与治理情况

值得特别重视的是1906年在上海开办的中国公学，其由留日归国的学生发起，依靠民间募集资本创办，由学生运营管理，在某些方面有些类似博洛尼亚大学，可以看作中国大学学生权力的滥觞和一个高峰。1905年12月，因日本文部省颁行《关于许清国人入学之公私立学校之规程》[②]，大批

[①] 金耀基：《大学之理念》，生活·读书·新知三联书店2008年版，简体字增订版前言。
[②] 也被称为《清国留学生取缔规则》，该规程规定中国留学生的入学申请需要有本国驻日使馆介绍书，要登记留日学生往来信件，取缔学生的校外住宿等事项，留日学生感到自由权受到侵犯、受到侮辱，8000多名中国留日学生以罢课等方式进行抗议。事后一批留日学生返回中国。

留日学生因此愤而返抵上海。当年 12 月 19 日，归国留日学生召开了第二次各省代表全体会，与会者认为，"我辈只知兴学挽回教育权耳，不知其他"，商定在上海自办一所学校，"以谋造成真国民之资格，真救时之人才也"。他们多方奔走，募集经费，在上海租民房为校舍，于 1906 年 2 月在上海开办了中国公学。"中国公学"取意于"中国人公有之学校"，既带有强烈的对外自立色彩，又寄寓着鲜明的家国情怀："中国公学不啻为中国民族能力之试金石也者，如能成立发达，即为全国之人能力优胜之代表也；如不能成立发达，亦即我全国人能力劣败之代表也。"① 学校创立之初，"同学都是创办人，职员都是同学中举出来的，所以没有职员和学生的界限""学校里试行一种民主政治的制度""全校的组织分为'执行'与'评议'两部。执行部的职员（教务干事，庶务干事，斋务干事）都是评议部举出来的，有一定任期，并且对于评议部要负责任。评议部是班长和室长组织成的，有监督和弹劾职员之权"。② 中国公学早期创办人之一的王敬芳后来也回忆："中国公学创办初期他极力主张实行共和制度。一方面考虑到青年们对于共和'心理迷信'，另一方面中国公学为留日学生所创办，创办初期发起人、办事人、读书人都为学生。除了实行以学生为主体的民主管理制度，也没有其他更好的办法。"③ 但这种评议部为最高立法机关，再公选产生执行部干事的制度只维持到当年 11 月就持续不下去了。原因一是发起学校的留日学生很多返回日本，而新招来的学生日渐增多，学生和办事人不得不加以区分；二是学生自办学堂，这种闻所未闻的制度引起社会和清政府的疑忌，让"政府官吏疑心他们是革命党，社会叫他们作怪物"；三是学校既无校舍，又无基金，要想生存，必须取得管款补助和社会资助，办学体制必须得到政府和社会的认可。④ 1906 年 11 月，公学的办事人聘请了一些社会名流任董事，修改了章程，将学生主体的制度变为了董事会主体的制度。评议部被取消，干事不再由同学公选，而改为由

---

① 章玉政：《光荣与梦想：中国公学往事》，浙江人民出版社 2014 年版，导读。
② 胡适：《四十自述》，江西人民出版社 2016 年版，第 72 页。
③ 《王敬芳致胡适》，中国社会科学院近代史研究所中华民国史组编《胡适来往书信选（中）》，中华书局 1979 年版，第 149 页。
④ 胡适：《四十自述》，江西人民出版社 2016 年版，第 89—90、70 页。

学校聘任教务长、庶务长和斋务长。这样一来，中国公学以学生为主体的民主制度便被以董事会为主体的制度所取代。

评议部被取消之后，学生组织了校友会，希望可以实现校章由全体学生修改。1908 年 9 月，校方发出布告对于这一要求予以否定，随后又发出布告不准校友会再开会，并且辞退两个"学生代表"，28 日又开除了几个学生，并表示"如仍附从停课，即当将停课学生全行解散，另行组织"①，校方的强硬态度，进一步加深了校方和学生之间的矛盾。中国公学 167 名学生毅然从中国公学中退出，组织新的学校，并在 10 天时间内选新干事、租校舍、聘教员、排功课，筹备建立了"中国新公学"。尽管新公学教学设备简陋，但是教员认真负责，管理严格，学生功课好，当时来上海求学的许多学生有些还宁愿报考中国新公学，一度新公学的学生数目超过了老公学。但由于"职员都是少年人，牺牲了自己的学业来办学堂，究竟不能持久"，加上负债累累，难以为继，而老公学改制后，清政府拨吴淞炮台公地百余亩作为建筑基地，大清银行也借银 10 万两作为建筑费，财大气粗，新公学在艰难支撑 1 年多时间之后于 1909 年 10 月，终于还是接受了调停条件，并入老公学。② 胡适在中国公学求学期间经历了这次大的学潮，这次学潮之后，胡适和许多中国公学的学生一起退出中国公学，参与组织了中国新公学，并在中国新公学之中担任了教员。新旧公学合并后，胡适并没有回去，在他看来"这一年的经验，为一个理想而奋斗，为一个团体而牺牲，为共同生命而合作，这些都在我们一百六十多人的精神上留下了磨不去的影子"③，是他们团结一致保持中国公学初创时"民主精神"的一个象征。"如果说此次学校的风潮是因为青年人的感情冲动，可能说成是因为中年人和青年人同样的失去了运用理智的能力似乎更恰当。"④ 还需要特别指出的是，这种学生主导大学的民主管理模式，使学生受到民主气息的"熏陶"，逐渐养成了参与意识，对学生成长产生了深刻的影响。曾在中国（新）公学求学工作 3 年的胡适后来说，"我若不进中公，后来的发展

---

① 胡适：《四十自述》，江西人民出版社 2016 年版，第 91 页。
② 同上书，第 91—92、94—96 页。
③ 同上书，第 97 页。
④ 同上书，第 98 页。

方向当不同"①。

对比博洛尼亚大学和中国公学的案例，还可以发现，学生权力的兴盛，都处于大学的草创期，学校规模小，体制不完备，大学内部缺少与学生权力同等的力量，同时政府对大学影响控制力弱。随着大学组织的发育成熟，其需要的外部资源快速增加，仅靠学生自身能力已经无法维持大学组织的生存和发展，当学生无法控制和提供学校生存所需要的经济资源时，再加上大学组织内部逐渐增强的教师组织力量（博洛尼亚大学）或行政组织力量（中国公学）对学生组织力量的侵蚀，学生权力丧失对大学的控制权就成了大学组织发展的必然和宿命。

二 民国时期清华大学学生参与治理情况

1917年，留学德国的蔡元培以德国大学为模板对北京大学进行了改造，引入了一种新的大学治理模式。但整个民国时代，由于美国和中国的关系，以及其在世界日益上升的影响力，中国大学治理模式还是受美国影响较大。1921年，郭秉文在东南大学的改革就是以美国大学为参照的。清华学堂作为资助中国学生赴美留学留美的预备学校，建校资金是由美国退还的庚子赔款而来，自然选择以美国大学治理模式为模板。由于清华大学有较强的代表性，下面我们就以清华大学为例，用本书第三章提出的分析框架（见图3.3）来简要探寻民国时期学生参与大学治理的情况。

（一）清华大学权力结构

清华学堂在1911年初成立，第二任校长周诒春已经有了将清华改办成正规大学的计划。1922年，曹云祥担任校长后，正式成立了大学部，把这个计划向前大大推进了，曹云祥在6年任期内还成立了日后名满天下的国学院，聘任了梁启超、陈寅恪、王国维、赵元任"四大导师"。到1925年，清华同时存在三个学部：游美预备部、大学部和国学研究院。

由于清华的"庚子赔款"背景，清华一直不是由教育部领导而是隶属外交部。1917年，清华大学的董事会成立，董事10人，都由外交部

---

① 季羡林主编：《胡适全集》第31卷（日记，1928年6月25日），安徽教育出版社2003年版，第162页。

主导任命，掌管清华的财权。后来又改为由外交部2人加上美国公使馆参赞3人组成。清华大学董事会共存活12年，一度成为清华的主导势力，其发展经历了1917年成立、1920年首次改组、1927年二次改组、1929年被迫取消这四个阶段。

多头管理的格局，使得清华天生就具有一种"民主"氛围，适宜多种权力的生长。清华建立之初，经历过"职员管理阶段"，由校长掌权，各部门职员协助校长对大学进行管理；此后是董事会决定学校发展方向；再往后，董事会的地位下降，开始了"教授治校"的阶段，这时教授协同校长管理学校，并拥有相当的权力。

（二）学生权力的产生发展

学生有意愿、有能力聚合在一起，成为一种有组织的力量，其他力量（比如教授会）不但无法制约，甚至还需要借助、依靠学生的力量去达到目的，这是学生权力得以产生和发展的背景。

清华最早的学生会是学生在参加爱国救民的学生运动中自发组建形成的。1919年5月4日，北平各学校学生举行了震撼全国的"五四"反帝爱国游行。当晚，游行遭镇压的消息传到清华园后，广大师生群情激昂，各社团立即召开联席会议，一致决定成立"清华学生代表团"，负责召集校内同学，联系兄弟院校，领导全校同学的爱国行动。通过五四运动，学生们发现，在这个社会中，自己蕴含力量，连政府都要退让三分，于是他们把自己的力量转移到校园，开始过问校政。清华大学学生将学潮中成立的学生代表团改为常设机构，称为"清华学生自治会"。早期的自治会仿照美国议会体制，设有评议、干事、司法三大部，三权鼎立，互相制约，在学校中发挥着学生自治及代表学生参与大学事务的作用。同年12月23日，原"清华学生代表团"正式改组为"清华学生自治会"，在成立大会上，当时的校长张煜派巡警干涉，还把电灯关灭，引起学生公愤。学生自治会当即宣布罢课抗议，学生拒赶校长的风潮爆发。在强大的压力下，张煜被迫于1920年1月28日辞职。从那时起，管理学生的传统方式寿终正寝，学生自治会成了学生的中心。[①]

清华的学生权力有一个发展的过程，在清华学校（清华大学的前

[①] 《清华大学校史稿》，中华书局1981年版。

身）的"赶校长"事件之后，在清华改为国立前后，战乱频仍，各派政治军事势力无不想控制清华。而清华人，特别是其中的青年学生和教授一起，抱定"清华为清华人之清华"之宗旨，一次次挫败各种势力的控制企图，以至于出现清华30年代"三赶校长"的局面。

（三）清华30年代的"三赶校长"

第一位遭到驱逐的校长是罗家伦。1928年，蒋介石北伐军到达北京，南京国民政府随后就派时任蒋介石秘书的罗家伦来清华当校长。罗家伦作为校长，是学校行政权力的代表，他权力的来源是当时的国民政府。由于当时的外交部系统暗中把持学校董事会，掌握经费（预算），制约了清华的办学自主权。为争取更多自主权，罗遂以呈报给董事会的《整理校务之经过及计划》中新建宿舍、自然历史馆、化学实验室、办公处及扩充图书馆、添置图书仪器等计划被董事会否决为契机，提出辞职，掀起了"改隶废董"（即取消董事会，清华大学隶属教育部）运动。他在辞呈中说："清华为教育、外交两部所共管，已有两姑之间难于为妇之苦，今更加以董事会，则一国三公，更有吾谁适从之叹矣。"罗的行为得到了教授会和学生会的支持。教授会和学生会还同时派代表到南京，协助罗家伦。这个运动，行政力量中心攻坚，师生从侧翼助阵，学校三股力量同心协力，最终取得成功，清华大学划归教育部管辖，董事会取消。

但紧接着罗家伦便想趁势扩大校长的权力，他要求学校执行国民政府于当年9月5日颁布的《国立清华大学条例》。这个条例与清华在1926年施行的《清华学校组织大纲》相比，将原来教授会拥有的选举教务长权、否决评议会决议权、推荐各系教授权和推举系主任权删去，在削减教授会和评议会权力的同时，又加强了教育部和校长的权力。这个做法当然遭到清华教授们的抵制。1929年4月8日，教授会通过"实行教授治校及校长由教授会推举呈请国民政府任命之"的议案，排除了校长独断的可能性。"教授治校"与"校长治校"两种不同的理念的争斗，最后以罗家伦妥协告终。6月通过的《国立清华大学规程》第七条规定，各院院长由"校长就教授中聘任之"。具体的操作办法是，教授会票选两名院长候选人，由校长选择其中之一。这一分权的权力结构，被后来继任的梅贻琦所继承，沿用达20多年。

身为国民党，罗家伦执掌清华，在清华推崇三民主义的意识形态，他发展国民党的党团组织，制裁共产主义、国家主义信徒及组织，并时常邀请党国大员到校讲演。此外，罗家伦强调纪律化，效仿军营管理学生，要求穿制服，每周除了操场训练、野外演习外，还有军事训练。这种做法，实际是将政治机关的秩序与学术机构的秩序相混同，用政治秩序统驭学术秩序。罗家伦的军事化管理，导致民怨沸腾。1930年，北京落入反蒋的阎锡山势力控制之下，当年5月，在清华学生代表大会上有人借机提出"请罗家伦自动辞职"的议案。21日，全体学生大会以多数票否决了此议案。因学生代表大会的议案，校长罗家伦十分怅然，认为"学风虽则陵替，士气不可不存"，即向教育部辞职离校，将所有一切校务交由校务会议负责处理。可以看到，学生的驱逐行为不能说没起作用，但罗家伦离职的根本原因是政治上的，大学行政权力是以政治权力为依托的。

第二位被驱逐的校长是接替罗家伦的乔万选。阎锡山派乔万选来清华任校长。他也是清华的毕业生，以校友的身份拉拢教授。可是教授们对政治势力干涉校务一向反感，学生更是反对。1930年6月，乔在军警的保护下，企图进入清华。清华的学生们毫不示弱，扛起"拒绝乔万选"的大旗，在校门口组织纠察队，阻挡乔万选进校，最后居然让他知难而退。清华校务委员会随后致电阎锡山：学生纯出于爱校热忱，其心无他，目前校务已由校务委员会维持，不受影响。两天后，清华教授会也发布宣言表态："一、校长自应由正式政府主持教育之机关产生，若任何机关皆可以一纸命令，任用校长，则学校前途，将不堪设想。二、愿学校行政，亦能走出政潮，独立进行，俾在兵戈扰攘之中，青年尚有一安心求学之处。"事后，阎锡山既没有派人来过问此事，也没有再派新的校长来。这次驱逐校长的成功，学生是主力，教授们则从侧面助攻。一帮手无寸铁的学生可以在学校门口挡住政府委派的校长，这个事件从侧面说明了当时学校权力的内生性。

第三位被驱逐的校长是吴南轩。1933年，时任复旦大学校长的吴南轩由蒋介石亲自选派来接任清华校长一职。吴到任后专断独行，反对教授治校的制度，很快就与教授会产生尖锐分歧。教授会通过决议，谴责吴南轩"惟务大权独揽，不图发展学术，加以蔑视教授人格，视教授如雇员"，要求教育部"请另简贤能"。第二天，清华学生会也召开全体学生大会，表示坚定支持教授会决议。学生们还整队至校长住宅，请其即时离校。吴先是躲到了市区的东交民巷"遥控办公"，但最终还是没有撑过去，于1931年6月狼狈离开北平。吴临行发表宣言："教授治校，原有可采，不过其精义在集中于治学方面，养成纯粹研究学术之精神，不在领导学生干涉校政，以为推倒他人之工具，造成'学生治校''校长不治校''教授不治学'之风气。"表明其离开并非权力之争，而是理念之争。在这次驱逐过程中，教授们是冲在了最前面，而学生紧随其后，两者都发挥了不小的作用。①

（四）学生参与大学治理的特点

民国时期清华大学学生权力是内生的，可以对抗学校行政权，抵制校长，对抗教授会，甚至当时最有权力的国民政府也无法剥夺。学生主要通过学生自治会参与大学治理。学生自治会自主管理学生事务，并实际参与和影响学校重大事务决策。比如学校体制由外交部转教育部管理、重大财务事项、教授选聘、培养方案变更。学生权力除了依法规定按程序由学生代表参加学校会议参与投票外，还多采取集会、演说、请愿、发表文章及通电等形式，表明团体意愿。在大学内部，学生权力与教授权力、行政权力之间的联合与斗争，一直存在。三方之间形成既斗争又联合的复杂的多方博弈关系。

民国时期清华大学学生参与治理有以下特点。

第一，大学有自治权，大学权力之上，并不存在一个更高的可以决定大学生死和内部各派势力成败的权力②。

第二，学生摆脱了无组织的离散状态，组成了学生自治会，通过自治会参与大学治理，掌握权力。1930年，国民政府颁布《学生团体组织原则》和《学生自治会组织大纲》，要求学生自治会的活动范围限于

---

① 黄延复：《二三十年代清华校园文化》，广西师范大学出版社2001年版，第150页。
② 任继愈《我心中的西南联大——西南联大建校70周年纪念文集》"序"中的一段文字可为佐证："1942年6月，当时的教育部部长陈立夫，三次下令给西南联大，要求全国教材内容、考试方式、课程设施都要统一，由教育部核准。西南联大教授们经过认真考虑、讨论，对教育部的办法提出异议。……呈文发出后，未见教育部第四次来文，师生们松了一口气。"

学校之内，并规定它的职权"以不侵犯学校行政为限"①。但并没有多少约束力。

第三，当时学生参与大学治理的权力是内生的，学校校长难以对之进行限制，甚至当时最有权力的国民政府也无法剥夺。当时还有一批教育家鼓动、支持学生自治。梅贻琦先生后来总结其育人理念时说："今日中国之大学教育，溯其源流，实自西洋移植而来，顾制度为一事，而精神又为一事。就制度言，中国教育史中固不见有形式相似之组织，就精神言，则文明人类之经验大致相同，而事有可通者。文明人类之生活要不外两大方面，曰己，曰群，或曰个人，曰社会。而教育之最大的目的，要不外使群中之己与众己所构成立群各得其安所遂生之道，且进以相位相育，相方相苞；则此地无中外，时无古今，无往而不可通者也。"② 闻一多先生也认为："我们的社会一定要发展成为 Society of Individual, Individual for Society（社会属于个人，个人为了社会）的。"③

第四，教授群体由于知识和经验等方面的原因，教授会比学生自治会在联盟中的地位更高，拥有更多大学治理的权力。

第五，学生权力和教授权力、行政权力三种力量之间谁能占据主导地位，取决于哪种力量实力最强、话语权最大，哪种力量能与另一种力量结成联盟。正如曾任浙大、北大等多所大学校长的蒋梦麟说，他在大学中待了几十年，经过许多风潮，发现了一个规律：一个大学中有三派势力，校长一派，教授一派，学生一派。这三派势力中，如果有两派联合起来反对第三派，那么第三派就非失败不可。

三 新中国成立后清华大学学生参与治理情况

1948年12月5日，北平解放。新中国成立后，大学制度的核心问题已经不再是知识论的问题，而是国家发展战略布局中的一步棋，是维护意识形态纯洁性、培养建设者和接班人、保证党和国家权力的一个环节。1950年6月，教育部长马叙伦在全国第一次高等教育工作会议上

---

① 《中国大百科全书（教育卷）》，中国大百科全书出版社1985年版。
② 原载《清华学报》第十三卷第一期（1941年4月）。
③ 闻一多：《诗与批评》，朱自清编辑，《闻一多全集演讲录》，开明书店1948年版，第47页。

说:"我们的高等教育应该随着国家建设的逐渐走上轨道,逐步计划化。中国过去是一个半殖民地半封建国家,经济政治的不统一,反映到高等教育方面,就是极端的无政府状态,各立门户,各自为政,现在新中国已经有了坚强的政治和经济的统一,我们的教育工作就应该以此为基础,在统一的方针下,逐步做有计划的布置和开展。"大学权力的自主性已经消失,成为政府权力的延伸。团中央召开全国学生代表大会,蒋南翔在会上发言指出,学生自治会"自治救国"的历史使命已经完成,学生会的任务由过去的组织学生运动、推翻反动政权、争取民主自由转变为在党和政府领导下,团结全体同学与工农结合,向实践学习,做又红又专的新中国的建设者。接着开始院系调整。按照苏联模式,将所有大学进行重组。原来的综合大学被拆分成文理学院、工学院、农学院、医学院、财经学院等各种专门学院和专门学校。清华大学的文科,像中文系、历史系、外语系等,被并到其他院校,清华变成了单一的工科大学。经过20世纪50年代的院系调整和知识分子改造等运动后,"中国大学被直接整合于公共政治之中,成为了政府的附属机构"[1]。"学生自治会"很快改名为"学生代表大会",其执行机构称为"学生代表大会执委会"(简称学生会),从思想上和组织上重构了学生内在的联系方式,学生会不再作为一个利益团体而存在。

到了20世纪60年代,中国大学又成为毛泽东教育思想的试验田。大学在"文化大革命"初期停课闹革命,学生成立各种政治组织,但这些组织始终是政治运动的工具,一旦偏离政治权力设定的轨道,便迅速被打压、瓦解。学生权力没有内在合法性,也没有掌握自身命运的主体性。"文化大革命"中,毛泽东指出学制要缩短,教育要革命,要从有实践经验的工人、农民中间选拔学生,到学校学习几年之后,再回到生产实践中去。还提出"上、管、改"的口号,号召工农兵"上大学、管大学、改造大学"。但大学的领导权其实还是掌握在工宣队、军宣队手中,学生权力始终依附、寄生在政治权力之上。

"文化大革命"中,清华大学校内一度竟然成了武斗的战场,最后不得不靠军管来收场。表面上看起来这与法国的五月风暴有相似之处,

---

[1] 周光礼:《学术与政治》,《中国地质大学学报》(社会科学版)2011年第3期。

但实际上其与欧洲学生运动中的学生权力有本质不同。五月风暴是自发的学生运动，学生是自主的，并逐步演变成社会运动；而清华大学学生权力从始至终是由政治权力发动和掌控的，学生在政治权力的引导下参与，只是棋子而已，并没有真正掌握过大学权力。在1966年6月1日，《人民日报》发表《横扫一切牛鬼蛇神》的社论后，以蒋南翔为首的学校党委还掌握着清华的权力。但伴随6月7日高音喇叭传出的"毛主席派人来"的声音，中央工作组进校，一夜之间，蒋停职反省。[①] 这戏剧性的一幕充分说明由于大学权力不是内生的，其来源于政治组织的授予，即使在校内最强势、基本掌握一切的党政权力的代表，政治组织也可以一夜之间把它剥夺得一无所有，更不要说学生权力了。包括此后的所谓工农兵学生"上大学、管大学"实质上与大学治理也没有什么关系，学生始终不过是政治权力手中的工具罢了。

王沪宁从政治体制的技术角度进行分析，认为"文化大命革"是侵犯公民民主自由权利和人权的内乱，其未能被制止与政治生活中缺乏严密的制度来保障公民的权利有一定关联，社会缺少尊重公民民主自由权利和人权的传统是"文化大命革"能够发生的一个社会原因。如果每一位公民都坚信民主，任何侵犯公民民主自由权利和人权的行为都将受到法律制裁和社会谴责，"文化大命革"那种情况是很难发生的。政治体制无法有效惩罚侵犯公民民主自由权利和人权的行为，社会民众也缺乏民主法制观念，为"文化大命革"的发动提供了一定的社会条件。[②] 这个反思从一个侧面说明培养学生正确的参与意识、权利意识和参与治理的主体能力的重要性。

总结新中国成立后清华学生参与治理情况（截止到"文化大革命"结束），可以发现以下特点。

第一，学生参与大学治理的权力是外生的，政府随时可以剥夺。

第二，学生虽然有学生会等组织形式，但难以组成利益群体，只具有仪式化象征作用，并不真正拥有权力。

第三，教授群体和学生一样，在治理结构中地位不高，中层以上行

---

① 徐葆耕：《清华精神生态史》，中国水利水电出版社2011年版，第216页。
② 王沪宁：《"文革"反思与政治体制改革》，《思想潮流》2012年第2期。

政人员由于更接近权力中心，所以拥有更多大学治理的权力。

第四，由于学生并不掌握大学的独特资源，所以其参与大学治理的权力是完全寄生在国家权力（政治权力）身上的。国家权力（政治权力）决定了它的兴衰存亡。

第五节　学生参与大学治理对大学发展的影响

整个13世纪，博洛尼亚大学就是在城市自治体、罗马教皇、学院博士和学生团体几种力量的共同作用下向前发展的，这些力量博弈的合力决定了大学的发展方向。由于学生第一次在大学的管理中取得了完全主导的地位，因此博洛尼亚大学的模式被称为学生型大学模式，这种模式对欧洲南部的大学，如意大利、法国各地方性大学以及西班牙和葡萄牙的大学都曾产生过深远的影响，南美洲很多大学的治理传统也有其影子。今天博洛尼亚大学仍然被誉为欧洲"大学之母"，来自世界各地包括中国的莘莘学子依然穿梭在她美丽而又古老的校园中，尽管现在已经找不到学生完全占据大学主导地位的治理模式了，但是，作为大学的源头，博洛尼亚大学开创的大学自治、学生自治、独立创新的理念依然支撑着当代大学的发展，今天学生参与学校管理的理念与模式依旧受博洛尼亚大学管理模式的影响。学生权力运动促使大家都接受了这样一个事实：学生曾经可以在最大程度上参与大学管理。正如拉斯达尔所说，"只有那些无知的蠢人，才会大惊小怪地将这所大学视作教育史上的'怪胎'……但只需结合中世纪的历史土壤，惊异就会变为释然"[1]。

博洛尼亚大学学生权力模式对欧洲大学的影响巨大。一方面后世的学生们要求在大学管理中享有更多的参与权，比如英国苏格兰圣安德鲁斯大学、格拉斯哥大学和阿伯丁大学，都从学生中选举"教区长"来代表学生行使管理权，虽然参与程度远不如博洛尼亚大学，但成功削弱了教会和政府的权力，客观上加速了大学自治的进程；另一方面，学生有组织的抵抗和权力运动，造成后来与大学有关的权力主体，不管是教

---

[1] ［英］海斯汀·拉斯达尔：《中世纪的欧洲大学（第一卷）——大学的起源》，崔延强、邓磊译，重庆大学出版社2011年版，第110—111页。

会、行政当局还是教师，都对在大学管理中与学生合作比较敏感、在抵制任何有组织的学生参与大学治理方面比较一致。

20世纪初，作为"威斯康辛思想"的一部分，学生参与大学管理的浪潮出现了。学生发现了他们在课外活动领域的权力，并且一直保持至今。20世纪60年代，欧洲学生运动给大学和社会都带来了巨大改变。不论是校方、政府还是教师、校外的人士，都不得不重新思考大学管理中的学生权力问题。到20世纪70年代，几乎所有的欧洲国家都颁布了法律，通过立法来保障学生、家长参与大学治理的权利。从那时开始，对全世界大多数人来说，学生参与大学治理已经是一件可以接受的事了，只是对学生如何参与、在什么范围和程度上参与有所争议。很多教师认为学生参与越过了必要的界限，学生具有的权力也超出了他们的能力范围。但总的来看，学生运动改变了大学。在今天的欧美大学，并不单纯把学生当作求学者看待，很多时候有的学校还把学生当作顾客、消费者。学生参与治校的方式多样，途径多元，已经做到在尊重学生的独立自主性的基础上，基本实现了大学治理的民主化和多元化。哈佛大学前校长德里克·博克教授认为，学生是大学内部第四种能够对政策产生影响的重要力量。尽管他们经常在大学的各种委员会，甚至是在董事会中都拥有象征性的代表席位，但当他们激励自己去行动时，他们就能成为带来变革的一支潜在的力量。在20世纪60年代，他们对限制其社会行为的规章制度的抵制有效地终结了"大学可以代理父母行使监督权"的政策。利用他们在选择上什么课上所享有的广泛自由，也利用他们通过公布课程评估结果所获得的对任课教师进行评判的权力，学生们在实现自己的愿望方面取得了一些进展。在过去的40年里，几乎所有地方都出现了分数膨胀，而本科生用在家庭作业上的时间则显著地减少了。[①]

中国公学作为近代中国最早的私立大学之一，其特殊的创办历史和学生参与学校治理的模式在近代中国教育史上产生了重要的影响。特别是其办学初期采用一种以学生为主体的民主管理制度，职员和学生不分，学生都是创办人，职员也来自学生之中，由学生掌握学校的行政

---

① [美]德里克·博克：《大学的治理》，《高等教育研究》2012年第4期。

权,这种制度正是创办者之一的姚宏业遗书中提到的"以大公无我之心,行共和之法",确实具有开创意义。此后的民国教育史,学生的自由、权力意识一直高涨,学生会与教授会的争斗很常见①,学生驱逐校长的事件更是屡见不鲜②。当然,如果有人惊讶于国民党统治下大学的自由自治,并据此得出结论说蒋介石的国民政府如何开明,这就属于误解了。民国时期,社会动荡,国民党中央政府、地方军阀势力、日寇侵华势力、以共产党为代表的革命势力、美欧列强势力同时存在,国家呈现出一种复杂的多元利益博弈景象,谁都无法完全掌控局势。这就造成一种有利于大学自治的局面。大学内教授会、学生会的权力都是内生的,并不依附于政府权力,更不需要看校内行政权力的脸色,反而政府需要顾及大学各派力量的意见和态度,所以现象背后是由各相关利益群体的实力决定的,仅此而已。在这个大的宏观背景下研究学生参与大学治理,就可以理解为什么那个时代的学生可以那么"牛",参与大学治理蔚然成风。

清华的"庚子赔款"背景,加上多头管理的格局,使清华大学实质上享有比其他国立大学更多的自治权力。在民国时期,清华大学形成了教授会、校长、评议会、学生会权力互相包容、互相制约的体制,这种体制有效地保障了学校的利益,防止了政府或校内行政权力为一己之私侵害学校利益的情况。特别是学生权力和教授的学术权力一起,形成了对大学行政权力的有力制约,也使国民政府的权力无法控制大学,在一

---

① 以当时的私立大学南开大学为例,学校开始并没有学生会组织。一些学生以独立自主、可以有公民练习机会、可以试行民主为由,提出不愿意再受舍监管理。校长张伯苓觉得由学生自治自律是件好事,认可了全体学生组织的学生会,同意试行学生自治。不久之后,由于一名前学生会召集人发表在《南开周刊》上的一篇文章《轮回教育》,引发了轩然大波。这篇文章批评当时的大学教授们只会照念外国笔记转卖给学生,不会教书,缺少真才实学。谁料竟然引发全体教授罢教,要求张校长惩办作者,否则教师决不上课。学生们也不示弱,表示学生会是周刊的出版人,一切权责自负,且言论自由,并无过错。一时之间,全校停课,陷入停顿僵持局面,罢教风潮得不到解决。面对学生权力和教师权力的冲突,校长张伯苓采取不介入的策略,隐居家中,不到学校办公。十多天后,更宣布提前放寒假,次年第二学期开学再补考。第二年开学,教授不再提罢课,学生也无人庆祝胜利。张校长没有责斥教授,也未惩办学生,采取冷处理的办法,妥善处理了此次学潮。参见王云五、罗家伦等《民国三大校长》,岳麓书社2015年版,第251—257页。

② 仅举两例:1916年,毛泽东在湖南省立第一师范领导学生驱逐了校长张干;1925年,北京国立女子师范大学学生驱逐了校长杨荫榆。

定程度上保证了学术独立，有效维护了清华大学的独立与发展。当然，这种治理结构的形成，与当时整个社会的政治局面和权力结构是有关系的。当时南北两个政府对峙，清华远在北方，南京国民政府教育部鞭长莫及。清华还曾经有过11个月没有校长的"真空时期"，一切校务皆由教授会及教授会所产生的评议会和校务委员会处理，依然运转良好。总的来看，多方力量互相制衡，其合力方向还是有力促进学校发展的。在学生深入参与大学治理的同时，清华也出现一派兴旺的景象，校内民主氛围空前高涨。比如1928年9月18日，罗家伦就任校长演说时提出廉洁化、学术化、平民化、纪律化的施政方略，但很快《国立清华大学校刊》就刊登出学生袁翰青的《清华的新生命》一文，提出批评。袁文说："'建设新清华'是我们改进校务时一个重要的口号，但是如果新清华不能负研究高深学术和指导国民思想这两重任务，纵使新清华的当局怎样'廉洁'，校舍怎样富丽，学生怎样守'纪律'，生活怎样'平民化'，所建设的仍然是一个有新的外表，而无新的生命的清华。"清华也聚集了一批学术大师，产出了一大批学术成果，培育出了很多杰出人才，体现出了蓬勃开放的大学精神。

1949年之后，清华人才培养的指导思想变为又红又专，也有人归纳为"听话出活"。实际上，"听话出活"是一把双刃剑，它对于培养人的团队协作精神、高效率地完成工程项目是有利的，但在"听话"的原则下，学生只能被动地参与，失去了最重要的批判性思维，大学的学术水平和创新人才培养受到重大影响。到了"文化大命革"时期，一些具有知识文化的社会青年精英，不但不能成为促进社会进步的中坚力量，反而成为社会动乱的先锋，不能不说是大学的失败和悲哀。

哈佛大学前校长洛韦尔曾说："大学的存在时间超过了任何形式的政府，任何传统、法律的变革和科学思想，因为它们满足了人们的永恒需要。在人类的种种创造中，没有任何东西比大学更经受得住漫长的吞没一切的时间历程的考验。"[①] 研究历史是为了启迪未来。可以看到，在大学发展的历史长河中，学生权力一直是客观存在的，但其实现并不

---

① 参见［美］约翰·S. 布鲁贝克《高等教育哲学》，浙江教育出版社2001年版，第30页。

是一帆风顺、一成不变的，总是伴随着利益的博弈、权力的冲突，个别时期甚至出现暴力抗争的局面。不管大学几度兴衰起落，也不管各种权力如何此消彼长，学生参与大学治理的话剧总在不同的大幕上上演，无论是热烈、平淡，还是寂寥，它都像一根挣不脱的金线，贯穿历史，无法剪断。

第五章　中国学生参与大学治理的权力运行

　　我国有独特国情，学生参与大学治理，当然要遵循"世界通例"，但更要考虑"中国特色"。对今天的中国而言，顺应大学治理规律，切实提高学生参与大学治理的成效，已成为培养高质量人才、实现大学治理现代化必须面对的问题。要做到这一点，我们首先需要对中国学生参与大学治理的现状进行深入分析，思考当前是谁掌握了大学的权力，学生到底有没有参与分享大学权力，学生权力在大学治理中是一种什么地位，从而弄清学生是不是已经具备了参与大学治理的条件，存在哪些制约因素，应该从哪些方面去解决这些问题。

　　本章将从厘清学生参与大学治理"是怎样"开始，当"是怎样"弄清之后，很多"为什么"的问题就迎刃而解了。而要弄清"是怎样"，就必须依靠科学的研究方法。为了使研究更加集中并具有针对性，接下来，笔者选择学生参与治理的制度环境、参与治理的渠道以及学生个体行为三个维度，以权力运作对高校治理的作用和影响为切入点，采用访谈法、问卷调查法、案例研究法和比较分析法，从多个角度收集材料，在此基础上继续按照前面的分析结构从四个方面展开研究，即学生的资源、参与动机（动力机制）、参与能力、其他利益相关方态度（设定了何种边界条件）。通过探讨学生参与大学治理的现实状况，为进一步揭示中国学生参与大学治理存在的深层次问题及成因，以及提出学生参与大学治理的制度设计和对策建议做好铺垫。

第一节　中国学生参与大学治理的总体状况

　　通过文献研究和一些初步调研可以了解到，中国学生参与学校治理的内容主要集中在两方面：一是参与与学生生活、学习保障相关的事项；二是参与与教学相关的事项。参与的形式主要有依托学生会组织和学生社团，参加校长接待日或部门负责人接待日参与学校管理、通过评教参与教学管理[①]。按照不同的层次，参与有以下类型：知情参与模式（校长信箱、校长热线等）、行动参与模式（参与后勤管理、听证会）、决策参与模式（未成型）[②]。具体方式，主要有贴吧、BBS 学生论坛、学生网上评教系统、E-mail（电子邮箱）系统、校长在线、学生委员会等方式。作为研究基础，这些材料显然是不够的。还需要研究者深入学生中，通过面上调查和点上"麻雀解剖"的方法，掌握中国学生参与大学治理的第一手材料。

一 调查样本的选择与分析方法

本书选取湖北、北京、云南、浙江 4 地 6 所的大学作为研究的具体考察对象，分别代表我国普通高校的几种主要类型。采取随机抽样的方式，调查样本包含了"985"高校、"211"高校、"老牌"省属本科学校、新建本科学校以及一所民办院校。笔者在调查对象的选择上兼顾了院校类型以及自己对高校的熟悉度，以便开展调查、收集相关数据资料的有效性。在调查过程中，考虑到不同年级学生的实际状况，对各年级调查样本也进行了一定的控制。共发放调查问卷 540 份，实际回收 411 份，回收率为 76.1%；在回收的问卷中，剔除部分明显不符合答题要求的问卷，得到有效问卷 367 份。本次问卷调查学生样本的分布情况如图 5.1 所示。

对于调查数据，主要利用 SPSS 13.0 进行了描述性统计分析。主要从学生对参与大学治理的自我认知状况、学生参与大学治理的渠道、学生参与大学治理的制度环境三个方面展开调查。每所学校只选择一个学院的一个专业（各校之间尽可能选择不同类型学院）发放 90 份问卷，在控制从大一到大四各年级参与调查总人数的情况下进行调查。吸取以往学生反感"被调查"、问卷填写质量不高的经验，为增加调查结果的

[①] 黄琰：《大学生参与高校管理的制度保障研究》，硕士学位论文，西南大学，2010 年，第 18 页。

[②] 沈剑锋：《民族高校大学生参与高校管理的模式构建研究》，硕士学位论文，西南财经大学，2009 年，第 21 页。

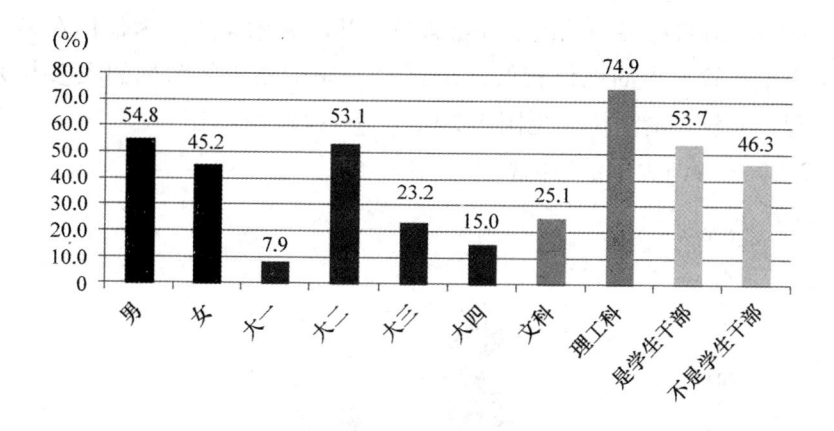

图 5.1 调查样本的分布

可信性，保证实际参与调查的学生的填答质量，每个学校通过二级院部主管学生工作的副书记委托给对应学院的分团委或学生会组织，按年级分配好调查问卷后，再通过走访学生宿舍和课间到教室的形式随机抽样填写，不强迫答题。

二 调查结果分析

（一）学生参与大学治理的自我认知状况

1. 学生对参与大学治理的重要性的认识

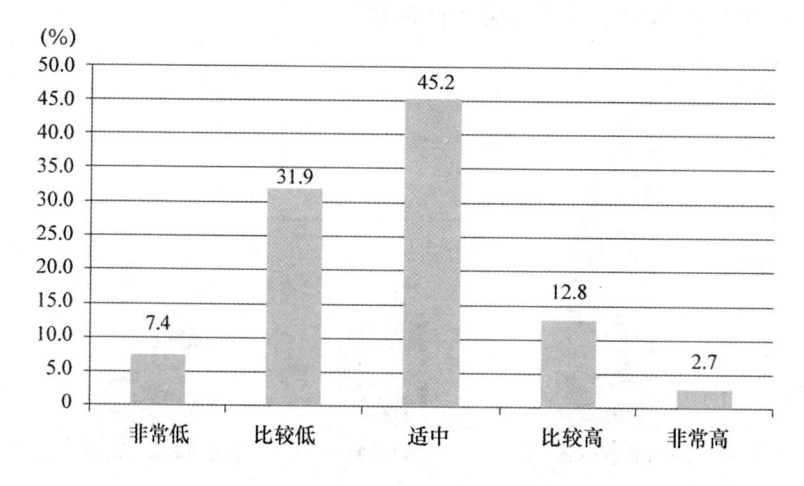

图 5.2 学生对参与大学治理的重要性的认识

130　成长：学生参与大学治理的权力研究

从学生对自己参与状况的评价来看，39.3%的学生认为他们在参与大学决策和管理中的地位较低，仅有15.5%的学生认为他们在参与大学治理中有较高的地位（见图5.2）。

2. 学生参与大学治理的权力认知

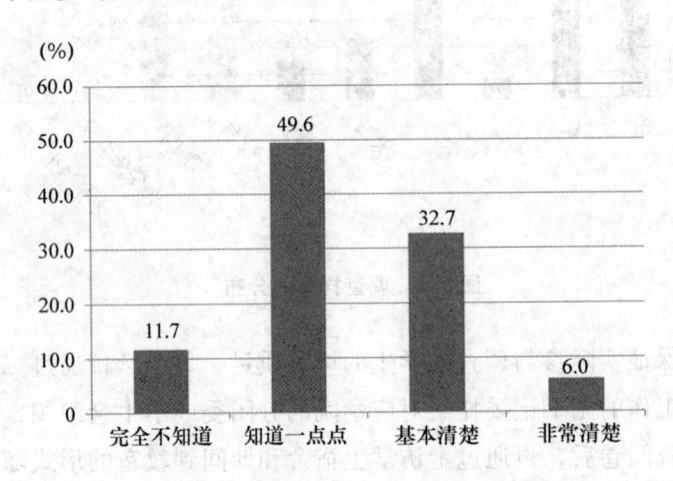

图5.3　学生参与大学治理的权力认知

调查发现，作为学校的利益相关者，61.3%的学生完全不知道或只知道很少的有关参与学校管理和决策的权力信息，仅有38.7%的学生认为基本清楚（见图5.3）。

3. 学生参与大学治理的必要性认知

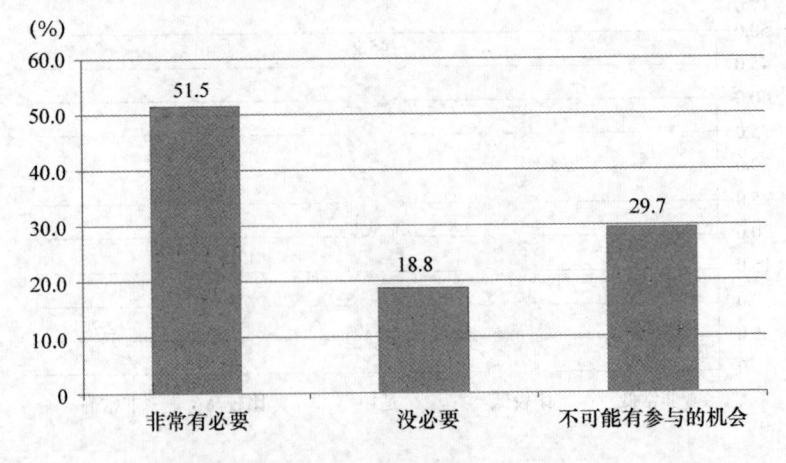

图5.4　学生参与大学治理的必要性认知

调查发现，51.5%的学生认为非常有必要参与学校的管理和决策，仅有18.8%的学生认为没必要，而29.7%的学生认为根本就没有机会参与学校的管理和决策活动（见图5.4）。

4. 学生参与大学治理的动机认知

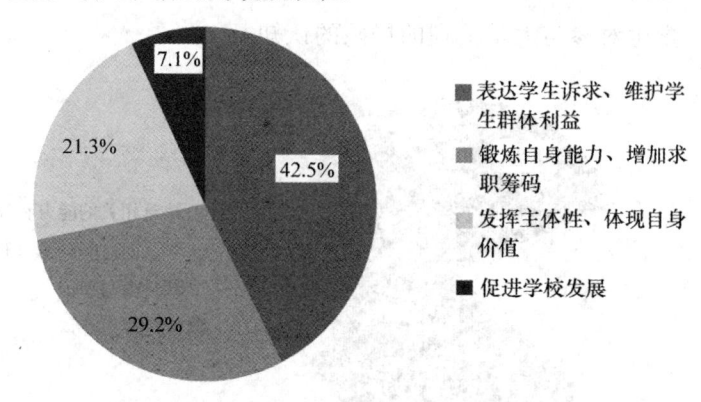

图5.5 学生参与大学治理的动机认知

调查显示，如果有机会参与高校内部治理，42.5%的学生认为他们的动机是表达学生诉求、维护学生群体利益，29.2%的学生认为他们的动机是锻炼自身能力、增加求职筹码，21.3%的学生认为可以发挥主体性、体现自身价值。可见，学生参与大学治理的动机主要体现在对自身利益的维护上（见图5.5）。

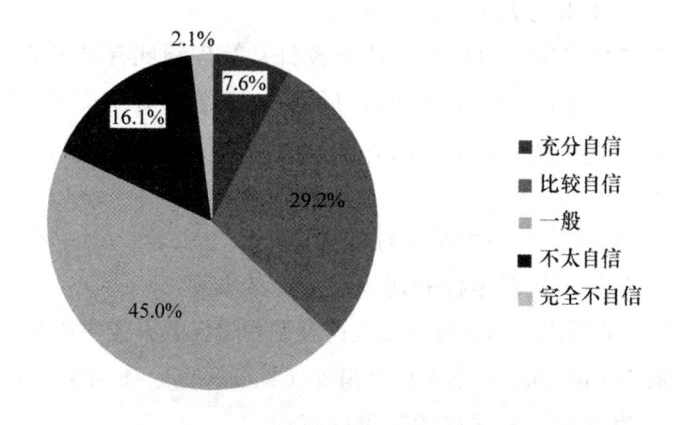

5. 学生参与大学治理的能力认知

图5.6 学生参与大学治理的能力认知

在"你是否相信大学生有足够能力参与学校民主管理和决策工作"的调查中，36.8%的学生对自己的能力自信，不自信的学生的比例仅有18.2%。可见学生普遍对自己参与大学管理和决策的能力的认识还不够明确（见图5.6）。

6. 学生对参与大学治理的局限的认知

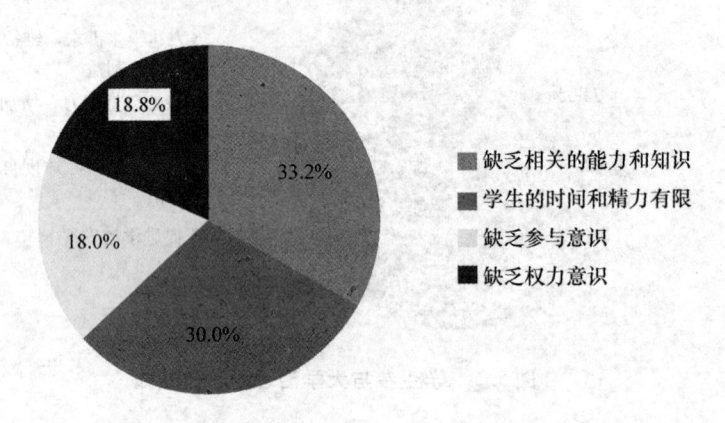

图5.7 学生对参与大学治理的局限的认知

在"你认为学生参与学校管理和决策存在的问题有哪些"的调查中，33.2%的学生认为主要因素是缺乏相关的能力和知识，30%的学生认为是学生的时间和精力限制，认为权力意识和参与意识欠缺是阻碍学生参与大学治理的主要问题的分别占18.8%和18%（见图5.7）。

7. 学生参与大学治理的愿望

在"你希望你可以在哪些学校日常管理领域有更多的参与机会"的调查中，学生在校园生活和学习环境、教学评估以及课程教学方法的改革、学生活动及学生组织发展等方面都表达了比较强烈的参与愿望（见图5.8）。

（二）学生参与大学治理的渠道

1. 学生表达对学校的建议和意见的渠道

从调查看出，学生对学校表达意见和建议的渠道主要包含学生会组织、校园媒体和校长信箱/学校意见箱等（见图5.9）。参与渠道总体单一。

2. 反映意见和建议的渠道的畅通性

图5.10展示了学生向学校反映意见和建议的渠道状况，从图中可

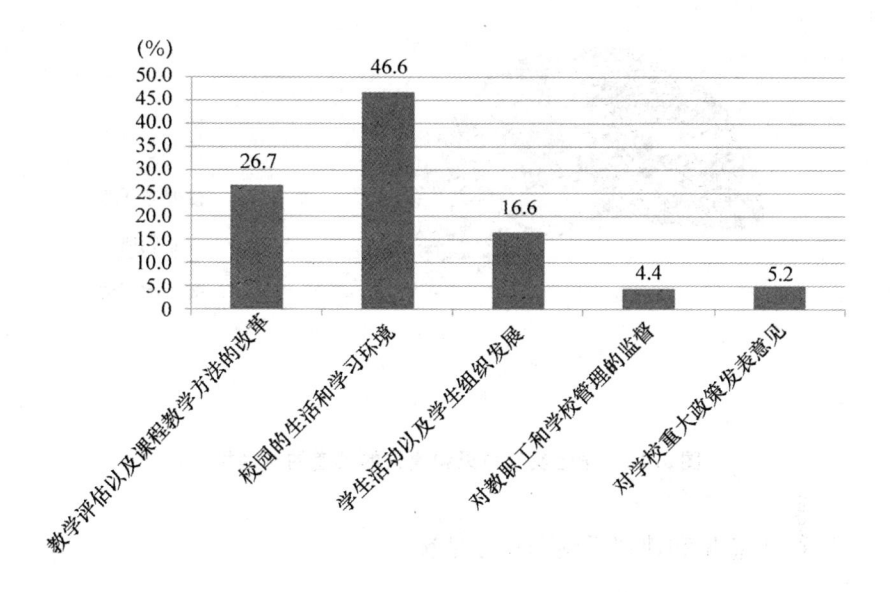

图 5.8　学生参与大学治理的愿望

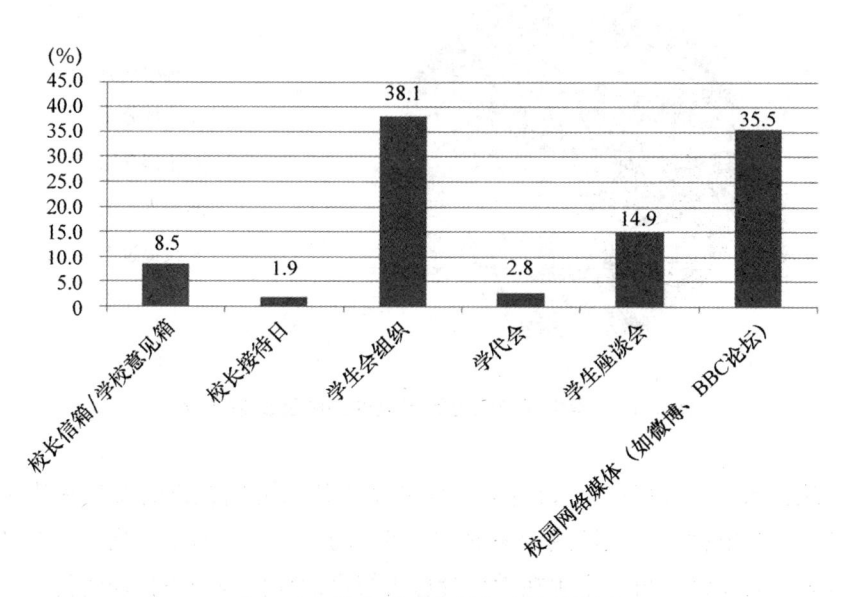

图 5.9　学生反映意见和建议的渠道

以看出，42.1%的学生认为渠道不畅通，25.9%的学生因未曾反映问题而不太了解；27.1%的学生认为基本畅通，仅有4.9%的学生认为有较畅通的渠道参与学校的管理和决策。

134　成长：学生参与大学治理的权力研究

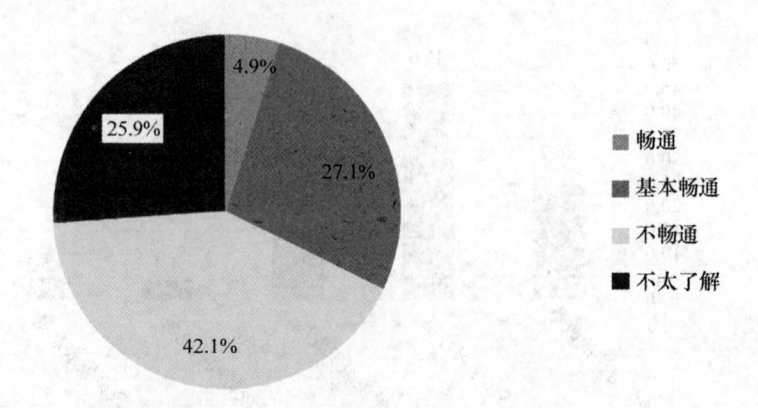

图 5.10　学生反映意见和建议的渠道的畅通性

3. 学生意见和建议采纳与反馈情况

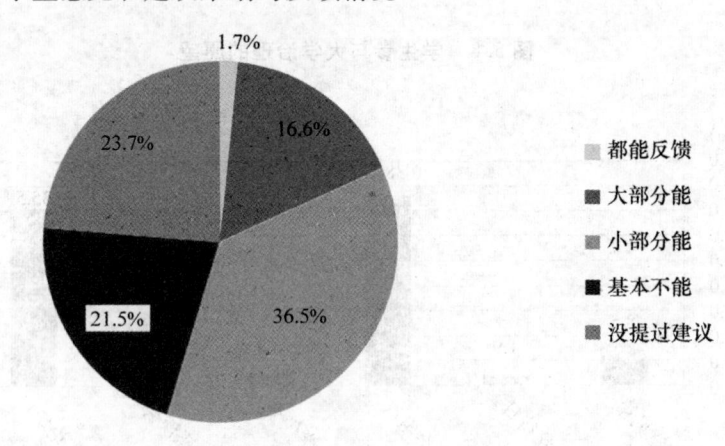

图 5.11　学生反映意见和建议的采纳及反馈情况

从图 5.11 可以看出，仅有 18.2% 的学生认为他们提出的意见和建议大部分或都能被学校反馈或者采纳，21.5% 的学生认为基本不能被学校采纳或者及时反馈。可见学生在学校管理决策中的地位被边缘化和弱化。

（三）学生参与大学治理的制度环境

1. 学生对目前学校的管理与决策工作的满意度

从调查状况来看，学生对学校的教师管理、学生管理、行政管理和后勤管理的满意度依次降低，尤其是行政管理和后勤管理，不满意程度分别达到了 32.2% 和 41.2%。当前学生对各项管理的不满意状况从侧

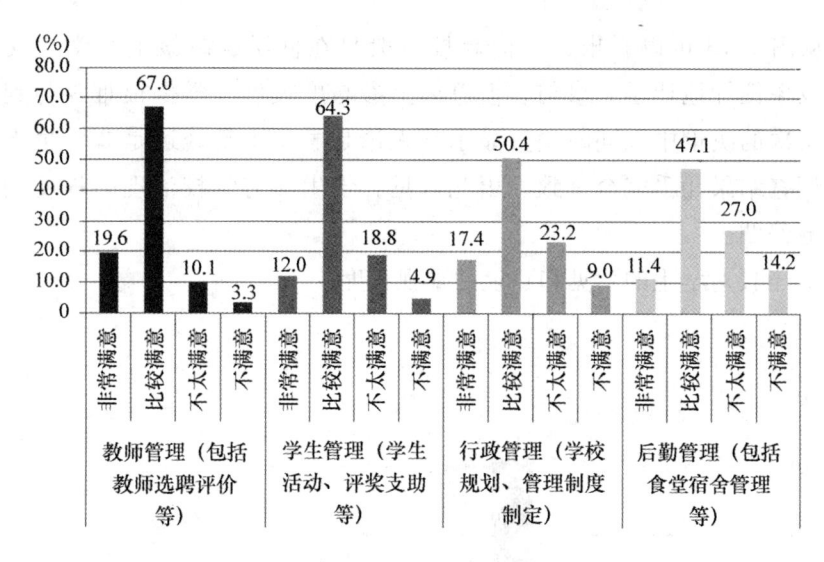

图 5.12　学生对学校当前各项管理的满意度情况

面反映了学生参与学校治理、为学校管理提供决策和建议，从而提高各项管理的效能和水平的必要性。

2. 学生参与学校决策的程度

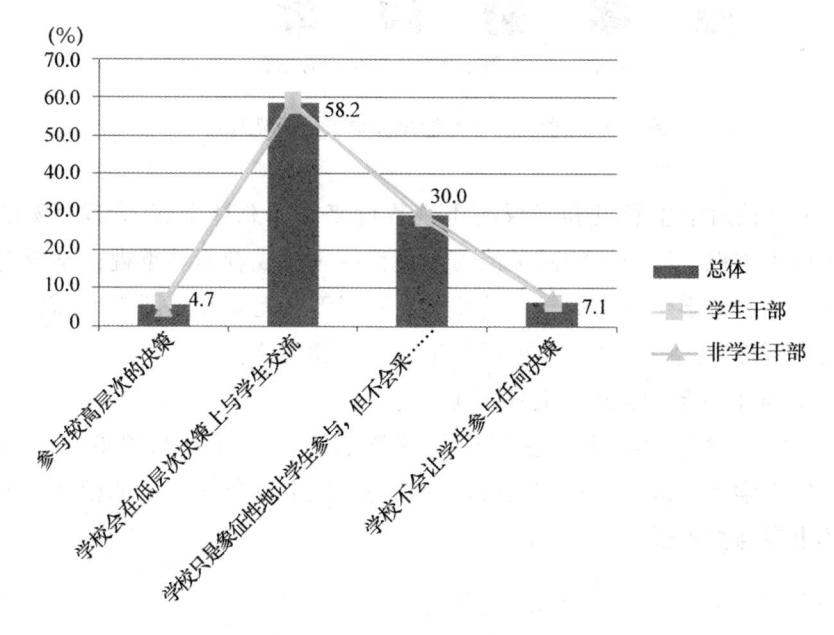

图 5.13　学生参与学校决策的程度

从图 5.13 可以看出，当前高校一般只在低层次决策上与学生交流，仅象征性地让学生参与，但总体上参与度较低，学生很难参与到较高层次的决策中。同时调查显示，无论是学生干部，还是非学生干部，调查结果几乎完全一致，由此可见，学生参与学校治理的程度确实普遍偏低。

3. 学校对学生的意见和建议的重视程度

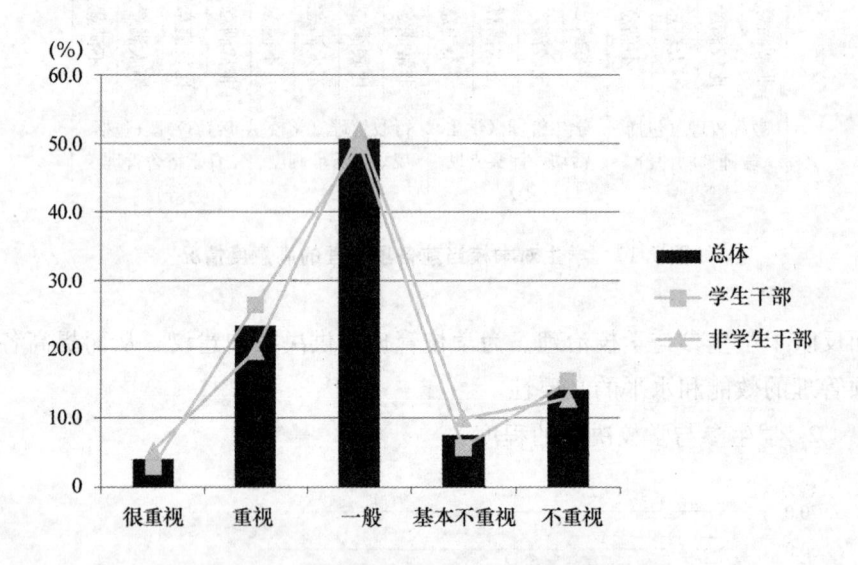

图 5.14 学校对学生意见和建议的重视程度

从学校对学生意见和建议的重视程度来看，总体上仅有 27.5% 的学生认为重视，72.5% 的同学认为重视程度一般或者不够重视；学校对学生干部和非学生干部的意见及建议重视程度并无差异。图 5.14 表明，学校在管理实践中，基本不重视学生的意见和建议。

4. 学生参与学校重大会议情况

从学生参与学校重大会议的情况来看，没有和不知道的占到了 51.8%，学生干部在学校重大会议的参与程度上较非学生干部稍好，但总体上参与性不强。

第五章　中国学生参与大学治理的权力运行　137

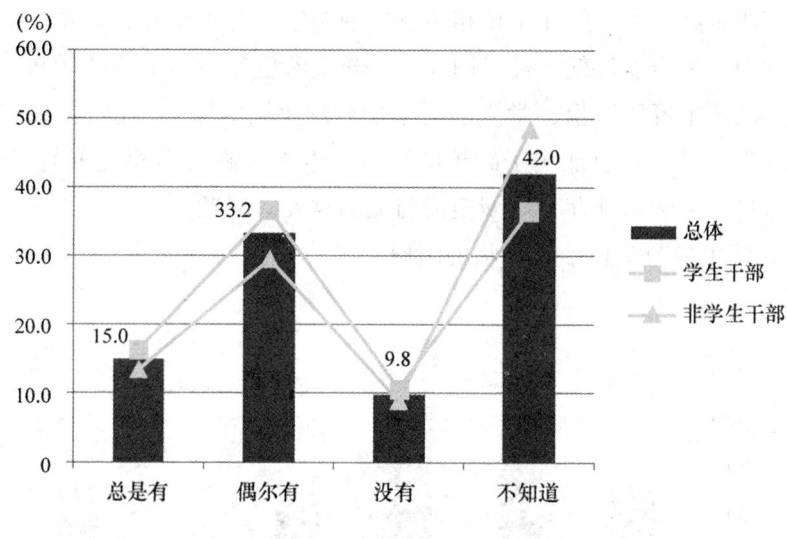

图 5.15　学生参与学校重大会议情况

5. 学生参与学校各项管理工作的理想与现实

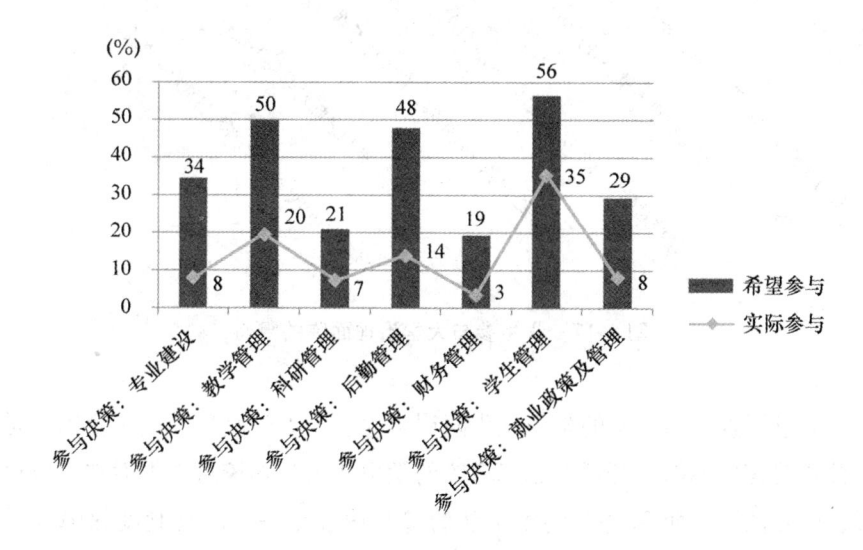

图 5.16　学生参与高校管理的现实状况及期望

图 5.16 中，折线部分表示学生实际参与高校各项管理决策的状况，从图中可以看出，学生参与管理决策程度较低，学生的决策活动主要集中在教学管理和学生管理两个方面。学生评教、寝室卫生检查等方面，

参与度相对高一些，但在学校相关制度的制定、对学校有关工作的监督与投诉中，参与度很低。柱状图展示了学生希望参与和决策的学校管理工作，从图中可以看出，学生参与学校管理决策的愿望是强烈的，"理想与现实"的差距也证实了高校应该给学生更多参与学校决策的机会。学生对参与大学治理存在高期望值与低满意度的问题。

6. 学生参与学校治理面临的阻碍

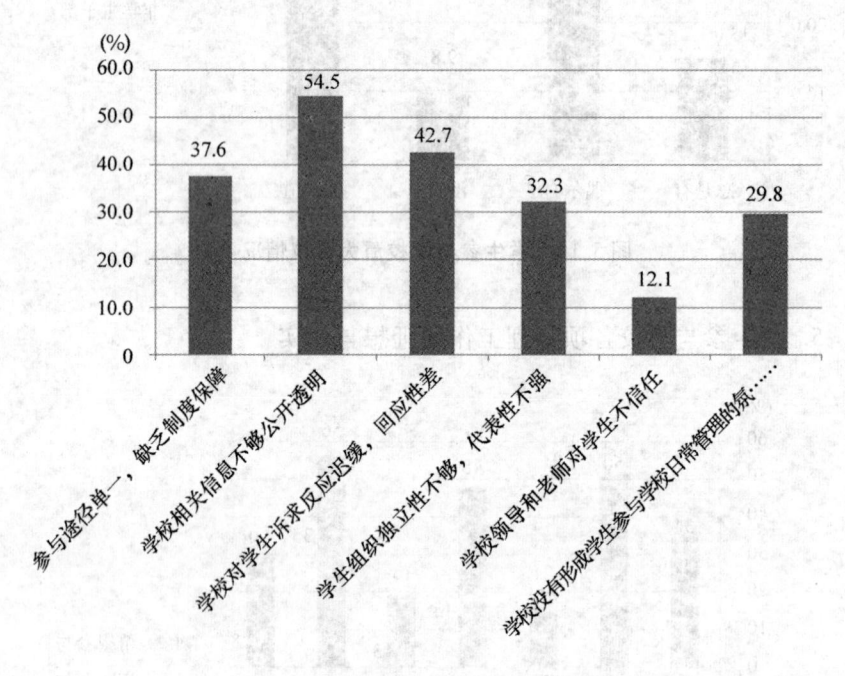

图 5.17 学生参与大学治理面临的阻碍

通过调查，54.5%的学生认为阻碍学生参与大学治理的最主要因素是学校相关信息不够公开透明；42.7%的学生认为是学校对学生诉求反应迟缓，回应性差；而37.6%的学生认为参与途径单一，缺乏制度保障（见图5.17）。可见学校的制度环境仍然是阻碍学生参与治理的关键因素。

三 问卷调查的主要结论

学生参与大学治理的自我认知，表现出三个特征：学生普遍认为他们有必要、有动机参与到高校的管理与决策中；学生认为他们在参与大学决策和管理中的地位较低,但又不明确自身参与治理的权力;学生对自己是否有能力参与大学治理仍然有较多人表现出不自信。

学生参与渠道单一,存在路径障碍。主要表现在学生参与的表达方式较多限于学生会和校园媒体,而校长接待日、学校会议、管理岗位等参与渠道缺乏,同时学生认为他们提出的意见和建议大部分都不能得到反馈或者被学校采纳。

学生参与制度环境方面,一是学生参与学校治理程度偏低,学生很难参与学校较为重要的决策;二是学校在管理和决策中,相关信息不够公开透明,参与缺乏制度保障,也缺少对学生诉求的回应机制。

第二节 中国学生参与大学治理的权力运行案例

量化研究揭示的是概率事件,更关注样本的一般特征,可以反映出当前学生参与治理的一些真实生态;而质化研究则强调具体,可以提供详细和鲜活的材料,进行追踪探讨,通过对个体的关注,得出有价值的资料。本节采用第三章提出的资源、动机、能力的分析框架,通过访谈和案例分析,希望将两种研究方法进行结合,得出可以与问卷调查互相支撑和补充的发现。

一 访谈对象和案例的选择

访谈对象主要包含了大学生、管理人员和教师。

对学生的访谈,包含了学生干部和非学生干部。学生干部有参与大学治理的经历,了解大学生参与高校治理的相关情况,具有一定的观察能力、反思能力和较好的表达能力,可以作为"主要信息提供者"。非学生干部则代表绝大多数未直接参与学校管理活动的同学的意见,但他们很多都参加过学校的集体活动。访谈样本上选择案例高校30名学生干部(校学生会干部8人,院学生会干部10人,班委12人)和30名非学生干部(参加社团同学10人,未参加社团同学20人)。在访谈方法上主要采用了一对一访谈,特殊情况下对少数几名学生采取了一对多访谈的形式,主要了解学生对自身掌握的大学治理资源的认识,参与大学治理的愿望、能力、动因与需求、影响因素,以及对参与范围、方式、渠道、程度的意见和建议。

对管理人员、教师的访谈，主要采取一对一的访谈方式。访谈对象包括15名辅导员、10名教师、10名分管学生工作的副书记、2名教务处处长、3名学工处处长、10名学院院长（含分管教学工作的副院长）、2名学校党委书记、1名校长、3名分管学生工作的副书记、1名省级教育行政部门思想政治教育处处长。主要是从高校管理主体的角度，了解他们如何看待大学生参与大学治理的问题，包括参与的必要性、参与方式、参与限度、参与保障、参与效果以及可能的制度、文化方面的参与障碍等。

案例的选择，除了一个案例来自报刊和网络资源外，其他都来源于在案例高校收集到的第一手资料和研究者9年来在一所案例高校3所不同学院担任分管教学工作副院长和分管学生工作分党委副书记工作中积累的材料。

二 访谈与案例研究情况

（一）学生参与大学治理依托的资源情况

从对60名学生访谈的情况看，包括民办高校学生在内，所有学生都认为，自己所缴纳的学费并没有对自己取得大学话语权发挥多大作用。原因在于学校掌握着毕业证学位，"自己不读有人读"，不在乎自己这几千元钱。对转到其他大学读书的看法，60名同学中有16名同学表示动过这个念头，但马上就放弃了，因为"转学需要非常过硬的关系，自己学校要放，还要找学校接收，省教育厅还要审批，环节太多，疏通还要花很多钱""玩不了也玩不起"。对出国去完成学业的看法，60名同学都表示本科阶段根本不可能，有5名表示考虑过出去读硕士，但还在犹豫，担心钱花得不值，3名表示已经定下来毕业后将出国深造。

访谈中，同学们反映，学校基本上不会担心学生采取对学校不利的行动，开展活动、管理学生、处分学生，都从学校的便利出发，较少顾及学生的想法和履行必要程序（比如随时到学生宿舍翻箱倒柜查抄大功率电器等）。但也有三怕：一怕学生"抱团"闹事，基本上发现苗头就迅速打压；二怕学生网上串联或在媒体上爆"学校黑材料"，对这块监控比较严；三怕学生出事，特别是连续、集中出现学生人身安全事故。

可以看出，学费、择校权作为学生参与大学治理的资源，在现行制度框架的约束下，已经难以成为学生参与大学治理的权力来源，学生权力式微。相反，网络信息技术的发展反而促进了学生组织资源的形成，给学生提供了通过舆论监督保护自身权利的渠道，增强了学生与学校博弈争取治理参与权的筹码。

（二）学生参与大学治理的动机

学生参与的一个关键问题是要解决激励机制和动力机制的问题，还需要考虑其参与后"个人收益"和"社会收益"是否一致的问题。访谈发现，越是基层的教师和管理人员，越对学生参与需求印象深刻。一位辅导员总结，现在孩子大多是独生子女，在家里没有兄弟姐妹，从小直接跟大人对话，不再是被教育成"大人说话，小孩别插嘴"的一代了。80%的被访谈者都谈到有过多次学生主动向自己积极表达参与动机的经历，而且都认可学生参与大学治理对学生本人、大学、社会都很有意义的观点。

研究者也在工作中深刻体会到，涉及切身利益的事情，学生不平则鸣，往往主动发声。下面是一个案例。

案例1

一案例高校为便于管理，两年中3次在学期中进行全校范围内的宿舍调整，让学生跨楼栋搬迁。在操作程序上，学校并没有听取学生的意见、履行相应程序，引发学生较大反应，下面是几个学生在学校贴吧的发言。

学生1：虽然我不用搬寝室，但是我为"搬寝人"发言。

先不说，从开学以来我们在这个寝室待了整整一年。这里的空气，这里的时间流速，这里的一尘一埃我们都已经习惯了，搬去的地方说不定时间过得更快，灰尘说不定更多，你能赔我的青春容颜不再嘛！哼！

左邻右舍我们都习惯了，若是搬走了又得重新经营感情，谁知道时间长了感情会不会断，谁又能保证新的感情会朝好的方向发展？而且我们花了一年的时间来整理寝室、装饰寝室，这里就像我们第二个家。不管和室友好不好，这里是我们每天入眠、每天休息、每天新的起始之地。如若换了寝室，我们又要重新装扮，重新开始,青春本就不长,我们为何要如此摧残消磨它呢?

如果大家真的不想换寝室,可以集中在一起交流、讨论,在如今这个现代化的年代,我们可以用正确的方式表达出来!学生也有人权!为什么不让我们说话?

学生2:听说学校最近忙着换寝室,但是学校考虑过学生的感受吗?征求过学生的意见吗?我们都是大学生了,他们就这么无视我们?说搬就搬。开学时怎么不安排好。学生这么热的天搬寝室多么不容易,学生习惯了自己的生活环境,突然换寝室还得适应,马上考试了,学校想过会不会影响学生吗?反正我问过好多同学,都不乐于换寝室,那学校又是搞什么?做学生不喜欢做的事,而且还有男女混合楼,我也是醉了。学校真的想出名啊。惊现高校混合楼,就差男女混住了。只是个人观点,想为学生争取点权利,学校不要完全无视学生可好。

学生作为年满18岁、具有法律上完全行为能力的个体,完全有决定与自身住宿有关事项的权利。这个案例表明,尽管学生参与动机十分强烈,但由于缺少话语权,其权利还是容易受到侵害的。

(三)学生参与大学治理的能力

有6位一线辅导员表示,大学生已进入成人阶段,他们的身心发展已达到一定程度,可以辨别事理,有一定的自律能力和批判能力,年轻且精力旺盛,思维活跃又富有创新精神。而且他们对有关现实教育问题十分敏感,往往乐于提出解决方案,渴望在学校管理中发挥自己的想象力和创造力。给他们提供机会,让他们在参与学校管理中培养民主意识,学会接受并主动承担责任,成熟心智,形成自己的思想和观点,是大有裨益的。

下面两个案例就说明了这一点。

案例2

×学院学生主动与该学院分管学生工作的书记交流短信

学生:×书记您好,我是学院的一名学生,想和您说说一些想法。今天我们院的国家奖学金名单大概确定了,这次按照智育排名顺序来确定的，这次虽然有同学没被选上，但是也输得心服口服啊，让认真学习的同学得到应有的认可，我希望在接下来的国家励志奖学金的确定时也可以按照各班智育排名前二发放!!!!校级奖学金可以按照各班前几名依次发放!!!!让那些平时认真努力并且家境不好的同学得到应有的认可。这样，这些同学才能更好地去学习，更好地起好带头作用。如果按照单纯的票选，有的成绩好的排在前两名的同学可能不会被选上，因为票选免不了有内幕。其实学院的学风不好，很多时候就与这些因素有关，您试想如果平时认真努力过的成绩排名前边的同学最终因为票数之差没被选上国家奖学金或者国家励志奖学金，而让那些考试作弊排名靠后的同学选上，这样会让这些成绩优异的同学心里怎么想？这样会让他们心里有多大的落差？说句好听的，那些心态好点的同学还好，如果那些成绩优异的同学心态不好，指不定会做出些啥出格的事来。同时他们也无法起好学习的带头作用，因为他们的劳动成果没有得到认可。这样的票选同时也让同学之间的关系变得很尴尬，学风也会越来越差。所以，我们学院采取的票选方式实在没法做到公平，唯一的方式就是按照成绩排名来发放，这样就绝对没有一个同学敢有怨言!!!希望书记您能关注这次随后几天的国家励志奖学金以及校级奖学金的发放，也希望我们学院采取像其他学院那样按照成绩排名放弃票选的方式发放奖学金，让认真学习的同学得到应有的认可，以此鼓励学院更多的同学去好好学习，让学院的风气越来越好。希望您能够真的重视这件事情!!!同时希望我们学院能够正确地传达消息给班长，督促班长做好工作!!打扰了。

  书记：谢谢你对集体的关心。没有完美的方法，那如何综合考虑积极为集体做事的同学们的情况呢？我们也很苦恼，请直接讲意见，不必顾虑。

  学生：谢谢您的回复。我知道您考虑的是啥。我来给您分析一下。对集体做贡献的无非这几类人：班委和学生会，以及寝室长还有个人的一些活动。这类同学在附加分一栏比普通学生肯定会高出很多。他们做的贡献也得到应有的回报。那么综测成绩=智育+德育+体育+附加分。所以这类同学的综测排名肯定也会上去。如果在选奖学金时按综测排名的话，他们这类同学也没有吃亏。但是还有一类同学，他们没有附加分，但是他们学习很认真，他带给班里的贡献就是起到一个学习的带头作用，让班里有好的学习氛围。虽然没有附加分但是您不能否认他们的价值。就拿国家励志奖学金来举例，如果每个班的前5名就是这两类同学，那么按照综测排名来看，选上第一、第二的可能就是成绩好的同学，这样对于排第三、第四、第五的同学来说，并没有不公平。全班同学也没有人会有意见。相反，如果按照投票，因为投票肯定会有内幕，有的班上甚至在投票前已经商量好投谁，然后他们这群人就拿着5000块钱出去吃喝玩乐了。那么票选，肯定是会有内幕的，也肯定会弄僵同学间的关系，也会有成绩一直排名最前的同学总不会被选上的，这样的票选是不可取的。我在想，为什么我们院不采纳像环境、机械、纺织、会计等学院那样直接就按照综测排名的方式来确定名单呢？这样，大家都会心服口服，这样我们院的学风也会越来越好，也让同学们能在一个凭真本事的环境里成长。

书记：这个意见和辅导员交流过没有？

学生：去年就已经有同学给辅导员提过了，但是辅导员的意思是顺着学院惯例来办事，不想做什么改变。所以今年希望学院能重视这件事情！！

面对多元文化和社会生活，当前大学生利益诉求涉及内容广泛，既包括作为受教育者在接受教育服务过程中的各种问题，又涉及作为公民个体的自身权利与其他利益问题，学生不缺少组织起来争取自己权益的热情。随便进入一所大学的贴吧，那些不断跟帖发言的热帖便可证明。下面再以一个笔者亲手收到的学生递交的联名信为例。

案例3
一封学生主动联名写给××学院领导的信
学院领导：
你们好！
记得大一刚把我们××学院七八班分入复合材料系时，有多位学院老师来对我们进行宣传，说我们新开的复合材料专业是多么得好，最重要的是几位老师对我们反复强调了说会有四百万元资金用于我们复合材料系实验室建设，会让我们尽快做上复合材料的各种高性能专业实验，我们当时听到这个消息是多么得激动。转眼我们大三都过了一半了，专业课也上了不少了，可我们居然还没做过一个复合材料专业的实验，而且老师说我们的实验室下学期都不一定建得成，说还有很多问题没解决。我们着急啊！作为工科专业学生的我们居然连一个专业实验都还没做，一个早就说好的实验室到现在都还没建成，我们怎么能不着急！我们就想问问，这问题到底出在哪儿了？为什么资金都到位了，实验室却就是建不成？什么时候能解决这些问题？当初说得信誓旦旦，到如今却成了一句空话，我们心里真的好难受。

希望学院领导能尽快给我们复合材料专业同学一个真正的实验室。

2014 年 12 月 15 日
复合材料专业全体同学

（四）学生参与大学治理的制度环境与参与渠道

从另一个角度看，学生参与大学治理的制度环境与参与渠道问题实际上即大学利益相关方对学生参与的态度问题，是支持还是压制。访谈情况表明，整个情况都不是很理想。在知情权方面，6 所案例高校每年都有一笔可观的预算用于学生管理和学生活动，但这笔经费有多少，花在哪些方面，不管是学校还是学院层面，事前不会听取学生意见，事后都不会向学生公示、通报；在经济权方面，有学校直接与网络公司签署协议，强制学生使用某家公司服务；在人身财产权方面，多所学校直接进入学生宿舍翻箱倒柜查抄"大功率电器"；在学习权方面，有学校为压缩办学开支，对专业培养计划进行缩水，缩短学期，取消必修课程、压缩课时。学生权利被侵犯后，在校内又没有救济机制，只能徒呼奈何，甚至引发一些意外事件。一所案例高校每年学生都为考研复习时自习座位不足引发很多事端：老师私下指定引发学生投诉；学生争抢引起斗殴；甚至没有考研需求的学生抢到座位后在贴吧出售。学生会和学生个体都多次向学校管理部门和校长信箱反映，希望增加座位或制定一套座位分配办法，但一直得不到回应，最后爆发了一起学生打砸自习室的事件，学校只好将自习室封闭维修。事情的结果是所有利益相关者都受到损失。

再看一所案例高校的做法。这所学校的校长是清华大学博士，有德国留学背景，比较重视学生的意见。2008 年 10 月，该校成立了校长顾问团学生小组，并让他们列席校长办公会。

案例 4
学生参加校长办公会议政校务

近日，校长×××在行政楼 A306 主持召开了校长办公会，校长顾问团学生小组的四名学生代表列席会议，参与讨论了学校在校务管理、教育教学、"三风"（校风、教风、学风）建设等方面的问题，这是我校充分发扬民主、创新学校管理的新举措。

会上，四位学生代表汇报了校长顾问团学生小组过去一年来的工作情况，对学校在校务管理、教育教学、"三风"建设等方面的情况进行了分析并提出了一些建议。就同学们提出的问题与建议，办公会进行了专题研究。会议充分肯定了校长顾问团学生小组积极开展的工作和取得的成绩，认为要进一步健全机制，搭好平台，让学生多渠道地参与到学校管理中来，有更多的知情权和发言权，更好地发挥学生在学校发展过程中的"管理者、建设者"的积极作用。

一直以来，我校都在积极探索民主治校的思路和实践，早在 2008 年 10 月就成立了校长顾问团学生小组，今年已是第 4 届。这些学生来自各个学院，对他们来说，有很多共同关注的、跟自己切身利益相关的问题，如老师讲课是否满意，学校提供的条件包括食堂、教室、宿舍，有哪些需改进的地方，学籍管理是否合理等。几年来，他们围绕这些问题开展调研，搜集意见，讨论分析，撰写调研报告，提供给相关部门和学校领导，极大地促进了学校工作的进展。同时，学校还积极开辟新渠道，搭建学校与学生的交流和沟通平台，鼓励和引导学生参与学校管理，比如书记、校长电话公开，可以随时拨打、发短信；书记、校长信箱面向全体学生开放；定期召开学生代表座谈会等。这些措施让更多的学生有知情权、发言权、监督权，极大地拓展了学校民主管理的新空间。

来源：案例高校校园网综合新闻栏目，2013/3/28

与很多学校相比，这所由师专和职院合并而成的新建本科学校的做法比较开明，与以前相比也有很大的进步。但笔者访谈该校中层干部和辅导员后发现，学生参与还仅仅停留在象征性的仪式化的参与上，存在于纸面上和新闻报道中。一些学生权利核心层面的问题，学生并没有参与权。该校还发生过一件事，在一位校领导出事后，学校要求所有学生不得讨论或提及相关事宜，如查出有在网站（贴吧）发言者，将给予通报等处分。学校禁止学生讨论的做法是对学生言论自由权的侵犯，给予学生处分更是毫无依据，是学校处分权的违法使用。

学生社团是高校学生参与大学治理的重要依托，是以学生自治形式参与大学治理、实现消极权力的重要方面，是案例研究不能回避的部分。研究者选取我国一所"985"高校作为分析样本[1]，《中国青年报》对该校"学生没有社团经历不能毕业"进行过专门的报道[2]，可见该校在国内高校中，属于相对比较重视学生社团工作的。这个样本还可以呼应前面提到的俄亥俄州立大学的案例，可以进行对比分析。

案例 5

这所大学对社团进行分级管理，明确规定："本校学生社团按挂靠部门分为 A、B、C 三组。A 组指由学校各部处直接领导并在其具体指导下开展工作的学生社团；B 组指在校学生会社团联合会具体指导下开展工作的学生社团；C 组指在学院团委直接指导下开展工作的学生社团。"[3] 不同组别的社团只能参加相应层次的评奖。这种将社团分级的做法，从起点上就有违权利平等的原则。在该

---

[1] 参见天津大学网站 http://www.tju.edu.cn。
[2] 张国：《天津大学启动课外实践教育课程化改革：没有社团经历，学生不能毕业》，《中国青年报》2015 年 4 月 17 日。
[3] 参见《天津大学学生社团管理条例》第九条。

校,名义上申请注册一个新的社团与俄亥俄州立大学提交的材料很类似,并不复杂。但实际上差别却很大。"成立学生社团,应向校学生会社团联合会提交申请,由校学生会社团联合会审核同意,报经天津大学团委、天津大学保卫处审查批准,并依照本条例的规定进行登记。一般不准成立跨校、跨地区的社团,不准成立以籍贯为纽带的社团。"① 在提交相应材料后,申请者还要领取并填写《成立学生社团筹备申请表》,填写后交由校学生会社团联合会审批。校学生会社团联合会在收到筹备成立社团上交的申请表后的30日内,进行调查并审核其提交的各项文件,做出批准或不批准筹备的决定或修改意见。可以想象,要成立一个社团,这些申请者除了要找好婆婆之外,需要跑多少次行政楼、盖多少章,都是不确定的,不可能做到像俄亥俄州立大学网上提交那么简便。

对社团的管理,该校是这样规定的:"学生社团归校党委领导,校团委受校党委委托负责指导各级各类学生社团的日常工作。经校团委授权,校学生会社团联合会是学生社团的业务主管部门。"② 该校保卫处、学工部、校团委联合发布的《学生社团活动审批有关规定》明确要求,社团"活动期间要随身携带审批表以备检查,如检查时未带审批表则视为未经批准,将责令停办活动"③,其管理还细致到"各学生社团举办活动所使用的宣传品的制作和悬挂需严格符合规范……灯箱布宽度不得超过5米,条幅长度不得超过12米"④。

该校团委、学生会和学生社团联合会还专门下发了一个《学生社团管理条例补充说明》,其中第八条规定:"所聘请的指导老师应加强对社团活动经费的管理,每次活动收入、支出都应有详细的记录,以便日后核查。"这说明社团经费不是自主管理的。该文件第二条明确规定:"不符合学生干部任职资格,不得担任社团负责人。"由于"学生干部任职资格"是一个只能进行个别判定的概

---

① 参见《天津大学学生社团管理条例》第七条。
② 参见《天津大学学生社团管理条例》第五条。
③ 天津大学学生社团活动审批有关规定(http://news.twt.edu.cn/?c=default&a=pernews&id=38477)。
④ 参见《天津大学学生社团管理条例》之《学生社团宣传品规范》。

念，这说明其人事权也不是学生可以自主决定的。该文件第二十八条还规定，所有社团组织的校外活动，如果主管单位及大学学生社团联合会认为活动有潜在危险，则该社团另需准备包括每个参与户外活动的社团会员的家长书面同意该学生参加户外活动的签字证明等材料，并经主管单位及大学学生社团联合会共同验证后，方可举办该活动。

将这所学校的做法与前文中俄亥俄州立大学进行对比，可以发现：第一，我国对学生社团的管理控制比较严格，其自治权并没有得到尊重，所有社团都是由学校行政部门管理的，无论在人事上，还是在资金管理上，都受到学校的强力控制，对学校的依赖性强，实际上没有多少自治因素；第二，我国缺少对学生社团的服务；第三，中国大学学生社团并不活跃。由于缺少自主性，不少社团属于"冬眠"社团、"僵尸"社团，一般在每年9月大学迎接新生时，在辅导员、团委老师工作需要时，才举办一个应景的活动，此后就悄无声息了。所谓每年年检也流于形式，是否继续登记，往往就是主管老师的一个态度。前面所谓"学生没有社团经历不能毕业"，实际上是学校将学生课外实践教育课程化、学分化，将学生"课外社团活动"列入必修课，每人必须修满8个学分才能毕业，这实际上并不符合社团自主自愿的原则。

学生会是中国所有高校内部最大的学生组织。研究学生参与大学治理的制度环境和参与渠道问题，必须对学生会开展活动的情况进行分析。一所案例大学正好于2015年5月31日召开第三十五次学生代表大会，为研究者提供了一个极佳的分析案例。

案例6

该大学学生会对其基本任务的描述是以下方面：①充分发挥"桥梁"和"纽带"作用。疏通学生与学校之间的正常民主渠道，倾听和反映学生的建议、意见和要求，参与涉及学生的学校事务的民主管理，代表和维护同学的正当权益。②倡导和组织同学进行自我服务、自我管理、自我教育。积极组织有益于同学成长成才的学习、科研、文体、公益等活动，努力为全校同学服务。③加强与校内各有关单位的联系，争取最广泛的理解和支持，密切与各兄弟院校学生会的关系，增进友谊，交流经验，加强合作。④积极负责地完成上级组织布置的工作任务。①

可以看出，除了第四条之外，前面三条与研究者提出的维护学生权利、通过自治和参与大学治理分享大学权力的提法是比较一致的。接下来我们就通过这次学代会来看学生实际参与大学治理的情况。

会前，先分别以共青团学校委员会（学生会受学校团委领导）、校学生会的名义向学校党委和省学生联合会提交召开会议的请示，得到批准后，会议才正式召开。会议代表357名，来源主要是学院学生会成员和班长、团支书，大部分是辅导员老师"内定"或根据他们意愿"选出"的。其中大一学生70名，占19.6%，大二学生177名，占49.6%，大三学生85名，占23.8%，大四及大五毕业年级学生25名，占7%。可以看出，对学校事务更熟悉、自治能力更强的高年级学生比例很小。会议代表中，党员72名，占20.2%；共青团员245名，占68.6%。会议文件中是这样描述代表情况的："其中学生干部和党员占了较大比重，他们用自己的辛勤工作，赢得了广大同学的信任，同时也进一步增强了本次代表大会的议事能力。"② 会议主报告回顾了学生会两年来的工作，在14页的报告中，直接反映学生会代表学生参与大学治理、维护学生权益的只有以下内容："举办'校领导面对面活动'13期……以学生和校领导、各职能部门面对面互动的方式，推动解决了自习室安排、学分学费收取、教三道路修缮、医学部自强超市建设、校车超载及车辆紧张、热水涨价及寝室维修、校园路灯增设等多项学生关心的权益问题"。③ 可以看到，该校学生会在形式上做到了让学校领导和学

---

① 资料来源于武汉大学网站 http://openday.whu.edu.cn/xywh/2014-06-02/9.html.
② 武汉大学第三十五次学生代表大会代表资格审查报告，武汉大学第三十五次学生代表大会会议材料，第21页。
③ 武汉大学第三十四届学生会工作报告，武汉大学第三十五次学生代表大会会议材料，第23—36页。

生坐在一起讨论学生关心的问题，尽管十分难得，但可惜的是，与前面问卷调查发现的结果一样，学校只在低层次决策上与学生交流，仅象征性地让学生参与，总体上参与度还是较低，学生没有参与到较高层次的决策。与前面列出的学生会的几项基本任务对照，差距也很大。

会议提案工作报告，还向学生代表反馈了第三十四次学生代表大会的提案解决情况[1]，笔者整理如下（见表5.1）。

表5.1　案例高校第三十四次学生代表大会提案反馈解决情况

事务层面	具体事项	解决办法
学习生活后勤保障	樱花开放期间，交通拥堵，学校秩序受影响	保卫部制定应对办法
	星湖湖面多水草，校园内垃圾处理不及时	环卫中心已进行处理
	雨天校园积水严重，影响出行	道路维修已竣工
	教学楼内饮水机年久失修	已维修和更换
	校园网网速慢和覆盖不全	信息中心正在解决
	图书馆资源未充分发挥作用	图书馆增加资源平台
课程教学	课程时间、学期分布不合理	各院系召开座谈会，听取学生意见
	实践机会少，上课内容空洞、单调	增加实践机会
	学习过程中与其他院系和跨年级交流少	学校多开跨系、跨年级选修课
课外活动	讲座和活动宣传力度不够，容易错过	加大新媒体平台发布力度
学生组织建设	校学生会与各院系学生会及院系学生会各部门之间沟通不够	校学生会开展多项活动，加强交流

分析这个报告，可以发现，学生在提案中，基本上只是一种呼吁、

---

[1] 武汉大学第三十五次学生代表大会代表提案工作报告，武汉大学第三十五次学生代表大会会议材料，第37—44页。

请求者的角色,学生没有主张自己的权力,并没有对学校权力提出质疑和不满,也没有表现出向学校权力领地扩张的企图。就提案中具体事务来讲,学生事务集中在学习生活后勤保障方面,没有涉及学生奖学助贷评选发放、学生评奖评优、学生工作部门出台的相关政策评价等更核心的方面;课程教学层中,涉及人才培养制度的制定与修订、课程的设计与安排、教学管理的实施、教学质量的监控等除了专业的选择与调整外的各个方面;但在发展战略层(办学指导思想、办学定位、发展规划,校园文化等)、学校管理制度层(学校相关管理制度的制定与实施、学校管理机构工作态度与作风)、人事层(教师的选择与选拔、其他管理服务人员的工作评价)这些核心层面却暂付阙如。笔者的访谈也证实了学生会在学校核心事务上缺乏力量的状况。一个学生会干部抱怨学校的饭菜质量问题,他并没有找负责帮学生维权的学生会权益部,而是选择了上学校论坛发帖的方式,理由是"闹大了还起作用,也不直接让团委老师为难"。

  总的来看,这所学校学生会虽然缺乏自主性,但还是在为同学服务。笔者在另一所案例高校访谈了解到的学生会状况则完全违背了学生会组织成立的初衷。该校为了节省办学开支,将学生培养计划缩水,授课教师很多也是临时聘请的在读硕士研究生,还以毕业实习的名义,一个学期的时间不给学生排课(学费、住宿费照常收取)。该校还将学校电脑室晚上改为收费网吧,在学生宿舍一楼开设收费健身房、台球室等。为了防止学生反映,该校对学生组织严密控制,发现有意愿、有胆量为学生利益说话的学生干部就迅速解除他们的职务,只吸收那些顺从听话、愿意打小报告的学生加入。学校则通过一些利益交换对这些学生进行收买。学生组织不仅起不到反映学生呼声、帮助学生维护权益的作用,反而异化成帮助学校监控学生不满情绪的团体。赤裸裸的商业规则严重背离了人才培养的方向。这些事情发生的深层次原因,值得我们认真反思。

第三节　当前中国学生参与大学治理的主要症结

  由问卷调查和访谈案例可以看出,在当今大学生民主意识和权利意识日益高涨的形势下，中国大学治理体系和治理能力还难以满足大学内部学生群体的利益诉求，学生参与大学治理的效果还难以令人满意。总的状况是学生参与资源缺乏、动机受限，能力受到压制，存在参与领域较狭窄、参与途径单一、参与组织发展滞后、参与渠道梗阻等问题，使得学生权力在民主治校中难以发挥作用。

学生权力参与方式包括组织参与、个人参与和中介代理参与（如委托教师、辅导员代表）三种。尽管中国很多大学硬件设施已经很现代化了，但从治理现代化程度来看，还相差较远，学生参与大学治理的方式并没有同步，很多学生参与变成了学生"被代表参与"，其身份和角色被管理人员、教师和辅导员越俎代庖。

一方面学生想参与，另一方面政府也在尝试，制定了一些法规。一些学校校长也在努力推动，在北京大学、清华大学等很多大学的章程和综合改革方案中，都提到了支持学生参与大学治理的问题，但学生参与治理的状况还是不佳，成效并不显著。调查中的一个重要发现是目前在对待学生参与问题上，国家、社会、学校的态度实际上是矛盾、摇摆的。一方面感到学生参与是人才培养的需要，应当让学生参与，但另一方面，又担心学生得到参与权力后越界，局面失控，怕学生参与；学生自身的态度也很纠结，一方面想参与，另一方面又感到缺少发展空间，缺少单纯公正的环境，参与被制约，投入的精力和得到的收获不成比例。于是出现了制度在像模像样地设计但效果存疑的局面。无论在学校制度、学生参与渠道、形式还是学生自我认知上都有很多地方需要改进。此外，还有少数学校管理者的观念陈旧，对学生参与大学治理的基本态度还是"管""压""堵"，认为学生权力是大学赋予的，大学当然随时可以收回，最好的情况也只是将学生参与作为盆景中的观赏植物，需要时摆出来应付一下场面而已。

总之，在学生参与大学治理问题上，政府、社会、大学管理者、学生，这些利益相关方自身和相互之间都存在变革与守旧、名与实、动机和效果的冲突，主要表现在以下方面。

（一）学生权利保障不足，学生参与大学治理期望值高、满意度低

有超过一半的学生参与大学治理的意愿是强烈的，主要体现在成长成才和权力利益两大方面，认为学生非常有必要参与学校的管理和决

策，认为参与学校治理是他们成长成才的途径之一，是他们的权利。36.8%的学生对自己参与大学的管理和决策的能力有充分的自信。学生对学校的教师管理、学生管理、行政管理和后勤管理的满意度依次降低，尤其是行政管理和后勤管理，不满意程度分别达到了32.2%和41.7%。也就是说，学生参与大学治理有源自学生内在的较普遍、强烈的成长成才和权力利益诉求。一部分学生渴望参与大学治理、成为治理中的角色，一部分学生对学生参与问题很关心，他们基本上都对学校提供的学生参与大学治理的制度条件和常态化渠道不满意。

（二）参与制度设计和组织机构不完善，存在"玻璃门""旋转门"现象，学生参与权力虚置

首先，学生组织本身发育成长不良，部分学生对学生组织缺乏信任。学生会是大学中正式的学生自治组织。学生自治组织的意义在于代表学生相对"独立"地行使自身权力，体现学生的权力意志。因此，并不能简单地将其与倡导和组织同学进行"自我服务、自我管理、自我教育"画上等号。但在中国大学的治理过程中，学生组织并不独立，其成员很大程度上是老师选拔指定而不是通过民主选举产生的，团委、学生会、社团联合会等学生组织的所有活动都处于团委学工部的领导之下，成为这些部门行政管理职能的延伸。学校在事实上掌握着学生活动所需的一切资源。学生活动所有经费均来自学校团委学工部，但并没有独立的预算户头，每笔开支都必须经过学工部分管老师的批准。即便学生为活动拉到商业赞助，赞助经费的开支一样需要得到老师的批准。从结果上看，6所高校学生活动尽管表现形式不同，水平高低差别明显，但模式基本是一致的，学生活动的自主性、创造性受到学工管理体制的约束，缺乏真正意义上的自治，也无法在代表学生行使权力方面发挥有效作用，学生组织变成学校利益的代表而不是学生利益的代表，难以反映广大学生的诉求。由于没有发挥学生的主体性和学生组织的自治功能，学生工作运行动力只能来源于管理者，在学工系统普遍人手紧张的情况下，辅导员仅有精力待在办公室与少数学生干部以及所谓的"后进生"交往，对绝大多数学生却缺乏关注。尤其是受多年行政化管理和竞争选拔性教育的影响，有些地方还将学生分成三六九等，听话的、帮助老师做事的学生会得到评优奖学金等好处，并被安排去管理、监督、防

范另一部分同学。还有极少数学生干部利用学生组织的资源进行"权力寻租",攫取私益或特权。"教育的使命是教学生懂得人类的多样性,同时还要教他们认识地球上的所有人之间具有相似性又是相互依存的"①,而这种学生管理方式只能在教育场域中塑造出更多的竞争性个人主义者和"孤独的"公民②。这些情况,使得大多数学生从心理上认定其权力的参与性已经被虚置,不认同官方的学生组织。学生会在学生中的"公信力"不足,缺乏号召力,甚至学生会成员自身也会质疑组织存在的价值和意义。

其次,学生参与渠道不畅通,参与事务的层次较低。目前学生参与大学治理的形式主要包括以下几种:通过学生会或学生社团参与;通过担任学校管理委员会、宿管会、膳食管理委员会等自治机构代表方式参与;通过担任各类教学、学工、后勤等事务部门助理的方式参与;通过校长、书记信箱或利用微博、微信、论坛等新媒体工具向学校反映意见等方式参与。总的来看,学生参与决策的层次基本上停留在前期的信息搜集阶段,内容基本上集中在日常的衣食住行等方面,决策权力缺乏有效的制度支撑。高校一般只在低层次决策上与学生交流,仅象征性地让学生参与,学生的参与还被限制在食宿和文体活动等相对"安全"的领域,停留在知情权、监督权、建议权的初级层次,学生不能参与实质性决策,远未达到以行使行动权、咨询权和评议权为核心的中级层次和以行使决策权、表决权和投票权为核心的高级层次。学校层面提供的参与条件不足,学生的从属、被动地位并没有改变。

(三)常态化运行机制缺乏,学生参与大学治理的效能较低

学生参与治理没有在体制上得到确认,在学校中尚缺少明确的程序和机制,学生参与学校治理的范围不广,参与程度不深,参与频次少,质量低,参与行为对提高大学治理的整体效能起到的作用小。各方对参与效果都不满意,存在管理人员、教师、学生互相指责的情况。一方面,尽管中国不少高校进行了一系列鼓励大学生参与学校管理的尝试,

---

① 联合国教科文组织:《教育——财富蕴含其中》,联合国教科文组织总部中文科译,教育科学出版社1996年版,第83页。

② 叶飞:《竞争性个人主义与"孤独的"公民——论公民教育如何应对公共品格的沦落》,《高等教育研究》2013年第2期。

学生也参与了学校的一些治理活动，但很多学校在推进学生参与大学治理的过程中，没有广泛征求学生的意见和诉求，而是出于制造亮点的考虑，凭学校单方面的意志想当然地单方面推进，是"走过场"式的"象征性参与"，对于学生的诉求缺乏回应，使学生"被参与""被做主"，偏离了学生参与大学治理的预期目标。还有不少学校对学生参与大学治理态度消极，压制学生的参与需求，仅有的一些参与活动还是以发布信息、实现学校目标为目的的"虚假参与"。这就使得学生总体上参与度较低、参与方式僵化。另一方面，参与治校机会缺乏使学生缺少相应的能力锻炼，学生在参与中常常表现出意见不明确、从众心理较强、缺乏组织、目标分散的问题，特别是涉及关键环节、实质性内容时，往往缺乏有秩序、高质量、实质性的参与。自身能力不足又进一步降低了学生的实际参与动机，在一定程度上压制了学生参与大学治理的主观能动性和创造力，使参与行为难以发挥实际应达到的效能。在这种低效能的情况下，学生对于参与治校的满意度降低了，参与动机也随之降低，形成一个恶性循环。

第六章　中国学生参与大学治理的权力困境与成因

　　通过对中国学生参与大学治理的权力现状的调查和症结的思考，引发我们对造成其困境的成因和问题源头的思考。习近平指出，国家治理体系现代化是"在党领导下管理国家的制度体系，包括经济、政治、文化、社会、生态文明和党的建设等各领域体制机制、法律法规安排，也就是一整套紧密相连、相互协调的国家制度"[①]。问题出现，原因当然不会是单一的，涉及文化、政治、经济、社会等各方面，需要进行系统、深入的考察。

　　马克斯·韦伯认为，当城市居民不再以家庭和血缘部落为纽带而是互不相识的个人积极参与公共话题时就进入了现代社会。现代社会中理想的情况是秩序和正义都得到实现，垄断的权力（power）消解分散为民众的权利（right）。中国正在步入现代社会的进程中。

　　西方国家高等教育有自治和自由化的传统，政府监管少，不管是学生参与大学治理的权力运行的市场模式，还是学术权威模式，都与中国政府严格监管的国家集权模式差别巨大。中国高等教育有自己的特殊性。中国历来就推崇儒家的圣人政治，讲求师道尊严。西方的传教士也观察到中国的政治体制是建立在父权这个神圣的自然法则之上的，法律与伦理道德融为一体。贤明的君主、良好的法律、健全的行政机构，构成了中国这样一个不同的世界。[②] 这种历史文化传统，使得以学生为本

---

　　① 习近平：《切实把思想统一到党的十八届三中全会精神上来》（http://news.xinhua-net.com/politics/2013-12/31/c_118787463.htm）。

　　② 张宏杰：《饥饿的盛世：乾隆时代的得与失》，湖南人民出版社2012年版，第106页。

的观念、学生作为大学利益相关者应当被平等对待的观念，难以真正成为人们的文化自觉。加上外部对高等学校长期的集权管理和大学内部由此生成的行政化集权控制，使得中国学生参与大学治理的权力运行困难重重。

第一节　集权治理与学生权力生长空间

学生参与大学治理作为一种权力运动方式，其实现必须在一定的空间与轨迹里运行。中国大学的治理属于国家权力模式下的"政府对大学集权"和"校内党政权力集权"的双集权体制，这种体制使学生权力缺少生长空间，基本处于缺位状态。

一　机会治理导致学生缺少权力资源

目前，学术界对我国大学治理问题的症结基本达成共识，就是治理结构问题，行政权力太大，缺少制约。这种治理结构，使得当代中国大学治理呈现出一种比较典型的机会治理状态。政府对大学的治理、学生的诉求与大学内部的考核评价都嵌套在这一逻辑中。所谓机会治理，是指政府和大学治理过程中表现出来的机会主义倾向，学生参与大学治理呈现出非制度化、非程序性、非规则化等机会主义特征。机会治理主要体现在两个层面：一是治理缺少价值追求，治理权力主体采取各种机会主义的手段争取自身利益最大化。一元化集权模式下，从政府到学校，很多时候都贯穿着只讲结果不问过程、只讲目的不注意手段的治理逻辑（例如为了"取得博士、硕士授予权""更名大学""专升本"，一些地方政府和学校会共同制造一些假数据、虚假投入承诺，并以正式公文形式上报）。少数学校负责人强调"提高人才培养质量"，出发点和落脚点却是争资源，出"政绩"，眼睛盯着更高的位置，学生成为工具，学生的参与活动、培养教育过程，并不是从学生成长成才出发的，以"假大空"充斥。二是治理规范化程度低，导致治理结果不均等，难以形成稳定的预期。各种行政规制无法可依，无中生有，一切以管理者利益最大化为转移。保障学生权力的规章虚化、空化，限制学生权力的规章细化、僵化，挤压了学生权力生长的空间。

机会治理的根源在于权力过度集中的体制。自 20 世纪 50 年代以来，我国高等学校一直实行一元化领导体制。80 年代改革开放后，虽然逐渐摆脱了全能主义政治，在一定程度上实施放权，但从宏观上看，政府对大学集权的格局没有发生根本改变，政府仍控制着大学的绝大部分资源、掌握着大学的发展命脉。而且大学内部长期集权形成的官僚管理体制很快又被市场大潮缠绕、侵袭，学生缺少参与权力分配的资源和条件。

根据前文的分析，学费和择校权是学生掌握的最核心资源，也是学生进入大学权力场的"入场券"。但在集权体制下，由于国家财政对学校进行财务保障，招生计划也被严格控制，甚至招生增减一人都需要国家教育行政部门的审批，造成学校（这里主要指本科院校）对学生学费敏感度不高。转学对没有强大社会资源的学生来说，基本上不太可能。"学费""择校权"作为学生拥有的核心资源，其中包含的权力因素被阉割，难以转化为实际权力，学生参与大学治理也就失去了条件。

进入 21 世纪后，出于建设中国特色社会主义高等教育体系和实现高校治理能力现代化的考虑，国家一直在积极推进相关改革，但可惜成效并不特别明显。学生处在学校行政管理关系网络的底层，学生群体在学校组织中处于权力链条的底端的情况，并没有根本改变。在高校管理体系中，学生只能按照学校管理层发出的各种指令行动，这也限定了学生组织的影响力，使学生权力成为大学治理过程中一种被忽视的力量，甚至是不被承认的权力。学生权力受到法律规制、行政规制、经济规制，学生权力空间受到切割，运行收益成本倒挂，参与活动难以持续，出现"上不着天（无法进入学校决策层）、下不着地（无法得到学生认同）"的局面。

治理规范化程度低，也是当前学生权力难以生长的重要原因。由于大学的干部选任和考核完全按政府官员的选任模式进行，更多追求的是政治性目标和价值取向，实际掌握大学权力的校级领导，其权力来源完全在于上级领导机关的组织部门，大学里的教师和学生基本没有发言权（只对中层行政管理干部有考核的投票权和推荐权，但并不是起关键作用的核心力量）。人的自身利益是结构性和有限理性的，在既定约束下必然追求自身利益最大化，由于大学领导者并不属于国家最核心的掌权者行列①，书记、校长缺乏激励，根据委托代理理论，容易出现"公地悲剧"。作为理性经济人，他们关心的不会是大学价值总量或"长期发展的最大化"，而是大学"现有可使用量的最大化"，关心的是自己现在的"政绩"，即利益争夺的对象是大学的短期支配权，而不是大学现在和将来的长远利益。由于教师、学生都已成为原子化的个人，只有非常有限的参与权，尽管学校设有工会、教职工代表大会、学术委员会、学生会等组织，国家法律也有相应规定②，但也都在学校党政权力的掌控下，无法形成对大学内部党政权力的监督制衡。加上国家外部监督太远太弱，更多的是一种"秋后算账"的惩罚式的监督，在这种大学党政权力独大的治理结构下，由于权力缺少监督制衡，大学就容易出现内部人控制的局面。据笔者对数所省属高校的观察，当一个强势的学校党委书记在一所大学任职 5 年左右的时间时，就会以他为核心，形成一个像水波一样一圈圈扩散出去的"圈子"，掌握学校核心权力和资源的部门中层负责人就基本上都变成了"圈内人"，这些官僚化的行政人员代表国家掌控着大学的核心资源，学校的发展方向、文化风气、人财物的调配等基本上都在这个圈子的掌控之下，整个大学生态都可以被改变。在这种背景下，大学主政者所奉行的逻辑，往往既不是学术规律，也非管理通则，而是被官僚化修正过的"机会主义逻辑"，只讲结果不问过程，为达目的不问手段，只要能给学校和自己捞到好处，"出政绩"，要项目时"跑部钱进"、评估时"包装作假"，很多事都可以公开集体去做。于是出现了以下现象：一方面，无底线地迎合给予大学权力、资源的党政部门和企业③，同时无视教师、学生、家长、校友、用人单位这些利益相关者的观感，将文凭、专业调换等一切

---

① 笔者统计分析了湖北省 1999 年以来的高校主要负责人与地方党政负责人交流任职情况，政府官员只有在仕途受挫或者需要解决级别待遇时，退休前别无选择才会调往高校，同时意味着"船到码头车到站"；相反，从大学调到政府部门任职的，都被认为是重用，而且实际上也是提拔的开始。这从一个侧面证明了大学在国家权力体系中的地位。

② 《高等教育法》第 42 条规定，"高等学校设立学术委员会，审议学科、专业的设置，教学、科学研究计划方案，评定教学、科学研究成果等有关学术事项。"第 43 条规定："高等学校通过以教师为主体的教职工代表大会等组织形式，依法保障教职工参与民主管理和监督，维护教职工合法权益。"

③ 例如 2016 年曝出的湖南某大学滥发文凭，造成恶劣影响，事发后原党政主要负责人被同时撤换的事件。

根本不可以市场化的东西市场化①；另一方面，它又无视社会和学生的需求、期待，不讲办学条件、不讲培养质量地建起各种"短、平、快"的专业，用膨胀的规模来换取经济上的利益和上级的重视和奖励。这些做法从根本上破坏了学生对公平公正的信念，动摇了学生对大学权力公正运行的信心。

此外，政府将大学作为一个下属行政部门对待，要求大学承担很多其根本无法承担的责任，大学要面对很多与办学完全无关的事务，大到维稳、小到迎接街道的各种检查。在权责失衡局面下，为了防止可能的风险，导致大学不得不利用各种非常规手段寻求在正常的范围之外解决问题，通过挤压学生正常活动空间来减少学生出事的概率，这是机会治理行为出现的一个客观原因。前面提到的学生外出需要家长签字同意的"社团管理规定"便是在这种背景下出台的。

这些问题体现在大学人才培养上，就是各方面对学生培养说起来都非常重视，但实际运行中并没有真正把学生发展和需求当一回事，而是主要考虑两点：一是通过一些仪式化的学生活动"闹场子"，制造"亮点"，出政绩；二是如何减少官僚机构的责任，把学生管住，不要出事。在这种局面下，当学生寻求权利救济与其他诉求事项时，管理者为避免承担责任，会以"没权管不了"来推脱；当管理者侵犯学生的权益时，又缺乏制度设计对其进行有效的监督和制衡，导致各种矛盾和压力向外转移。在这种环境下，使一些学生也跟着采取机会主义态度去参与大学公共事务，维护和争取自身权益，甚至去获取一些不正当利益。

总之，如果大学缺少自主权，如果不能从法律上约束权力机构，大学生参与大学治理的权力问题是不可能得到较好解决的。

二 学生权力实现机制缺乏

学生参与大学治理的机制就是在大学治理过程中，行政权力让出空间，使学生权力在制度和组织设定的参与范围内，通过一定的参与方式，保证其参与发生作用的一系列运作过程。

从机制的运作形式来分，大学协调内部运行的机制有四种：通过计

---

① 比如某些大学独立学院的"学位门"事件。

划、行政的手段进行的行政—计划式；以指导、服务的方式进行的指导—服务式；以监督、指导的方式进行的监督—服务式；以市场交易的方式进行的市场式。从前文关于西方高校学生参与管理的实践看，基本上这四种运作形式都有，比如学生参加董事会就属于行政—计划式；体现消极权力的学生自治社团运作就通过市场方式筹集资金，学校通过培训社团负责人和要求社团每年注册对社团进行指导和监督服务。反观我国大学治理的现状，学生参与在很大程度上只是一种仪式化的点缀，比如学生代表参加教代会、校务会，实际上与其他权力相关方并不是一种可以平等对话的关系。指导—服务、监督—服务、市场式运行机制都未实现。

从机制的功能来分，有激励机制、制约机制和保障机制。西方大学学生权力运行中，这三种功能都比较完善，有一套完备的制度和文化体系支撑。与它们相比，我国学生参与权力却呈现出一种负向激励的状态，学校奖励的是听话甚至是经常向老师汇报其他同学情况的学生，对主动出面争取学生权益的学生则多采取压制的态度。学生参与权受到压制后，也缺少相应的救济和保护办法。在前面的案例中，学生被频繁要求换宿舍，学校采取的是层层下达任务的行政命令方式，根本就没有听取学生意见的程序。学生的正当权利受到损害，对学校的不满情绪也在积聚。学生参与大学治理不是行政化治理，不可能在国家意志单一化的格局下实现，而是要根据学生的内在需求进行差异化治理，要变"管理覆盖"为"全员参与"。要实现这一点，将对学生权力的制度保障和组织设计落到实处，需要借助大学外部的力量，借助那些可以为大学提供资源的组织和个人，比如政府、社会、校友等等，这就需要实施机制的丰富和完善。

三 学生权力在实施上的弃位

有两个基本因素影响着学生参与大学治理的程度和效益，即参与者的素质和治理的制度，这两者不可或缺。但相比而言，人的因素更重要。作为学生个体，其参与动机、参与能力对其能否参与大学治理，能在多大程度上参与大学治理影响是非常大的。学生不能参与大学治理的原因还可能在于缺少参与机会、权力、信息、认知。接下来探讨学生自

第六章　中国学生参与大学治理的权力困境与成因　163

身因素是不是造成学生参与效果不佳的原因。

（一）学生参与治理的动机受到抑制

学生愿不愿意参与大学治理，实际上就是学生参与的动机（motivation）问题。案例研究已经表明，个别高层管理人员在访谈中谈到的学生缺少参与需求和平等对话的话语权的判断是不符合实际的。参与动机受到遗传、环境和教育因素的影响。参与公共事务，对学生个人而言，是权利也是义务，是对集体和社会尽的义务，也是培养他们责任感的方法。学生需求，有显性需求和隐性需求。有些需求，学生目前认识不到，将来工作后会认识到。但由于学校一直不予以满足，最后好像变成他们不需要了似的。毕业生离校时，一些学校要防备学生打砸财物，出现这种状况，当然是学生对学校的感情不深，根本原因在于学生在校时权利得不到尊重和保障。

马斯洛的需求层次理论是解释动机的重要理论。该理论提出个体成长的内在动力是动机。而动机是由多种不同层次与性质的需求（need）组成的，而各种需求间有高低层次与顺序之分，每个层次的需求与满足的程度将决定个体的人格发展境界。人有生理、安全、爱与归属、受尊重、自我实现五个层次的需求（见图 6.1）。前四种是缺失性的，第五种是成长性的。缺失性需求起源于实际的或感知到的环境或自我的缺乏。个体会努力从环境中寻求能使其需要得以满足的东西，无论是物质上的、人际关系上的还是社会地位上的。这些需求的满足，完全依赖外界。而第五个层次自我实现则是自我主导的，自我实现的动力来自人内在的审美需求。真正属于人格成长的就是第五个层次的自我实现。需求层次理论指出，如果前几个低层次的需求没有得到满足，人就难以发展到高级的人格成长阶段。学生进入青春期后就容易叛逆，不愿意被人管束。管理自身事务、对利益相关的事情发表意见，是人的天性。相比西方大学生，中国大学生并不是特殊材料制成的，其生理、安全、爱与归属、受尊重、自我实现这些需求一点不会少。

笔者观摩过好几所美国大学的秋季社团招新盛况，跟国内相比，确实气氛热烈，参与的学生从心底发出那种邀请你加入的微笑。原因何在？心理学家认为，人的动机可以分成外在动机（extrinsic motivation）和内在动机（intrinsic motivation）两类。比如学生为获得家长、老师的

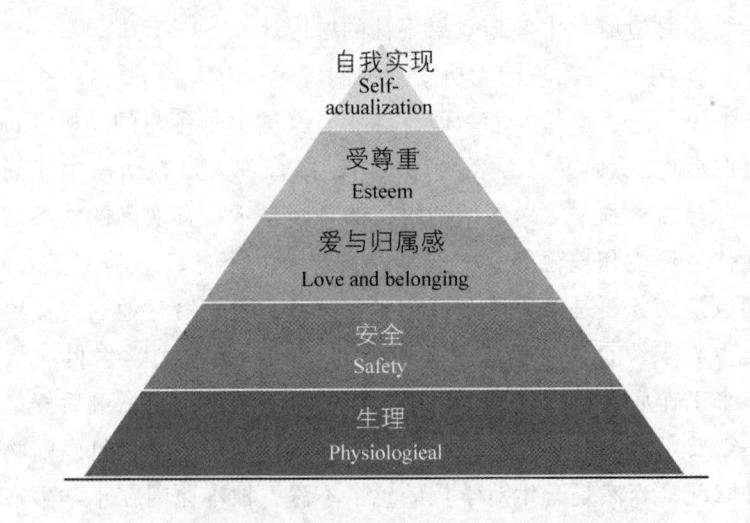

```
                    自我实现
                     Self-
                   actualization
                  受尊重
                  Esteem
                爱与归属感
              Love and belonging
                 安全
                 Safety
                 生理
              Physiologieal
```

图 6.1 马斯洛的需求层次理论及其对应学生参与类型

认可和加分奖励去参加活动就属于外在动机，如果单纯就是因为喜欢去做某事（比如去听一场感兴趣的讲座）就属于内在动机。笔者 2014 年对一所大学材料学院的学生参与讲座的动机进行了持续一年的跟踪调查，结果表明，大部分学生是同时抱着外在动机和内在动机去参加的，还有至少 1/3 的学生是因为外在动机来的。而在欧美大学，学生出于外在动机去参加校园活动的比例是很少的。耶鲁管理学院（Yale's School of Management）开展了一项著名的案例研究。研究者选取美国西点军校 1997—2006 年报到的 10238 名新生进行追踪调查，在入校的第一年，调查这些学生加入西点军校的原因，其中包括"工作机会""经济原因"等外在动机，以及"想成为一名军人"等的内在动机，随后追踪哪些学生顺利完成了学业、哪些学生毕业后在部队发展较好。研究结果并不是我们一般设想的那样，同时拥有内在动机与外在动机，事业成功的比率会高。恰恰相反，单纯拥有内在动机的人事业成功比率高过同时持有内在动机和外在动机的学生。这就启发我们，需要更加重视激发学生的内在动机。

当然，学生有参与治理的动机和他们愿意真正投入精力去做不是一回事。就如需要技术进步是一回事，人们是否愿意投身技术创新以及由此决定的技术进步率是否加速则是另一回事一样。作为学校,不能只是被动地等待学生的内在动机被激发,而是要设计出一种激励机制和动力机制,加快这一进程,让学生更积极主动地去参与大学的治理。

总之,中国学生一样有参加大学治理的动机,只是由于文化差别和经济社会环境的不同,他们不太善于表达,而且还有在大学权力运行之中受到抑制的原因。由于学生权力处于大学权力圈的边缘地位,学校希望学生辅助学校进行管理,对学生权力进行压制,使学生不能像其他权力主体一样有决定自身行为的权利,比如学校一方面表示培养学生的爱国情操,但当学生表达出爱国情绪时,学校又进行压制,担心学生"越界"。

(二)学生参与大学治理的能力缺少施展空间

如果学生是有参与动机的,那么是不是因为学生缺少参与能力而影响了参与效果呢?调研中,几位大学辅导员谈到,少数学生自制力很差,不能按时起床,整天玩电脑游戏,甚至个别学生连期末考试都不参加。出现这种状况的原因主要是中小学阶段被管"狠"了,家长和老师没有注意培养他们的自治能力,所以在大学相对宽松的学习环境下,一些学生反而不能适应了。现在大学生多为独生子女,见识广,只要把他们的习惯纠正过来,他们的发展潜力是很大的。

两位学校领导、三位中层部门负责人也表示,自己希望学生参与到学校的管理中去,还给学生提供了相应条件,但"缺乏管理能力是学生行使权力的最大困难"。几次活动效果不佳,就感到没有必要再为学生提供参与的资源条件了。但这些现象背后的原因真是学生能力的问题吗?

笔者认为,症结不是学生有没有能力,而是学生能力施展不开的问题。当然,不可否认,由于学生在高深学问领域只不过是初学者,在大学治理的一些方面缺乏做出有效决策的能力。比如制订学科发展规划、课程计划,等等。但这并不等同于他们不具备评判一个方案好坏的直觉。而且他们还可以根据他们信任的学者专家的选择来投票。至于学生个体的素质能力问题,问卷调查结果显示,学生普遍对自己参与大学的管理和决策的能力认识还不够明确,45%的学生认为一般,18.2%的学生不太自信,只有36.8%的学生对自己的能力有充分的自信。伊利诺伊香槟分校教育学院一位教授看过这个数据之后,向笔者表示,与他们在美国大学的调查数据对比，这个比值差别并不大。作为一项制度，在美欧的很多大学，学生占有学校治理委员会席位已经运转了几十年。在美国，学生代表加入董事会很常见。在明尼苏达大学等一批公立高校中，行政和学术委员只能旁听董事会会议，而学生代表却有投票权。如果我们认可大陆学生并不比西方学生能力差的话，这个观点是完全没有说服力的。而且大陆学生进入欧美、港台大学后的表现也证明了这个说法不成立。欧美大学的学生评议会中有很多大陆学生，在港台，来自成都的刘逸舟曾在2010年、2011年连续两年成功当选香港城市大学学生会"内阁成员"，"陆生"蔡博艺2014年参选台湾淡江大学学生会会长，广东女生叶璐珊2015年参加港大学生会竞选……这些事实说明，学生素质、文化背景都不是学生参与大学治理的障碍，从个体能力来讲，学生是没有问题的。

既然不是学生能力不行，学校也有支持的动机，那原因何在？笔者认为，问题出在人才培养教育模式上。我国长期的教育目标所形成的教育模式阻碍了学生能力的发挥。"只要考高分，别的不要管了"是很多家长和老师的观念。从幼儿园开始，太多老师和家长对孩子的要求就是"两耳不闻窗外事，一心只读圣贤书"，除了课本考点，衣食住行都不要小孩操一点心、费一点力，家长会去陪读，班级事宜尽量躲开，免得分心影响学习。这种状态培养出的孩子，进入大学后，突然之间没有人盯着、看着、陪着了，压紧的弹簧突然松掉，出现个别极端情况并不意外。"听话出活"是我们多年的人才培养目标。这就容易出现几个问题：一是学生能力被压制，在教育环境中被淹没；二是能力没有得到有效培养；三是没有展现的渠道。学生内心中是有愿望也有能力的，但现实中没有表现出来。学校不提供条件，造成学生参与效果差。参与效果差，学校更不愿意提供资源。恶性循环，结果可想而知。

此外，参与公共事务，作为个体，力量是微不足道的，必须通过组织，才有力量。所以还需要考察学生的合作能力。民国大学的治理历史，充分说明当时的大学生是不欠缺这方面的能力和合作精神的。"文化大革命"期间，各大学学生成立的各种学生组织遍地开花。20世纪80年代，当时大学校长的自主权比较大，以武汉大学校长刘道玉为代表的一些校长，在学校实行学分制、主辅修制、双学位制、自由转学制等制度，使得当时学校的社团特别活跃，组织了很多有影响的活动。这都说明中国学生的组织能力和合作能力是没有问题的。

学生参与大学治理还有实实在在的成本问题,交易费用和外部性都是无法回避的约束因素,学生要想组织起来必须解决组织费用的问题。而现代网络信息技术使得学生成为一个利益群体,为某事发声变得特别简单快捷,其组织成本几乎为零。现在已进入网络时代,QQ、微信已经成了基本的日常交流平台和工具,信息在学生之间传播特别迅速,学生也特别容易通过网络实现聚合。很多大学学生的群体事件最早就是在贴吧、QQ 群上发酵、传播的。

(三)学生自身的机会主义倾向

在某种情况下,大学治理者可能既用"左"手膨胀自己的权力,又用"右"手推卸自己的责任。或"左"或"右",都偏向掌权者。学生参与大学治理的一个功能就是要起到对其他权力的监督作用,避免大学出现这种弊病。但在一定条件下,学生自身也可能出现这样的情况:他们一样"左"手膨胀自己的权力和福利,又用"右"手推卸自己的责任和义务,这就可能造成学生的权力、福利双"过分",责任、义务双"推卸"的局面。但是,"马儿不跑,却要吃草"是不可持续的。

以申报学生科技奖项为例,在一些学校,会出现师生共同造假的现象,例如把老师的成果安在学生头上,或者把甲学生的成果安在一个口才更好的乙同学身上。管理者的机会主义思想和行为,直接影响了学校的风气。特别是一些学生干部,耳濡目染,看到拍马逢迎者、弄虚作假者得到各种好处,而正直不阿者日渐被边缘化,成为"精致的利己主义者"就不奇怪了。在学生中,也出现了很多机会主义的参与行为,比如为了获奖评优,为了加分,去参加社团活动,去配合表演作秀。这种机会主义参与,是影响目前学生参与大学治理的实效的一个突出问题,需要加以重点解决。

第二节 制度性缺失与学生参与治理的权力保障

现代大学治理的本质在于制度[①],它是组织权力关系设计的准则,

---

① 刘海峰、史静寰:《高等教育史》,高等教育出版社 2010 年版,第 296 页。

为不同权力确立合理边界。"制度是一个社会中的一些游戏规则,或者更正式地说,制度是人类设计出来调节人类相互关系的一些约束条件。"① 合理的制度可以使机制规范,可以减少交往、合作的成本。现代大学制度包括相关法律法规和以大学章程为代表的规章制度两个部分。法律法规中对"学生权利"这一基础性要素做出原则性规定,而大学章程等则应回答学生拥有哪些保障自身"权利"的"权力",以及这些权力如何运行等问题。我国现实情况是教授在学术委员会或职称评审委员会等议事机构的权力都缺少制度保障,学生参与校务管理成为需要时才被摆出的花瓶,少有权力可言,这造成政府、学校和学生三方俱损的态势,对我国大学治理现代化的进程构成干扰。只有解决了学生权力的制度性缺失问题,学生代表进入学校相关议事机构,才有可能真正享有话语权,才能实现由行政治校向民主治校乃至"学生参与治校"的转变。

大学在西方经过 800 年左右的衍化,已经形成了非常复杂的制度。在西方大学,政府乃至各种利益集团,都介入了学校的治理,大学控制权掌握在董事会或者评议会手中,教师、学生、校友、家长都可以影响大学的决策,包括社区居民在内的所有的利益相关者都已经获得了一定程度的大学治理参与权,彼此之间相互制衡,是一种多元共治的局面。这些力量的参与权背后有明确的法律制度支撑,在这种背景下,学生权力的实现才有保障。

我国学生参与大学治理的权力的制度性缺失问题比较突出,法律对学生权利定位模糊,更缺少关于学生权力的规定。学生参与大学治理的制度条件和常态化渠道等并不畅通,国家法规停留在纸面上,并没有被认真对待和有效落实。大学章程作为大学的"宪法",既是国家教育法规的具体化,又是学校内部制定规章制度的直接依据。最近两年,教育部正在全国范围内推动《大学章程》的制定和颁布工作,这是一个研究学生制度化及其实现问题困境所在的极好样本。总的来看,尽管向前走了一大步,但学生治理权制度虚化的问题,并没有得到很大改善,依

---

① [美]道格拉斯·诺斯:《制度、制度变迁与经济绩效》,上海三联书店 1994 年版,第 15—16 页。

然存在很多不完善的地方。

首先,各大学此次修订颁布章程的法理依据并不特别充足,难以真正成为现有制度的有机构成部分。制定章程的法律依据来自1998年颁布的《高等教育法》,而该法对于章程的法律效力并无任何规定。此次修订来源于教育部行政权力的大力推动,和领导人的个人意志密切相关,属于行政力量推动法治建设之举,缺少国家权力机关的背书。在制定和修改大学章程的过程中,尊重学生的知情权,通过召开学生听证会、座谈会等形式了解学生的愿望和诉求,是必要的程序,还应该吸收学生代表参与相关问题的讨论和条目的起草。但据笔者在几个省教育行政部门和多所高校调研的情况看,很多地方都抱着完成任务的心态,有些学校就是几个人拟出稿子,学校领导审批同意后,就直接上报,等待批复实施了。在中部一个教育大省,原定要2015年年底完成全部省属本科院校章程的制定工作,但因为省委要发一份加强党对高校领导的意见的文件,便立即全部停了下来,可见制度建设具有较大的随意性。

其次,章程的具体条目上明确了学生的权利和义务,这是较大的进步。但从整体上看,学生参与安排大多只停留在咨询建议等浅层次的公共层面,对学校重大方针决策性参与的描述比较缺乏。"不完全制度缺失"和"隐性(实质性)制度缺失"的问题依然普遍存在。"不完全制度缺失"是指大学规章中虽涉及相关内容,却只是隐含其中,难以落实;"隐性(实质性)制度缺失"是指表面看起来制度内容"齐全",但却毫无影响力。北大、清华的章程所提到的监督、自主等概念,已经在中国的《高等教育法》、教育规划发展纲要中被多次提及,但由于高校缺乏自主权,往往无法落实。大学章程应对学生权力的范围、边界,行使的原则做出明确的规定,回答学生拥有哪些保障自身"权利"的"权力",以及这些权力如何运行等问题。但所有的大学章程都对此进行了回避。笔者检索了教育部颁布的84所直属高校章程,没有一部章程中出现"学生权力"四个字,尽管很多章程都提到"学生有参与学校民主管理和决策,对学校教育、管理和服务提出意见和建议的权利"。

最后,章程缺乏实施细则,缺乏程序性规定,大多数章程可操作性不强。比如对学生组织的叙说过少,对于学生代表的产生方式和人数比例等问题更是付诸阙如。而离开了这些,学生参与就容易被虚置,学生权力就难以落实。

　　现代治理是法治化、理性化的治理。离开法治框架的治理是一种程序化和理性化程度都较低的治理，其制度理念追求的还是前现代社会的实质正义，重结果轻程序，具有浓厚的人治色彩。缺少制度支撑的大学治理运作的社会成本非常高昂。要突破这一困局，美国法治建设的路径值得我们借鉴。先通过确立《宪法》保证核心利益团体的利益，在这之后，再通过对《宪法》法律文本的不断修改，一点点开放选举参与权，使得每个阶段的反对力量都最小，但进步绝不止步。首先让穷人进入，再慢慢地同意妇女进入，建国200年后再对黑人开放选举权，最终所有成年人都一步步变成实际选民。学生参与，也可以先以大学章程及相关法规中学生参与大学治理的制度为基础，再逐步对这些规章进行调整修改，分阶段向学生开放更高层次的决策权，走渐进改革的道路。

第三节　行政化科层体系与学生组织权力

　　在行政化科层体系的大学治理模式下，学生组织不能发挥应有的功能。中国与西方的科层体系性质相同，都是办大事的组织。但孤立的科层体系都无法有效解决底层治理的成本和效果问题，中外皆然。

　　民国时期，学生在大学有自治会，它是代表学生参与大学治理最基层的组织。1949年后，学生自治组织被取消。学生自己的"自然社区组织"没了，没有了学生骨干"代表"，缺少了学生中有影响力的直接面向学生的扁平组织，学生分化为原子化的个人，对直接涉及自己利益之事的话语权变小，只能靠学校行政机关的科层组织和行政官僚来解决问题。分散、无组织的个人面对组织起来的大学行政权力，非但"治理"日渐艰难，把官权"关进笼子"也成为不可能。行政化的科层体系无法办理琐碎、牵扯面广的小事成本和效率问题，对奖助贷补减（免学费）中的问题，学习、生活中的不满，这些细如牛毛、五花八门的"海量"小事，无法得到解决。学生意见缺少发泄渠道，学生就容易感到不公正，会产生不受重视的疏离感，丧失对他人的信任，就会逐渐远离公共生活，学校就可能成为人群聚集的荒漠地带。

一所案例大学有近 3 万名在校生，该校要求每个辅导员轮流在学生宿舍办公和住宿，学校领导也非常敬业，每周亲自到学生宿舍检查学生卫生，管理细致到过问每间宿舍桌子的摆放方式，整个学生管理队伍的工作都非常辛苦。但学生并不理解也不配合，宿舍卫生状况反复出现问题，效果并不理想。根本就在于学校试图将每一间学生宿舍、每一个学生都变成科层体系的一部分。"全覆盖"成本高昂，不可持续，也是基本做不到的。"科层体系"是办大事的机构，办不好小事；"扁平组织"才能办小事。学生事务的对象是人，只是靠严格监督管理是难以奏效的，最终会滑向形式主义。要实现培养高素质创新型人才的目标，更是需要把学生组织起来，依靠学生组织的自组织功能，发挥学生主动性，才能达到较好效果。

学生自己的事要学生自己来办。以学生（包括教师）的"参与"取代行政权力的"覆盖"方为大学治理的正道。现代西方高等教育实证研究发现，对学生在大学期间的思想及其他方面的发展影响程度而言，同学远远超过学校和教师。[1] 这个结论，应当是建立在学生在大学广泛自主开展活动的基础上的。如果学生人人都进入他们信任的真正在学生中有影响力的学生组织，可以在开展自治的同时分享大学治理的权力，便可以重建学生社区公共生活。学生可以在社区公共生活中解决自己遇到的形形色色的小事，当家做主，事情就能迅速得到解决，学生也就能在日常生活中感受到公正。学生组织起来，就会有"学生的权力"和"学生的权利"，就能制衡行政权力。对日常生活的公正有信心，心情愉快，学生的参与度就会提高，在自身得到发展的同时，对学校"办大事"的支持度自然也会得到提升。

学生组织是学生参与大学治理的重要载体。权力与责任是对等的，权力在谁手中、由谁负责，责任就该谁担当。大学由政府承担全部责任，历史证明，这是一个不可能完成的任务，成本特别高，效果也不好，靠科层组织的官僚不可能从根本上解决基层难题。大学的运行，离不开学生组织更好地发挥作用。一旦学生重新组织起来，形成良好的自组织社区，参与往往会带来责任感、价值感和成就感，学生日常生活的

---

[1] 程星：《细读美国大学》，商务印书馆 2007 年版，第 23 页。

公正就更容易实现，学生的满意度就会上升，学校的育人效果就得到了提升。

在我国大学内部，参与分享大学权力的学生组织主要以学生会、学代会制度为载体和途径。但在实际运行中，学生的相关权力组织的性质与运行出现了异化，学生权力载体中独立、自主因素的缺失，使得学生组织在很大程度上成为学校行政管理部门的传声筒和办事员，对学生权力和意志不能起到上传下达的作用，使学生权力运行缺乏独立、自主的载体，产生制度化虚置的问题，亟须对学生组织进行权力重构。

此外，当前还普遍存在对学生权力的误读现象。很多人还不认同"学生权力"，甚至对"学生权利"都不以为然，致使学生权力无法纳入到大学权力结构之中，无法与其他权力平等展开对话，只能是"沉默的大多数"。因为没有一种机制使学生权力发声，协同其他权力共同处理学生的意见和投诉，就容易使治理问题变为舆情监控问题，解决问题还是维稳的思路，停留在如何管住学生、防止从小事酿成集中爆发的大事件的想法上。学生话语权不能充分表达，会导致学生与组织共享价值的意义感缺失，进而出现消极对待甚至抵制学校决策的行为，使大学治理的摩擦成本增加。当学生觉得自己的"声音"对学校和其他主体完全没有影响时，他们或者以一种突然激烈爆发的方式来对抗其他主体，出现群体性事件，或者将"权力"还原成为"权利"，去寻求外部救济，比如一所案例高校的学生便因为学位问题起诉母校，还有很多学校的学生主动向媒体"爆料"维权，实际上，这就是他们通过拓展话语空间以实现自身权力的方式。

第七章 中国学生参与大学治理的权力实现

我们研究学生参与大学治理的权力问题,最终需要落实到对中国现有大学治理制度的变革上来,其中包含价值理性和工具理性的双重意蕴。判断学生参与治理效果的标准,既要看学生成人成才,即学生发展的维度,还要看大学治理结构的改善,即大学善治的维度。解决大学治理中机会治理的梗阻性问题,提出变革方案,必须从现实出发,考虑国家政治社会改革发展提供的机遇和约束条件下的可能性与可行性,探讨突破中国学生参与大学治理困境的实施路径。有几点需要注意之处:第一,需要将中国高等教育放到世界范围和系统中来看,要学习发达国家的经验,从国际发展趋势来研究中国高等教育问题。当然,也应注意国情不同,特别是法律体系和体制不同,要站稳社会主义立场,对西方可以批判吸收,但不可盲目照搬。第二,不能将教育系统割裂、封闭,需要跳出教育,将教育放在整个国家的经济转型、政治改革、社会发展环境中来看。第三,不能脱离中国政治、文化传统与社会现实,要研究中国大学治理结构的独特性。随着时代的发展、环境的变化,原来适应环境的地方可能会变得不再适应,原来成功的因素可能会孕育失败的种子。

第一节 学生参与大学治理权力的实现机遇

一 新一届政府高度重视向大学授权

大学取得一定程度的自治权是学生参与大学治理的权力实现的前提条件。2013 年,中国新一届政府成立以来,李克强总理一直非常强调建立政府权力"负面清单",简政放权,优化服务,深化行政体制改革,切实转变政府职能,"以敬民之心行简政之道"。① 截至2015年7月,教育部在本届政府任期内已经取消并下放了14项教育行政审批事项,包括高等学校部分特殊专业及特殊需要的应届毕业生就业计划审批、民办学校聘任校长核准、国家重点学科审批、高等教育自学考试专科专业审批、高等学校博士学科点专项科研基金审批等。② 尽管放权力度有待加大,但毕竟走出了可喜的一步。

二 学生参与大学治理问题越来越得到政府和高校的重视

国家提出治理能力现代化,需要的就不再是整齐划一的工程师,而是有个性、有创造力的人才。大学培养人才的方式必须做出改变,大学治理的模式也必须做出改变。随着教育改革的不断深化,很多有理想的大学校长已经将提高人才培养质量、培养创新人才作为学校的头等大事(比如华中科技大学原校长李培根在任时就一直提倡"以学生为中心",重视学生权利的保护)。政府、社会、高校理念的转变,使学生参与大学治理具有了与国家发展目标的逻辑一致性和内在合法性,排斥学生参与大学治理的观念和做法已经遭到越来越多的有识之士的否定。

大学片面的效率观也正在改变。当大学从经济社会发展与改革的边缘走向中心承担更多的社会责任时,大学会更讲求效率。大学追求效率,会在一定程度上制约大学对学生进行相应资源的投入,会有意无意限制或忽视学生的参与意识。我国大学人才培养在20世纪50年代提倡"听话出活",在90年代尽管号召"因材施教",但还是不敢提个性教育。这种人才培养目标在现实中很难与学生参与治理的逻辑统一。但大学是培养人的地方,钟摆始终要向中心回归。学生始终是一个受教育者,学校要对学生服务,不能为效率而忽视学生的需求。

现代社会,其他利益相关方对学生参与大学治理的态度集中体现在

---

① 人民网:《李克强与全国中层以上干部"面对面"动员简政放权》(http://politics.people.com.cn/n/2015/0513/c70731-26990440.html)。

② 教育部:《14项教育行政审批事项已取消下放》(http://politics.people.com.cn/n/2015/0703/c70731-27252169.html)。

相关法律法规和以大学章程为代表的规章制度中。国家最近正在加紧审定大学章程，2015 年教育部已经完成 84 所中央部属高校章程的核准工作。在新修订的章程中，政府、教师、学生、行政人员、校友和社会力量等多元主体共同参与大学内部治理的结构基本得到了确认，分别被赋予了不同程度的大学治理参与权。在 84 所高校章程中，有 73 所高校在学生权利条款中建构了"学生参与学校管理"的内容，一些章程对学生参与权的范围还做出了一些突破性规定，如《北京大学章程》对于学生代表在学校"学术委员会"中的参与审议、决策和监督的权利进行确认，等等。在对学生的参与机制设计上，各大学章程一般都规定了学代会和学生会的地位、作用。《清华大学章程》规定："学生代表大会、研究生代表大会是学校学生进行自我教育、自我管理、自我服务，参与学校民主管理和监督的重要组织形式，依照有关章程开展活动。"《中国地质大学（武汉）章程》还对学生委员的产生办法也做出了规定："教授委员和学生委员经自下而上的民主推荐、公开遴选等方式产生候选人，由民主选举等程序确定。"《华南理工大学章程》规定学生可以参加学生申诉处理委员会："学校设立学生申诉处理委员会，学生对学校纪律处分、学籍处理等有异议的，可向学生申诉处理委员会申诉。学生申诉处理委员会由学校负责人、职能部门负责人、法律专家、教师代表、学生代表组成。学生申诉处理委员会依据学生申诉处理办法开展工作。"尽管从文字落实到具体治理实践中，还需要一个较长的过程，但这些规定的出台，已经是巨大的进步，体现了国家层面开始试图从制度上保证学生参与大学治理的权力。

三 学生掌握了一定的参与治理的话语权

随着信息化、全球化的浪潮，世界治理格局发生着深刻的变化，大学内外部生态环境也发生剧烈的改变。当今世界经济格局总体上由"短缺经济"向"过剩经济"过渡，"卖方市场"被"买方市场"取代，大学的核心话语权也在向其"客户"——缴纳学费的学生转移，大学竞争的焦点转向争夺学生。学生的选择在很大程度上影响高校的生存与发展。"消费者掌握着平衡杠杆……由于存在着如此广泛的入学选择权和退学权、转学权，因此各学院和大学的生存或者依赖于满足用户的需要，或者依赖于以自己大学的优秀质量来吸引用户。"① 学生的需求也呈现出不同以往的新的特点，除了对师资、住宿、餐饮品种这些传统要素的要求外，还表现出多样化、个性化和即时获取的特点，要求自治甚至"他治"，提出对更多事务的治理权。高等教育全球化，使学生可以在世界范围内选择学校；高等教育市场化，学生学费收入已经占到了学校总收入的一半以上，企业等社会机构对学校的科研经费投入也逐年增加，美国一些州开始推行大学教育券；自媒体、慕课②、翻转课堂③的出现，使得学生可以自己获取知识，学校的优势就在于能给学生提供与众不同的学习体验，以学生为中心的理念在全球流行，越来越得到社会和民众的认可。

我国也已实行了20多年的社会主义市场经济，缴费上大学的政策也实行了20多年，特别是作为世界第二大经济体和制造大国，我国正在进行治理结构体系现代化建设，治理主体从"一元"向"多元"转变，治理目标由管制向提供公共服务转变，治理过程由权威服从向更多的民主协商转变。新一代大学生成长在完全不同的环境中，他们崇尚个性和自由，权利意识、民主参与意识也越来越强，很多过去行之有效的教育管理办法变得不再有效。而且由于高等教育渐趋普及和大学新校区建设，大学规模变大，人数变多，原来师生在一个社区工作、学习、生活的模式被打破，客观上不利于师生交往，也容易导致同学之间关系的疏离。大部分大学毕业生要到非国有单位就业，用人单位对人才的定位和要求发生了很大改变，哪里需要哪里搬的"砖"型人才价值已经不大了。学生和家长对学校不满意，他们就会"用脚投票"。近年来，国内农村高中生放弃高考的比例升高和城市出国留学的人数大幅上升以及各省高考状元选择去香港求学的比例增大，在一定程度上说明了问题的严峻性。倒逼机制下，那些招收全国最好的生源又一直以培养社会精英和领导者自诩的一流高校率先对现行学生教育模式进行反思。办学应当

---

　　① ［加拿大］约翰·范德格拉夫：《学术权力——七国高等教育管理体制比较》，浙江教育出版社2001年版，第125页。
　　② MOOC，大型开放式网络课程，即massive open online courses。
　　③ "Flipped Classroom"或"Inverted Classroom"，是指重新调整课堂内外的时间，将学习的决定权从教师转移给学生。

以学生为本，应当把学校工作的重心放回到提高学生学习质量和校园生活质量上来，这已成为越来越多人的共识。

学生参与大学治理是一种制度变迁。根据制度变迁理论，当制度的供给和需求基本均衡时，制度是稳定的；随着外界环境的变化或自身理性程度的提高，现存制度变得不能满足需求时，人们就会尝试建立新的制度，以实现预期收益的增加，随之就会发生制度的变迁。

学生付费上学给学生参与大学治理提供了可能性。如果学费收入已经成了学校运转不可或缺的部分，学生的话语权当然会增加。美国加州大学伯克利分校的教授 Jerome Karabel 对哈佛、耶鲁、普林斯顿这三所名校的研究揭示出这些常春藤里的教授是在通过自己的研究项目拿到联邦政府的钱之后，才大大提高了自己在大学治理结构中的地位的。直到二战前，由于当时的常春藤财政来源主要靠学费和校友的捐款，教授在大学的地位还赶不上校友。20 世纪 50 年代，苏联卫星上天后，美国有了强烈的危机感，加大了对科研的投资。到了 60 年代，联邦政府的投入就超过了校友的捐款。而联邦政府的经费，从来都是跟着主持研究的教授走。这样一来，教授地位大幅度提高，在大学治理中的话语权大幅增加。[①] 耶鲁和哈佛，都曾出现过校长因得罪了教授们而被赶下台的事件。这在二战前是难以想象的。

但这还不是充分条件，学生付了学费，但是如果面对的是垄断的别无分店的学校，还是只能忍受质次价高的待遇，不会得到治理权。所以学生得到治理权的另一个前提条件是学生还需要有选择学校的自由：自由报考学校，自由转学退学。这两个条件具备后，学生就有了进行博弈的资本，就具备了从名义选民变为实际选民的条件。而考察中国现状，目前这两个条件都已具备。

四　学生的主观能动性提高

调查显示，学生表现出强烈的参与诉求。激励性因素是一些用人单位在招聘时将录取与参与学校治理活动挂钩。保障性因素是一些社会机构为大学生培训参与技术，企业提供参与条件，如场地、经费等。在

---

① 薛涌：《究竟谁是大学的主人》，《新闻晨报》2012 年 7 月 18 日，第 A31 版。

"你希望你可以在哪些学校日常管理领域有更多的参与机会"的调查中,学生在校园生活和学习环境、教学评估以及课程教学方法的改革、学生活动及学生组织发展等方面都表达了比较强烈的参与愿望。同时,在信息化、网络化时代,学生对学校的状况更加了解,沟通渠道和表达通道更加多元化,另外,知识网络化又给学生习得参与大学治理所需的技术和技能提供了自我学习的平台。

第二节 学生参与大学治理权力的实现空间

根据前面的调查,中国学生参与大学治理多为两种类型:以发布信息、实现决策者目标为目的的通知参与和操纵参与;以获得仪式感为目的的象征参与。参与方式多以学生个体参与和教师、管理人员指定的人员参与为主,例如学代会、学生会、校务公开等。参与类型缺少决策参与、监督参与、咨询参与等发挥民主的实质性参与,需要加以改变。

根据学生参与相关事项与学生相关度以及对高深知识背景的要求度的强弱差别,笔者制作了一个学生参与大学治理的权力强度二维象限图。在四个象限中,当前中国学生参与的权力强度都较弱(见图7.1)。

与学生相关度

决策参与	评议参与
(权力强度高)	(权力强度较弱)

对高深知识的要求

监督参与	咨询参与
(权力强度较高)	(权力强度弱)

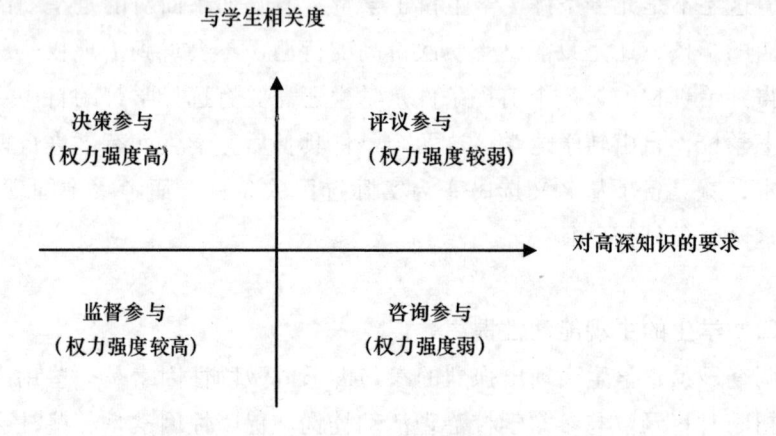

图 7.1 学生参与大学治理的权力强度二维象限

目前,中国学生参与大学治理的领域众多,包括学生事务、教育教学、人事、管理事务、战略层面等领域，这些领域中学生参与的权力强度应以学生权利为依据。学生作为公民，享有法律规定的基本权利，作为受教育者，享有参与学校治理的权利。针对不同类型学校不同领域，学生的参与方式和权力强度同样应有所区别。布鲁贝克说："德国大学在'学习自由'（lernfreiheit）和'教学自由'（lehrfreiheit）之间做了有益的区别。前者与学生有关：选择学什么（选修课程）的自由，决定什么时间学和怎样学的自由，以及形成自己思想的自由。后者与教授有关：选择授课科目的自由，选择研究项目的自由，得出自己关于真理结论的自由。教学自由是那些在掌握高深学问的技术方面受过训练的人的特权。由于学生仅仅是初学者，他们还不是足够成熟的学者，因此不能充分享有学术自由。在他们的学习期间，他们应该被看作是学徒或者是学术界的低级人员，他们正在发展自己的独立思考的方法和习惯。"[1]

笔者的思考是应当基于分类的思想，对相关事项进行分层分类，考虑学生能力的不同和其他约束条件，不同的事务，学生在其中的角色不一样，行为方式也不一样，参与路径、策略、范围、程度和程序也应当不一样。事情的性质决定参与程度，参与程度决定参与过程。一些事情和学生生活密切相关，比如后勤管理直接影响学生的生活质量，不需要高深知识，学生仅凭自身理解和感受就可以判断处理，这类事务性参与多、学术性弱的事项，学生参与的权力强度就应该大。学生事务、教学管理中的课程开设及教学评价等，学生必须也有必要行使权力。但由于学生很难对涉及高深知识的专业问题做出准确判断，比如一个老师的学术水平如何，人才培养方案如何设置更合理，考试制度、教师的聘任及任期等，这些事项学生就不具备独立做出决定的能力。对于那些与学生利益相关但学生没有能力做出独立判断的事务，学生应该参与，但只能是一种咨询参与。而关于教师学术水平的评价问题，学生权力的行使就应当受到限制。

学生参与大学治理的权力实现空间，具体见表7.1。

---

[1] [美] 约翰·S. 布鲁贝克：《高等教育哲学》，浙江教育出版社2001年版，第53页。

表7.1　　　　　　　　学生参与大学治理的权力实现空间①

权力依据	权力分布	权力领域	权力范围	权力强度
大学生享有的基本权利： 受教育权 获得奖、贷、助学金的权利 享有公正评价权 知情权 申诉权	学校硬件设施、宿舍管理、后勤生活保障等 学生日常活动 学生资助和奖学金评选发放 学生评奖评优 学生社团组织 学生心理健康、纠纷调解和权利救济	学生事务	决策参与	强
大学生享有参与学校治理的权利： 参与评教的权利 参与自己学业评价的权利 参与学校民主监督的权利 参与涉及学生利益决策的权利	专业的选择调整（包括跨校选择） 人才培养方案的制订 课程的设计与安排 教学管理的实施	教育教学	评议参与	弱
	教学质量的监控 实习实训条件的保障		监督参与	较强
	学校管理服务人员的评价 教师教学评价	人事		
	教师的选择		咨询参与	很弱
大学生享有选择的权利： 选择学校 选择专业 选择课程 选择教师 选择学习时间 选择学习渠道 选择评价方式 选择学习进度	学校相关管理制度的制定 学校管理服务效能的监督、评价和动态反馈	管理事务	监督参与	较强
	学校的章程制定 办学定位等顶层设计 学校发展规划和重大建设项目 校园文化建设	战略	评议参与	弱

第三节　学生参与大学治理权力的实现路径

一　路径及其制约因素

"路径"指行动的方法、方向，有一定的指向性。路径基本要素包括起点、终点和两者之间的轨迹。其中，起点是初始条件或基础，终

---

① 本表格"权力依据"和"权力分布"条目参考了以下文章的有关内容：林杰：《高等教育普及化时代大学生的特征及其权利保障》，《中国高教研究》2016年第3期；唐娥、傅根生：《学生参与大学治理的空间与路径思考》，《高校辅导员学刊》2009年第4期。

点即为预期目标或结果，起点与终点之间的轨迹是具体形态或方式。可以将学生参与大学治理权力的实现路径理解成为实现教育目标，学生在参与大学治理实现的过程中所采取的一系列方法和渠道。

中国学生参与大学治理的目标有两个：一是学生发展，学生能独立地表达自己的观点，却不傲慢，对大学权力表示服从，却能积极表达自身主张；二是大学善治。所以路径选择需遵循以下原则。第一，是公平。学生参与要求"以机会平等原则消除竞争起点的不平等，同时通过差别原则把结果的不平等保持在合理的范围内"。第二，遵循教育发展的规律和秩序的原则。第三，以人为本的原则。人是学生参与大学治理路径选择的主体，是大学变革的关键内在源泉。以人为本是贯穿学生参与路径选择的最重要理念，以学生发展为本、提高大学办学水平、推进大学治理现代化是路径选择的根本要求。第四，整体协同的原则。作为一个系统，学生权力的实施路径选择是诸多因素和因子的共生衍化过程，整体协同是路径选择的基本要求，必须统筹兼顾，协调好师生（大学管理人员）关系、学生和家长的关系、学生和政府的关系等，努力为路径实施创造一个好的外部环境。第五，突出特色的原则。中国学生权力实现的路径模式选择必然不同于国外的学生参与，又区别于传统的学生参与，形成中国大学学生权力运行的特色。

路径选择是一个复杂的多维过程，是多种因素相互作用与耦合的过程。其实现有以下制约因素。

首先是历史文化传统的制约，这是无法避免的因素。学生参与大学治理的程度与一个国家文化关系密切，中国参与型公民文化本身还不成熟。这种差距，主要原因在于中国自古以来的政治文化和意识形态。中国自古以来，就把教育摆在为政治服务的地位上。《礼记·学记》中说"建国君民，教学为先"，意思是要建设好国家，管理好公众事务，教育必须发挥优先作用。既然教育的目的是培养为国家政权服务的人，学校的职责就是灌输统治者需要的知识，为达到效果，那么严格执行一定的纪律条规、限制学生独立和思考就是必要的了，学生的权利被遮蔽也就很正常了。我们有权力文化的传统而缺乏权利文化，甚至"权利"本身都是外来词。如果高校不改变国家权力本位，学生参与可能会退化为一种政治上的平衡术；如果中国高等教育仍然打破不了过于行政化的局面，学生参与就只能依然是海市蜃楼，即便看得到，却也转瞬即逝。

其次是一些中西方都存在的问题。一是学生价值取向发生了很大变化，更关心金钱而非政治，这就影响了学生参与的积极性。二是参与到学校治理组织中是一个非常复杂琐碎的过程，需要耗费大量的时间、精力，这也是很多学生承受不了的。三是最终能参与到学校重要治理事项中的只能是极少数学生代表，绝大部分学生仍然是局外人。四是学生权力的扩张就是教师、行政人员手中权力的减少，学校其他权力主体不会主动分权给学生，尤其是决策权。学校都会以学生只是学校的"过路客"、学生缺少专业知识与经验为由，不太鼓励学生参与学校的治理工作。

最后是中国一些现实条件的制约。对学生参与大学治理的思考必须建立在对中国大学治理的边界条件清醒认识的基础之上。有些问题，并不是大学管理人员认识不到，比如前面提到的天津大学学生社团活动要求家长签署保证书，其背后的原因在于现实中大学承担了本应由社会承担的对学生安全的完全责任。高校行政化的大学之外的原因是一些组织部门并不了解和尊重教育规律，把大学领导职位当作一般的组织资源来使用，去安排解决一些政府干部的级别、养老问题。

当然，所有这些理由都只解释了部分原因，不然我们无法解释为什么在同样的文化传统、同样的背景下，我们与港台的情况、与民国时期的差别那么显著。所以要向更深层次探寻困境的原因。

实现学生治理，要从调整改善现有大学权力系统与外部权力之间的关系开始。需要破除权力自上产生的格局，真正"开门办大学"，让一部分权力从大学内部产生。学生权力的运行，不能脱离政治、文化与社会现实。最近，中部某省出台了关于加强高校党建工作的决定，作为建设教育强省的关键举措。[①] 可是，如果我们从问题导向的观点看，大学根本就不存在党政权力弱化的问题，这种对策就没有抓住关键，属于想用一副药去解决所有问题的想法。大学和政府之间，在注重政府的引导

---

① 中共湖北省委《关于进一步加强党对高校领导的若干意见》（鄂发〔2015〕7号）（http://www.hbe.gov.cn/content.php?id=12748）。

作用的同时，也要避免过于依赖政府。政府需要制定对大学组织权力的负面清单，清单之外，大学可以设计和完善自己的规章制度。在大学内部，除了要建立大学权力内部的分工和制约机制外，也必须引入公民权利和社会组织的社会权力，从外部来制衡行政权力，防止内部人控制大学局面的出现，为学术权力的运行提供空间。

二 以学生权利制约其他权力不当作为的路径

学生的权利意识和维护自身权利的能力的增强，都会增大其他权力不当作为、损害学生权利的成本。所以以学生权利制约其他权力，防止其他权力不当作为是学生参与大学治理的权力实现（特别是自治权力方面）的一条重要路径。

学生参与大学治理作为一种权力运动方式，其实现必须在一定的空间与轨迹里运行。随着中国高等学校管理现代化、决策民主化进程的推进，中国学生参与大学治理的空间与范围也必须随之扩大，需要其他权力为学生权力让出空间。当前，中国学生权力受到法律规制、行政规制、经济规制，其生存空间受到切割，出现"上不着天（无法进入学校决策层），下不着地（无法得到学生认同）"的局面。改变这种状况，首先要确立大学要保障利益相关者权利的理念，增加学生资源和提高学生参与动机，解决学生权力在实施上的弃位问题，这是一条以权利制约权力的路径。

如上文所述，权力来源于资源和动机。学生有资源，就给学生参与大学治理装上了发动机。美国一些州推行的教育券，其实质也是增加学生资源，让学生有更多话语权。当前首要是给予学生转学权和选择专业的权利。放宽对学生转学的限制，这样就可以倒逼学校给学生放权。学生出国留学受经济条件的限制，毕竟只有一小部分人可以做到，对高校有压力，但并不普遍。只有当大范围的学生都有学校选择权、有专业选择权时，这个压力便可以突破改革的阈值。自由选择学校和专业，本来就是学生的天然权利。1950年以后，出于国家本位的考虑，学生转系、转专业的学习自由让位于"服从国家建设需要"。由于缺乏对学生个性发展、兴趣爱好、学习自由的基本尊重，学非所愿，用非所学，不仅造成人力资源和教育资源的巨大浪费，这也是几十年来优秀的创造型人才难以出现的重要原因之一。[①] 把这个权利还给学生，也可以倒逼各个二级学院给学生更多的权力。

参与需要在实践中认识和激发，在当今大学生民主意识和权利意识普遍增强的情况下，更需要确立学生的参与主体地位，创造环境，从认知、情感和行为三个方面促进学生参与。

要激发学生的参与意识。我们的课堂中，学生常被教育沉默是金，被告诫：言多必失，少说多做，祸从口出。总之，能闭嘴的时候就不要说话。于是学生中出现了很多冷漠的看客。但是马丁·路德金说过，历史将记取的社会转变的最大悲剧不是坏人的喧嚣，而是好人的沉默。历史上的无数悲剧源于集体沉默。二战期间，普通的德国人大多已经隐隐知道了那些被推上火车的犹太人的下场，但是他们对此不闻不问，照常买牛奶面包，上班下班，并对迎面走来的邻居温和地问候"早上好"。丁托（Vincent Tinto）认为，成功的学术整合和人际整合是学生发展的必要条件。因此学校要帮助学生取得收获和成长，就必须致力于创造多样化的教育环境和条件，以促进学生与学校、与同学之间的互动。同时，学生也必须积极主动地寻找机会，自主参与到学习发展的过程中去。[②] 胡适先生说："我要告诉你，为个人争自由就是为国家争自由，争取个人的人格就是为社会争人格。真正自由平等的国家不是一群奴才建立起来的。"教育学生养成自由独立的人格，他自然会不知足、会不满意现状，敢说老实话，会有参与意识。不会精心计算个人利害得失后才选择是躲开还是加入。

还应注意营造学生参与能力发展的土壤。大学治理的根基是对自然社区的认同，有了组织起来的学生，学生热爱自己生活的社区，大学就能和学生一起得到更好的发展。《论语》说"君子不器"，《礼记·学记》说"大道不器"，华中科技大学涂又光先生还提出"料子与成衣"说，意思是一块布料，如果被制作成了一件成衣，就很难再做成其他的衣服了，好的教育培养出来的学生，应该是布料，而不是一件用途单一

---

① 杨东平：《中国高等教育中的一声惊雷》，《北京文学》2002 年第 2 期。
② V. Tinto, *Leaving College: Rethinking the Causes and Cures of Student Attrition*, Chicago: The University of Chicago Press, 1993.

的成衣。年轻人具有不同的潜质，而且比较容易受环境影响，只有通过营造相应的氛围，使学生参与到大学的各项活动中去，将大学所有政策、管理、资源都利用起来满足学生的需要，才能激发出学生的潜能。学生作为个体，其发展应该有无限可能性，学校也应该尊重学生的差异。不管是参加校务会、教代会等宏观治理活动，还是参与教学事务、社团事务和生活事务，在参与中就能得到熏陶、引导和激发，学生就能在实践中不断生长。预设目标，在笼子里面是发展不出学生的参与能力的。

此外，尽管学生不缺参与动机，但学生缺少相关参与技术的教育却是事实。仅仅建立起权力组织而不重视议事规则，并不一定能起到参与的效果。比如应当如何商议事情、如何开会、如何辩论、如何表决，这些看似简单的问题，我们却缺少这方面的知识与训练。议事规则伴随着议会政治同时出现在16世纪的英国，在500多年的历史当中，被不断地实践，经过无数政治家们的探究，如今已经成为一门科学，集大成者当属《罗伯特议事规则》。该议事规则的核心原则在于"谨慎仔细地平衡组织和会议中个人和群体的权利"，它提出要"学会保护每个人在会议上的基本权利"，它还特别强调议事必须允许各利益相关方充分表达各自的诉求，认为只有经过"辩论协商"环节，才可能提出多赢解决方案。该规则提出，民主的要义是强势一方应当懂得尊重弱势一方，让弱者也有自由地表达意见的机会；与此同时，弱势一方也应当明白既然自己的意见属于少数，就应当让步，承认多数人的观点就是全体的决定，并积极去参与实施。当然，当情况变化后，弱者仍有机会通过规则来改变局势，变成多数派。通过这些知识的学习，可以显著增强学生参与的科学性，提升学生参与的效率，降低学生之间、学生与其他利益相关者之间的沟通成本。

三 法治框架下以权力制约权力的路径

摆脱制度运行中的泛政治化特征，实现大学权力运行的制度化与治理的现代化，从现实路径来讲，应将包括政治功能在内的学生参与的各项功能纳入法制轨道之中。通过"一退一进"，即行政权力退，学生权力进，用明确的法规和大学章程来解决行政化科层体系下学生权力制度性缺失问题，这是一条以权力制约权力的路径，其核心是确立学生权力，防止其缺位，同时对政府公权力、高校行政权力进行制衡，防止其越位。

习近平 2014 年在全国人大成立 60 周年纪念大会上提出，在设计国家治理制度时，坚持党的领导，要从国情和实际出发；要尊重历史，又要解决现实问题；要坚持基层群众自治制度，发展基层民主，防止出现人民形式上有权、实际上无权的现象。① 制约当前中国学生参与大学治理的主要症结源于科层体系治理大学，学生权力制度性虚置。借鉴发达国家的经验，要解决这个问题，就必须摆脱传统社会人治模式，进入现代社会的治理模式，在法律框架下实现学生参与治理权力。通过严格的法律保障，健全学生参与大学治理的制度设计与法律救济，解决中国大学的制度体系中学生权力的制度性缺失问题。

对于学生参与大学治理，中国相关政策法规都只有原则性的表述与规定，在《教育法》《高等教育法》中都存在制度性缺失问题，需要在修改时考虑增加有关内容。中国政法大学马怀德教授指出，为应对目前中国大学治理面对的挑战，中国大学治理的重点应从三个方面入手：一是加快完善以章程为核心的校内规章体系；二是确保大学规章制度有效实施；三是提高大学管理者六个方面的意识，即规则意识、权限意识、程序意识、责任意识、诚信意识和公开意识。② 大学章程是高校内部的"学生权利保障书"，所以我们应抓住此次章程修订的机遇，为学生参与大学治理的权力的实现提供制度保障。学生作为大学治理的主体之一，在大学重要组织中，基本上都要逐步吸收学生代表。学生参与决策的部门、方式、人数、投票席位、工作程序、产生和罢免的程序都应被明确地写入相关文件。

现在，法律层面上国家已经将学生参与大学治理问题提上日程。中国大学治理的权力格局出现了一些积极的变化，学生参与治理的大船已经缓缓起航，踏上征途。那么，这条大船的航线应该如何选择呢？习近

---

① 习近平：《在庆祝全国人民代表大会成立 60 周年大会上的讲话》，《人民日报》2014 年 9 月 6 日第 2 版。

② 《著名行政法学家马怀德教授谈依法治校与大学治理》（http://www.shnu.edu.cn/Default.aspx?tabid=1932&ctl=Details&mid=3335&ItemID=171998）。

平说，供给侧结构性改革，重点是用改革的办法推进结构调整，"减少无效和低端的供给，扩大有效和中高端的供给，增强供给结构对需求变化的适应性和灵活性，提高全要素生产率"①。结合学生参与大学治理，就是要增加对学生权力的供给。做到这一点，其核心是要通过法律规章对一些事项进行"明确"，将学生权力具体化，内容明确、程序明确，有可操作的、细节性的规定。大学章程及其实施细则中不能讳言"学生权力"，学校应设立哪些委员会？这些委员会中有几个学生名额？有何职权？代表如何产生？都应在大学章程和实施细则中明确。

当然，法律章程的建设和实施过程必然是一个权力博弈和重新配置的过程，也是一个漫长的过程。尽管西方很多大学的决策机构中吸收了学生作为委员，有的还有投票权，但也存在不完全制度缺失和隐性制度缺失的情况。埃伦伯格在对美国大学调查后也指出，虽然董事会中学生代表的数量大大增加，但其权力影响力非常低，对管理者的影响仅为1.3%；对教师的影响仅为0.7%；而对教授协会的影响仅为0.9%。②所以我们需要有足够的耐心去督促相关法规的不断完善。

四 学校、学院、基层组织"三位一体"的学生组织变革路径

学生参与大学治理的另一个关键在于组织的改革和创新，既"破"又"立"，通过学校、学院、基层组织"三位一体"的学生参与组织设计，解决学生权力组织功能异化、学生权力中介失位问题。这一变革的核心是"二退二进三自主"，即"权力退出、人员退出，服务和监督跟进，人事自主、财务自主、活动自主"。

历史的经验告诉我们，组织变革是推动组织发展的动力和有效路径。中国持续30多年的经济体制改革，是从"家庭联产承包责任制"开始的。这一重构，将农业生产基本单位由生产队转变为家庭，为中国经济社会的发展提供了基础性的组织保障和动力源泉。中国国有企业改革过程中，其组织也经历了不断变革，到现在初步建立了以法人治理结

---

① 《人民日报》评论员：《从供给侧着力实现新跃升——二论学习贯彻习近平同志在省部级专题研讨班上重要讲话》，《人民日报》2016年1月23日第1版。

② ［美］罗纳德·G.埃伦伯格：《美国的大学治理》，张婷姝等译，北京大学出版社2012年版，第143页。

构为核心的现代企业制度。近现代高等教育发展史中有两件具有里程碑意义的事件——洪堡创立柏林大学提出教学与科研相结合的办学理念,美国威斯康星大学的查尔斯·范海斯倡导高校为地方经济社会发展服务的办学理念[1],他们都是以创新建立支撑事业发展的微观组织机构来落实自己的办学理念,引发了世界高等教育史上两次巨大的发展跨越。[2]现有大学组织形态和治理结构滞后的问题已日趋凸显,已难以满足高等学校进一步改革发展的要求。需要对大学组织进行变革,研究如何将其从一个官僚机构转换为一个教学科研及为学生服务的组织。因此,我们很有必要在总结近年来国家高教改革经验的基础上,借鉴农村和国有企业改革的成功做法,参考世界高等教育发展趋势,对高校组织架构、职能、运行机制等进行科学设计,重构能够适应高等教育治理现代化需要的大学各层级组织。变革的一个指导思想是学校要支持并尊重学生社区自治的权力,允许学生重新组织起来,让学生参与,这既能免除学校管不好也管不了学生"小事"之扰,也可以保持大学人员精干,集中财力和精力"办大事"。同时,有了学生权力的监督,行政权力也必然更加清廉高效。

新的学生参与治理的权力组织构想如下。

(一) 构建具有内生机制的大学治理自组织系统

近几年来,中国高校适应改革发展的要求,在宏观、中观、微观层次都进行了一些组织变革探索,但如何从建立现代大学制度的视角进行科学、系统设计并保障组织能够真正生成并具备协调运行的能力,还需要进一步探索。笔者提出的三级治理组织方案(见图7.2、图7.3),是根据现代组织理论对当前高校组织进行设计调整的一个尝试。

高校的校务委员会、二级学院的党政联席会和基层的班委会是现有的学生参与大学治理的组织依托,是学校教育教学组织的细胞和治理结构的基础。学校落实学生参与大学治理、提高治理能力和人才培养质量,就需要相应地在宏观、中观、微观层次对这些组织的结构和功能进

---

[1] 孙益:《美国高等教育中的"威斯康星理念"》,《北京教育》2015年第1期。
[2] 罗燕:《国家危机中的大学制度创新——"世界一流大学"的本质》,《清华大学教育研究》2005年第5期。

第七章　中国学生参与大学治理的权力实现　189

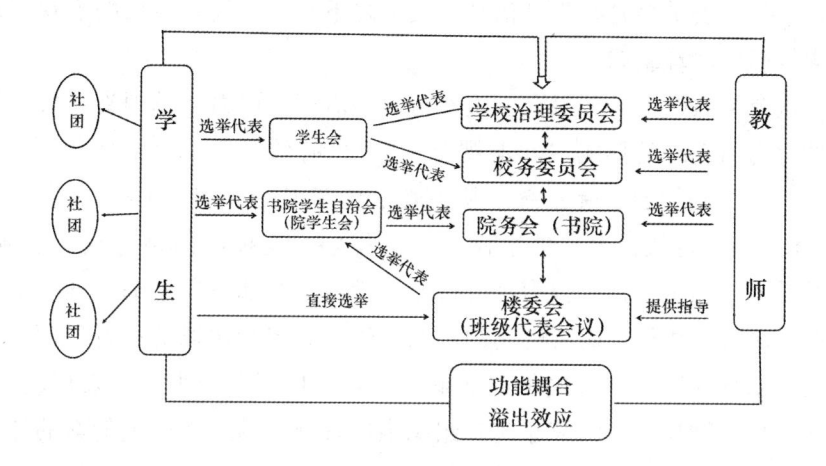

图 7.2　学生参与大学治理组织平面结构

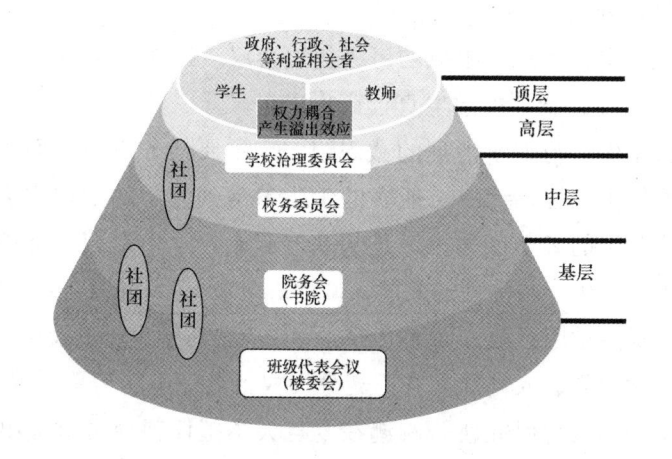

图 7.3　学生参与大学治理组织立体结构

行科学的拓展与重构。在两图中，图 7.2 实际上是图 7.3 展开后的平面图和更详细的说明。笔者将大学的基层组织由原来的班委会变革为按班级组成的班级代表会议或按居住宿舍楼层组成的楼层代表委员会，并全部由学生直选产生；中层组织由原来的党政联席会变革为院务委员会或书院；将原来的校务委员会职能向上拓展，重新设计为包含学校治理委员会和校务委员会两个层次的组织，学校治理委员会是一个由所有大学重要利益相关者共同参与的介于政府、学校、社会之间的学校治理顶层机构，校务委员会是在学校治理委员会之下有学生代表参加的宏观层次的学校高层治理组织。

这个组织设计，可以在学生参与大学治理的权力与教师参与大学治理的权力两者之间形成"功能耦合"，产生有效互动，形成纵向上三个层次（学校决策层、院系统筹协调层、学生基层）和横向上三个层次（学术权力、行政权力、学生权力）互相耦合支撑的网格化权力系统，以及学术—学生—行政权力耦合机制，学校—院部—学生基层分层治理机制，决策—执行—监督的制约机制三种机制多元协调的运行局面。系统内各部分因结合而形成了非常重要的内生机制，产生内生发展动力，形成了良性循环的自组织系统。组织内因各部分结合而产生的新的效益增量，使学生参与大学治理的效能大于各部分之和，资源配置效益得到提升。这种变革，将推动大学治理现代化水平，提升高校育人质量。下面进行具体分述。

微观层次：按班级组成的班级代表会议或按居住宿舍楼层组成的楼层代表委员会，全部由学生直选产生。

高校学生参与大学治理的微观组织，主要任务有三方面：一是提高学生的积极主动性，让尽可能多的学生参与到大学的治理中去；二是培养、提高学生的参与能力；三是从基层开始给学生赋权，维护他们的权益。为保障学生参与治理的效能，调动班级参与治理的积极性，需要激励性因素和保障性因素两方面的促进。学校应该对学生资助及奖助贷的评选发放、评优评先、入党推优进行充分授权，老师不能再幕后操纵，等等。同济大学高等教育研究所张端鸿在复旦大学担任辅导员时提出的"制度治班，学生自治"思路，可以作为学生参与治理的微观分析实例。

  制度治班，学生自治
  我引导学生组织了班级代表会议（班级"议会"）履行班级公共事务的"立法"权。在一段时间的临时班委卸任后，引导学生通过直接选举的形式选举产生班长和团支书，并由他们组阁产生班级骨干队伍。由于我带的班级专业都是政治学大类的，同学们对于班级"议会"的热情非常高，有效地组织起了各种"立法"活动。第一任女"议长"林一然、第二任"议长"周煜路和每一位"议员"都很珍惜自己的责任，在制定班级制度，评议班级工作方面发挥了至关重要的作用。我提醒同学们注意，我们的国家实行的是"议行合一"的制度，政府是由人大产生的，对人大负责。虽然03国关班级"议会"的正式名字叫"班级代表会议"，但是班级代表、班长、团支书都是直接选举产生的，班长和团支书不是对班代会负责，也不是对辅导员负责，而是对全体同学直接负责。但是也要特别注意，千万不能把百人班级搞成"多中心"，要各负其责，也要通力协作。班级代表会议"立法"制定各种班级规则，班长和团支书独立自主地负责班务和团委，实现互相支持、合作治理的格局。我们班的第一任班长孙冰、团支书祁广东，第二任班长陈婧、团支书黄冠峰，以及魏圣君、王甲、阮一峰、陶伟硕、许晔婷、董文卿等核心骨干，都非常有责任心，并且富有创意、领导力和组织协调力。当不涉及规则问题的时候，他们都可以自主地行动；当问题必须要确立新的班级规则才能解决的时候，他们就请求班级"议会"进行"立法"，再根据规则行动。学生的自治能力远远超出我们的想象。不过，三年级以后，大家都各自有自己的人生计划，不再像一、二年级那样热心班级公共事务。我鼓励班级的骨干说，活动本身是服务而不是目的，参与者获得享受是最高原则。我每周都会跟班级"议会"和班级管理的主要团队集体碰头了解工作进展，协调他们互通信息、加强协作。

在跟个体的沟通和指导方面，我建立起助人自助的理念，在和学生聊天中发现问题，与学生一起分析情况、建立策略，在学生的参与下提出解决方案，最终在自我的提升过程中获得问题的解决。经过一段时间，我感觉03国关的同学具备了这样的特点：主动性强、规划性强，既会务虚，也会务实，并且善于积极把握机会，最大限度运用资源。在他们面前，我经常会觉得自己从他们身上学到的东西更多。

资料来源：辅导员工作一解，张端鸿 duane 的博客[1]

---

[1] 张端鸿:《辅导员工作一解》（http：//blog.sina.com.cn/s/blog_ 4c8f194c0102v46x.html）。

上述实例中，张端鸿关心学生生活、情绪、体育和社交，在共同治理理念的指引下组建的班级代表会议，有些类似美国高校的学生评议会，目的在于通过鼓励所有学生参与到班级治理中去，培养学生的责任感，使他们拥有正确的价值观和世界观。张端鸿的自我陈述从微观视角阐述了如何使学生真正有效地参与大学治理这一问题，从微观策略和路径上为我们提供了借鉴和参考，其制定健全的班级制度、依靠学生骨干队伍治理班级的实践证明效果是良好的。

学生事务具有综合性、多样性和复杂性的特点，学生权利涉及面广，不仅包括自上而下的上级任务（宣传、消防演习活动等），而且包括一些突发性的事件，更包括与学生学习、生活相关的细如毛牛、五花八门的琐事。这些琐事尽管在外人看来似乎是鸡毛蒜皮、无关紧要的，但对于具体的学生来讲却是"大事"。基层治理的作用就类似于一根"针"，不仅要将上面的"千条线"穿起来，而且要将学生中的小事解决好，对"小事"进行"摆平理顺"。

中观层次：书院制是学生参与大学治理中层组织变革的"先行者"，借鉴书院制改革的一些做法，组建新的院务委员会或书院。

在二级学院层面，目前中国几乎所有的高校实行的都是党政联席会议制，具体就是由院长负责（可以是非中共党员），同时再委派一名党委书记协助。但与学校层面一样，由于学院权力来自学校授权，并不具有内生性，所以尽管许多学校都在讲管理重心下移，向二级院部放权，但与国家和大学的关系一样，在大学与院系的关系中，院系的人、财、物以及招生指标等所有关键权力都具体控制在大学职能部门手中，所以运行的结果只能是高度行政化，"唯上不唯下"。院长书记的权力来自于学校党政领导的授权，在现有的行政运转体制机制下，内部的教授学者基本上没有多少话语权。学院还配有一名分管学生工作的副书记作为"党政联席会"领导班子成员，但其地位如同学生工作在学院的地位一样，只能"忝陪末座"。

现代移动通信和社交网络技术也能让学生居住的宿舍成为一个熟人社区。而今的严格按班级、学院将学生分割开来的做法并不是学生的普遍意愿，也与世界通行的通识教育做法不符，只是加剧了学生分散无组织的现状。组织学生参与、恢复学生社区的自组织状态，是学生治理成功的一个关键。近年来，国内一些高校尝试推行书院制教育模式，如复旦大学（2005年）、西安交通大学（2006年）、汕头大学（2008年）、肇庆学院（2009年）、暨南大学（2010年）、苏州大学（2011年）、南方科技大学（2012年）等。中国大陆高校书院制是在继承中西历史传统的基础上进行的改革创新，其核心是教师指导和朋辈交往，是在全人教育理念指导下的一种教师全时间全空间参与的以学生为主体、以学生发展为出发点和落脚点、将学生宿舍等生活社区当作重要平台的人才培养制度，是一种以学生为中心、以人才培养为出发点的教育。这种模式打破了传统的以专业院系为骨架的大学组织形态，把与集权式管理相适应的条状大学组织结构改变为纵（学院）横（书院）交错的矩阵式结构，摒弃了原来以班级为基础的学生管理制度，建立了以书院为单元的学习和生活社区，构建了师生共处的新型育人平台，通过学生互相学习交流和导师的指导，为学生提供通识教育课程和非形式教育，满足学生的个性化发展需要，促进学生的全面发展。

书院非常重视学生的自主管理。如西安交通大学彭康书院，党总支委员会主要由学生组成，副书记也由学生选举产生。这就使学生的主体性能在书院得到较好发挥。学校每年召开两次学生代表大会，由学生自主审议书院工作。这些学生进行自我教育和管理的做法，无疑对培养学生的主体性、创造性有重要意义。复旦大学每个书院都有一个学生自我管理委员会，这个委员会全部由学生组成，履行自我管理、自我服务、自我教育的各项职能，可以自主组织各类文体活动，也可以民主决定自己书院的风格、特色，自行设计和管理书院的公共空间。书院实行导师制，在推进学生自治的同时，还有政治导师进行方向引导，有助于培养学生的治理能力。西安交通大学彭康书院，三类导师中就有一种是兼职导师，主要由有经验的学生担任。

书院制因为紧扣了育人为主体，将学生作为最重要的利益相关者，因此其定位天然就加强了学生治理的地位。为我们提供了在学院层次学生参与治理的借鉴。以书院制为中观视角，学生参与治理得到了一个切实可行的实验制度，是中观策略和对策的最好实例。

宏观层次：学校治理委员会和校务委员会。

赵炬明教授关于建立高校治理委员会制度的设计与讨论，并建议学生治理进入高校治理委员会从而实现治理制度化，为宏观层次的学生参与提供了很好的参照。①

学校治理委员会是一个由党政官员、行政人员、教师、学生、社会贤达等大学重要利益相关者共同参与所组成的学校顶层治理机构，是介于政府、学校、社会之间的中间组织，从中要能听到学校、政府和社会的声音。其职责包括制定学校使命和愿景、学校章程的制定和修改、学校发展规划与战略的编制和实施、学校领导班子的聘任和考核、学校年度工作计划和预算的审批等。学校治理委员会代表政府和社会监督学校面向社会办学，是帮助政府简政放权、强化管控的关键。政府向学校治理委员会问责。

在学校治理委员会之下，还应有一个宏观层次的治理组织，这就是校务委员会。2012年，南开大学就开始了这方面的探索。该校校务委员会专门为学生设立了两个席位，让学生会、研究生会主席分别以校务委员会委员的身份进入校务委员会。南开大学校长龚克认为，学生代表应当把参与学校的民主管理当成"一种学习过程、一种社会体验、一种公民的民主体验、一种成长的经历和职业的准备"，能在监督和提醒学校办理"该办而没办的事"方面发挥作用。②

其实，不管是加入"学校治理委员会"，还是校务委员会，从学生代表到校务委员的跨越，意味着中国"参与式校园治理"的又一可喜拓展。然而，这些代表产生的程序如何，其职责是什么，有哪些权力，都需要建立明确的制度和运行保障机制，以使其发挥实实在在的作用，避免成为"花瓶"。

（二）重构学生组织

中国高校所有学生组织都是在高校党团组织的领导下建立的，常常成为学校管理部门的附庸、校方意志的代表，经费不自主、缺乏独立性，很多时候难以成为学生利益的代言人。要使学生参与在实践中得以实施，就必须完善这些参与的载体，对其进行改革。

---

① 赵炬明：《建立高校治理委员会制度的设想》，《中国高教研究》2014年第11期。
② 张国：《南开大学校务委员会首设学生席位》，《中国青年报》2012年11月25日。

完善学生参与高校治理的学生代表大会制度。学生代表大会通过学生代表参与学校治理,是大学生参与学校治理的最高权力机关,也是一种制度化表达学生参与民主权力的重要方式。参加校务会议的学生应由学生代表大会选举产生、派出,并对其负责、报告工作。学生代表负责向学校治理委员会、校务委员会、院务委员会或相关负责人表达意见,参与和学生利益相关事务的决策,并拥有选举权、被选举权、监督权、评议权、知情权、参与权、申诉权、罢免权、言论权等。他们在大学治理结构中不受某具体机构的直接领导,但需要服从相关法规和章程权限。

健全学生参与的各级机构组织。特别是要让学生社团实现真正自治,学校对各种学生组织的指导思想要切实从管理变为服务、引导。各类学生组织中学生代表通过竞选产生,过程公开、公正、透明,以保证学生组织的代表性和多元化,以及其在学生群体中的认可度和影响力。当然,学生组织还应注意沟通、协调与教师、行政管理人员之间的关系,调动学生对学校的爱和荣誉感,促进学生的团结。

启动对学生会的改革。将学生会变为代表学生参与高校治理的重要权力主体,既具有一定独立性,又与大学内部各级组织相互联系,承担多种角色:学生利益的代言者;为学校决策部门提供支持和意见的服务者;与教职工、管理者、社区保持密切关系的合作者;学生活动的组织者;拥有投票权的政策制定者和监督者。具体设计包括以下两点。

第一,各级学生会要在大学章程规范下建立,按照章程授权自主活动,学校管理部门不可以再对各类学生会进行行政干预,学校对学生会的意见应通过一定协商程序后,以规定办法的形式,交校务委员会讨论通过后实行。

第二,保障其经费来源,以增强组织的独立性,更大限度地发挥其在学校事务中的参与权和监督权。一是大学应把学生会建设问题列入学校发展的总体规划之中,保证学生会独立办公场所和对其经费的划拨。同时建立经费使用的监督和报告机制,将使用情况对全体在校学生公开。二是允许学生会收取会费,所有在校注册学生均可缴费后成为成员。三是提供条件,允许学生会通过自主经营校园超市等项目获取收益,同时还可以积极探索社会募捐、校友募捐等多元化的筹资渠道。

五 培育参与文化的路径

在对中国改革路径的争论中,"文化决定论"与"制度决定论"各持一端,由来已久。学生参与大学治理需要制度保障。制度是由人来执行的,而人必然是某种文化的载体。著名教育家刘道玉先生认为,文化是以物质为基础而抽象出来的精神现象,虽然它不能直接改变什么,但文化能够改变人,而人可以改变世界。[①] 大学是知识的殿堂,思想要能开出花朵,自由独立的翅膀要能从这里起飞,大学绝不能是一片贫瘠的土地。华中科技大学在全国较早推行文化素质教育,其理论依据之一便是涂又光先生的"泡菜坛子说",意为泡菜的味道取决于它所浸泡菜的水。大学生在"坛子"里面浸四年,毕业时候身上不可避免地会受到学校文化的影响。参与多的,当然受到学校文化的影响就会多一些。所以学生参与治理必须重视参与文化氛围的营造。学校以学生为本,学生居于主体地位,学生是主动成长和发展的,但学生仍然不可能离开大学的文化土壤,所以大学应当有一种文化担当和文化自觉。美国的学生管理经历了从替代父母制到学生消费者理念的转变,实际上也是一种文化观念的变化。变化带来了对学生权利的重新认识,学生权力也随之得到了实现。

培育学生参与文化,首先要克服封建文化的消极影响,确立与之相配的新理念,即重视平等、开放多元、推崇创新、崇尚差异、否定等级。封建文化对内讲是血缘关系,对外是严格的尊卑等级和圣人政治。"成王败寇、赢者通吃"的观念流行,缺少协商妥协、多元共享的观念。从秦始皇的焚书坑儒开始到董仲舒的"独尊儒术","统一思想"成为中国文化的一个重要的主旋律,但这个"统一思想"指的并不是统一思维方式,更多的是指"统一观点"。与西方"认识你自己"相反,封建文化将社会基本单元定义为"家",并把这个家的观念扩大到国家的管理。以现在来看,这种思维忽略掉人自身的价值和意义,认为人自身不重要,将自己的宗族、祖先的血脉传递下去的价值反而更大,

---

① 刘道玉:《中国的创新到底缺少什么》(http://www.21ccom.net/html/2016/ggqz_0410/3141.html? from = timeline&isappinstalled = 0)。

人成为家族的工具，这种观念会抑制人独立人格的形成，让学生缺乏理性精神。缺乏理性精神的个体是难以产生独立的、自主行动的。这就使得人们经常有意无意地将自我边缘化，沉默、无力和不善思考，常缺乏权利意识，对公共事务不感兴趣，人生的追求仅限于"平安"和"衣食无忧"，也缺乏平等意识和多赢意识。现在各大学召开教代会，一般也都会有几个学生代表，但这些代表很多时候表现的是一种"蒙主恩召"的"宠妃"心态，而不是具有评议权的独立代表心态，他们认识不到批评是一种更大的帮助。不破除这种传统文化，大学生参与治理的前景难以乐观。

其次，要注意通过人文学科来改善学校内部的文化环境，培育学生理性精神，激发学生参与热情。参与治理的前提是对事物有自己的认识和思考，所以理性精神的培育特别重要。可以说，无理性，不参与。从古代的"树牌坊"到现代的"树模范"，大学校园被各种文化现象缠绕，学生该不该参与其中，应该如何参与？这都需要理性思考。传统文化中有一种"泛道德化"的倾向，就是对人几乎所有的言行都进行道德评价。实际上，道德追求是个人自我主导的一种审美诉求，只发生在人的内心之中，外人是无法参与的，更不可能进行评价。社会公众能够进行观察和评价的是人的行为而不是人的心灵。道德评价将心灵的道德体验降低为表演式的"行为方式"，反而导致了虚假道德的流行。笔者认为应当通过哲学、逻辑等人文学科的课程，以及讲座、辩论赛、读书会、研讨班的开设，在大学形成一种爱知讲理的氛围。

人文学科的意义不只是丰富校园文化，还有提高学生参与大学治理能力的重要意义。马克斯·韦伯在《作为职业的科学》一书中写道，"一位有用的教师的首要任务是教他的学生去认识使人为难的事实，我是指对他们来说引起麻烦的事实"。论证当权者所作所为如何英明从来不是人文学科的工作，去确认或巩固已为多数人所知或所认可的东西也不是，相反，质疑和挑战具有优势地位的资本与权力，以及无脑媒体哗众取宠的报道是真正体现他们价值的事。它的意义就在于提供非主流视角，使人们不安，让人们怀疑确定性的事情，就在于充分的讨论，在于没有答案、没有结论。因此人文学科在校园的复兴，是切实可行的丰富校园文化、提高学生参与大学治理能力的路径。

六 完善参与机制的路径

仅仅完善大学治理结构对实现学生权力而言，还是不够的。一些大学有类似的治理结构，但权力运行机制不一样，结果造成实施效果南辕北辙。目前，政府机制起决定作用，市场机制作用不大。其他权力侵犯、压制学生权力，缺少监督和惩罚机制，也缺少对学生权力的保障和救济机制。学生参与大学治理的机制设计应注意体现学生的主体地位、保障学生的权利，让学生可以充分参与决策、监督、管理和实施的全过程。

第一，建立一个具体落实到学生个人的行为"激励—效率机制"。如果多数普通学生选择回避公共事务，真正的学生参与就难以实现。学生个人努力与个人收益的"一致性"可以解决激励问题，学生个人收益和社会收益的"一致性"可以解决效率问题，提供这样一套"激励—效率机制"，学生参与治理就形成了内生机制和自组织功能，大学治理成本就可以大大降低。这种激励肯定不能是庸俗的物质收买，而是荣誉、成就感以及更多的成长机会。比如很多西方大学都为学生负责人提供一年的脱产带薪工作时间，等等。

第二，建立学生骨干选举和退出机制。学生以投票方式参与学校公共事务，其中最核心的是选举出代表参与学校决策和监督问责（相当于行使立法和行政权）。学生骨干是指在学生组织中担任重要职位或担当重要角色同时在实际工作中起到重要作用的学生。青年学生比较容易受到同龄人的影响，各级组织中的骨干是组织学生参与治理的关键力量，是学生参与大学治理的主要动力，在大学治理中扮演着重要角色，需要建立一种及时发现并将他们选举到学生组织的负责位置上的机制，支持和帮助他们组织学生社区，并尊重学生社区组织的权力。当然，这里的"骨干"是从学生中自然生长"冒"出来的，绝不是指定的、培养的。如果那样的话，就违背了学生平等的原则，也不会在学生中有号召力。学生"骨干"的竞聘选拔宜采取公开直选的方式，"由谁选举，对谁负责"，他们不能做"花瓶"，要"为学生说话，说学生的话"。同时，要定期接受考评，如果不能胜任，就应该退出，被"选下去"。

第三，设计好组织内权力运行机制，防止出现做"无用功"的局面。独立自主和团队协作是各级学生组织参与学校治理运行的鲜明特点。离开了独立自主，学生组织治理的作用就失去了根基。同时，学生组织并不是"一个人在战斗"，而是依靠学生团队，必须在"团结一致"基础上"独立自主"。每一个班级、每一个院系、每一个书院都有一个"内阁"，团队成员之间分工明确，各司其职，团结协作。而且团队协作还包括与其他班级、与老师和管理人员，与其他层级学生组织的协作。

第四，建立学生权力与学校其他权力的耦合机制。学生权力要与教师权力形成耦合，互相促进，产生溢出效应，实现"1＋1＞2"的效果，推动大学治理结构的优化。还要在约束行政权力的同时发挥好行政权力应有的作用，让行政管理人员办好实事，尽到职责。

第五，建立相应的权利救济机制。建立有学生参加并参与决定的学生申诉处理委员会、学生事务仲裁委员会等组织，来听取和受理学生的各种申诉、投诉和意见。尽可能使学生参与治校的相关路径都能做到过程透明、程序规范，真正对学生有帮助。

在经济全球化、市场化、高等教育后大众化的时代背景下，当前中国高等教育面临提高人才培养质量、实现治理体系和治理能力现代化的挑战。学生参与大学治理已经成为一个重要的症结问题。如果学生不能平等分享大学权力，就会成为大学的弱势群体，就容易丧失主体性，大学善治就可能成为镜花水月。学生在大学期间不能参与学校治理，走入社会后，其维护自己权利、争取权力的意识便会淡薄，容易放弃自己天赋的基本权力，而拜伏于权力和金钱之下。学生参与大学治理的意义，不在于名相中事物之美好，而在于对学生成长的革命。令人欣慰的是，中国大学生的主体精神正在茁壮成长，参与理论正在逐渐深入人心，不少大学已经在点上开始改革，尽管在面上取得比较好的成效还有很长的路要走，但笔者对中国学生参与大学治理将得到更大程度的实现充满信心。

第八章 结语

　　大学治理中学生参与问题具有一定的挑战性。本身具有一定的敏感度，可供参考的第一手真实研究资料比较欠缺，加上选题本身的跨学科性，研究需要深入了解和掌握教育学、经济学、政治学、管理学、心理学相关领域的知识和理论，既要遵循"高等教育的普遍规律"，又要体现"中国特色"，探讨在中国历史文化背景和现实条件制约下实现学生权力参与大学治理，构建大学治理体系和实现大学治理能力现代化的路径。

　　本书认为，学生权利的保障必须通过参与大学治理来实现，其实现过程就是对大学组织决策权力的重新分配过程。本书在中国高等教育现代化的宏观背景下，探讨学生参与大学治理的权力在其演进与运作过程中与来自国家、大学、学术等权力因素的复杂联系是什么，它们如何建构着大学治理的基本格局，又对大学的人才培养产生怎样的影响的问题。从研究的思路来看，遵循了学生参与大学治理是什么、为什么、是怎样、怎么办的研究路线；从研究方法来看，应用了文献分析、调查研究、案例研究和比较研究等研究方法；从研究内容来看，主要包含相关理论探讨，历史梳理与国际比较，中国现实状况调查、困境原因分析以及变革路径探索几方面的内容。

　　通过研究，得出了一些有价值的结论，并在理论探讨、分类解释和现实状况调查、变革路径探索等方面取得了一些创新，当然也还存在一些不足和局限。

第一节　研究结论

　　结论一：学生参与分享大学治理的权力是学生发展的内生需求，也是学生作为大学核心利益相关者的必然要求，符合学生成长成才的规律。学生参与大学治理的权力实现程度与人才培养水平以及所在国家大学自治程度有较强的相关性，可有效促进大学育人职能的实现。学生参与既是大学人才培养和治理现代化的起点，也是大学人才培养和治理现代化的归宿。

结论二：学生参与大学治理的权力来源于学生掌握的资源与动机。学生权力与教师权力、行政权力的关系因时因地不同而不断发展变化，原因在于利益格局的变化。当前，中国学生参与分享大学治理的权力，还会与学术权力形成功能耦合，产生"溢出效应"，有助于完善大学学术共同体的制度安排，破解中国大学治理困局。学生参与大学治理的权力的实现，受到大学内外因素的影响，与大学自治程度和学生掌握的资源、动机和参与能力相关。学生参与大学治理的权力强度应在一定阈值之内，不可不足，也不可超限。

结论三：学生参与极大地影响了大学发展，总体来讲是正面的。通过对学生参与大学治理的历史考察发现：大学治理的权力是内生的还是来自外部力量授权是决定大学治理结构的根本因素；与最有力量影响大学的利益群体的关系决定了谁有资格参与大学治理、掌握大学权力；学生必须形成利益群体才有可能参与大学治理；学生只有在掌握一部分大学运行不可或缺的资源的情况下，才能以此为前提与最有力量影响大学的利益群体结成联盟，才可以真正拥有大学治理的权力。

结论四：中国学生参与大学治理经历了从起步时的"放"到发展过程中的"压、收"，再到现在"想放又怕放"三个阶段的演变，总体上学生参与大学治理的现状并不乐观。调查发现：在国家掌控大学一切权力的前提下，学校党政班子受国家委托实施对学校的全面领导，容易出现内部人控制和大学从学术机构异化为官僚机构的现象，大学治理结构畸形，学生难以实质性地进入学校权力舞台。尽管学生有参与动机，也有参与能力，但受到学生参与大学治理的制度环境的制约，只能停留在较低层次的象征性参与上，存在学生参与高期望值与低满意度并存、学生权力被参与性虚置、学生参与治理效能较低等问题。历史传统制约、科层体系治理大学、学生权力制度性缺失、学生权力未建立实现的机制等是问题的原因。

结论五：当前，中国学生参与大学治理呈现出非制度化、非程序性、非规则化等机会主义特征，困境出现有以下原因：现行的集权治理结构导致学生权力无生长空间；学生参与的权力强度不够，存在一定程度的制度性缺失；行政化科层体系下学生组织功能的异化；学生权力缺少实现机制；学生权力实施的弃位等。

结论六：研究认为，实现中国学生参与大学治理的权力应从以下方面着手：第一，确立学生参与的主体地位，激发学生的参与意识，提升学生的参与能力；第二，健全学生参与大学治理的制度设计与法律救济，通过法规和大学章程的制定，解决中国大学的制度体系中学生权力制度性缺失的问题；第三，通过建立组织，改造组织，赋予组织资源，让学生拥有权力；第四，在大学营造学生参与的文化氛围；第五，建立学生权力实现的机制，包括组织内权力运行机制、学生骨干选举和退出机制、学生权力与学校其他权力的耦合机制、具体落实到学生个人的行为"激励—效率机制"、学生权利救济机制等。

第二节　创新与局限

本书的主要创新点如下。

第一，提出了学生参与大学治理源于学生的成长成才内在规律的要求，也符合教育目的。学生参与大学治理与大学治理体系和能力现代化的关系，实际上是一个合规律性即怎样培养人的问题；学生参与大学治理与大学提高人才培养质量的关系，实际上是一个合目的性即培养什么样的人的问题。落脚到中国现实，学生参与大学治理可有效促进大学育人职能和大学善治的实现，合目的性和合规律性在学生参与大学治理上是统一的。

第二，提出了学生参与大学治理的权力实现机理。即在大学外部，主要受大学与国家关系的影响，学生参与大学治理的权力实现程度与大学自治程度具有较强相关性；在大学内部，一是受到行政人员、教师等其他利益相关方对学生参与的支持程度的影响，二是学生自身因素，主要包括学生掌握的资源、参与动机和参与能力的影响。

第三，将学生参与大学治理的权力内涵界定为学生自治（消极权力)和学生作为社群的集合体共同行使大学治理的权力(积极权力)两个方面,并将学生参与大学治理的权力运行模式分为三种:市场模式、学术权威模式、国家权力模式。市场模式、学术权威模式下,学生参与大学治理的权力运行特征,在国家层面是法律保障下的学生权力运行,在学校层面是通过学生代表以及学生组织实现学生权力,在个体层面是学生直接行动运用权力;国家权力模式下,学生参与大学治理的权力,则是双重集权体制下一种"上缺依托、中少渠道、下无根基"的运行状态。

第四,运用系统论中的"功能耦合"原理和经济学中的"溢出效应"原理,提出了建构宏观、中观、微观"三位一体、良性循环"的学生参与大学治理权力实现的组织路径。其特点是可以形成纵向三个层次(宏观组织层是学校治理委员会和校务委员会两级决策层;中观组织层为包括书院模式在内的院系统筹协调层;微观组织层是包括班级代表会议和楼委会在内的具体操作执行层)和横向三个类型(学术权力、行政权力、学生权力)互相支撑的网格化权力组织系统,以及学术—学生—行政权力耦合机制、学校—院部—基层分层治理机制、决策—执行—监督相互制约机制三种机制协调运行的局面。

本书的局限性与不足主要体现在两个方面。

第一,本书的一个重要目的是为学生参与大学治理程度不够的问题提供解决策略,由于缺少测量指标体系和一套量化的评价标准,研究者的论述存在不精确、不明确之处,显得科学性不足。当然,这个缺陷,也为下一步寻找合作方、组建团队、进行更广阔深入的调查研究留下了空间。

第二,中国高校层次类型众多,不同学校学生参与问题有共性也有差异,本书只是对本科院校进行研究,并未按学科门类、办学层次进行区分,在今后的研究中需要分层、分类展开更细致的研究。

致　　谢

　　当提笔写这篇致谢时，脑海中浮现出马丁·路德·金的名句"我有一个梦想"。曾祖父就是乡里的私塾先生，祖辈、父辈也都以教师为业。作为70年代上半期生人，经历过高中苦学的3年，上大学是那时唯一的梦想。至于上大学又为了什么，却很少思考。遗憾的是，高考成绩并不理想，并未进入理想的大学，名校梦只能埋在心底。本科毕业后，做过5年跑教育口的记者，后又在省级教育行政部门工作了8年，从事高校管理工作。作为一个决策亲历者，目睹了世纪之交高等教育大改革、大调整、大发展的过程，掌握了丰富的一手材料。2008年又跟随祖辈的足迹，回到学校，先后在一所大学的3个学院担任过主管教学工作的副院长和分管学生工作的副书记，亲身浸入了高校治理环境之中。

　　古人说，"纸上得来终觉浅，绝知此事要躬行"，自己却感到，实践虽多，却少理论升华。尽管有幸成为家庭里第一个大学生，但不知何时，戴上一顶博士帽又成为一个新的梦想。2010年，当接到华中科技大学的录取通知书时，一张薄薄的小纸片，觉得梦想是那样近，好像触手可及。但真正踏上攻博旅程，才发现就像唐僧到西天求取真经一样，不经八十一难，是难成正果的。刘献君老师曾言，读博士的过程是一个脱胎换骨的过程，信哉斯言！6年时光，既漫长又短暂，确实经历了一个佛家所言：看山是山、看水是水，到看山不是山、看水不是水，最终再到看山还是山、看水还是水的过程。漫长者，其间有困于黑暗隧道不见尽头的焦虑，有长期熬夜写作引发的病痛，当然也有豁然开朗采撷到知识大树上的小花的欢喜。短暂者，自己读博前多年做行政工作，从36岁开始，重新接受学术训练，转变思维方式，建立理论框架，这是一个将原有知识结构打碎再涅槃重生的过程，虽然本性好学，可惜资质愚钝，仍感难步堂奥，时光匆匆，仍需磨剑十年。

梦想不是一个人能完成的。我要感谢导师沈红先生，她勤奋严谨，身上永远洋溢着闯劲、拼劲，一种"虽千万人，吾往矣"的气概，是弟子学习的榜样。华科教科院是一个大师云集的地方，他们以学术为业，启迪着学生后进。在这里，有幸聆听到涂又光先生的狮子吼、张楚廷先生的楚人哲思，有幸目睹90岁高龄仍然像孔子一样带弟子讲学四方的潘懋元先生，有幸学习赵炬明先生、林曾先生的国际化课程，他们让我听到智慧的声音，领略到人生别样的风景。要感谢刘献君、冯向东、张应强、周光礼、陈廷柱、贾永堂、余东升诸位老师的帮助，每次向他们请教时，都给我以耐心解答。要特别感谢武汉理工大学教授李志峰先生，作为同门师兄，他学养深厚，睿智慷慨，当我对学术研究有了疑问向他请教时，他总是第一时间给我回复。还要感谢熊俊峰博士，他才思敏捷，正处于人生的爬坡期，科研、教学任务繁重，提出的修改意见虽寥寥数语，但总能给我以启发。此外，张和平、林桢栋、韦颖、雷丽、何本华等诸位学友都给了我很多鼓励和帮助。这里还要特别感谢武汉纺织大学张建林教授，先生的观点高屋建瓴，又切合中国实际，每次交流，都有非常大的收获。还要感谢教育部宋德民先生，感谢我工作单位的领导、同事和学生们，韦一良、彭育园、刘在洲、李相朋、金艳，他们为我的研究和本书的出版提供了很多帮助。当然还要特别感谢我的爱人和儿子，他们一直在激励着我，没有他们的鼓励、鞭策和分担，我是不可能写成这本书的。

最后，我要特别感谢周洪宇教授，认识先生十余年来，他改变中国教育面貌的家国情怀，对教育问题的远见卓识，卓然不懈的耕耘之姿，都深深地感染着我。这次先生在万忙中拨冗赐序，更激励着我在学术之路上继续砥砺前行。

成长是针对有生命的主体而言的，需要有机体各方面的发育配合与适应。一部用心完成的学术著作应当为后来者提供生长的养料与土壤，期待将来会开出艳丽的花朵。古人云："勿忘初心，以全始终。"在今天有机会将博士论文修改完善为一部书稿，再开启一段新的旅程时，我永远不会忘记攻读博士学位这 6 年，不会忘记连续数月夜以继日地写作，为知识大海投入了一滴水珠，不会忘记那些在路上帮助过我的每一个人，不会忘记我们所有的梦想和努力都是为了使我们生活的这个社会更加美好。

参考文献

一 外文文献

［1］ Weller P. , *In Search of Governance, the Future of Governance*, NSW： Allen & Unwin, 1999, p. 23.

［2］ Dennis John Gayle, Tewarie, Bhecndradatt, *Governance in the Twenty-First-Century University*：*Approaches to Effective Leadership and Strategic Management* , ERIC Digest, ED482560. 2003, p. 1.

［3］ Robert Binbanm, "The End of Shared Govemance：Looking Ahead or Lookng back Matter", *New Direction For Higher Education*, Fall, 2004 (127), pp. 12 – 43.

［4］ Fredericks J. A. , Blumenfeld P. C. & Paris A. H. , "School engagement：Potential of the Concept, State of the Evidence", *Review of Educational Research*, Vol. 74, pp. 59 – 109.

［5］ Appleton J. J. , Christenson S. L. & Furlong M. J. , "Student Engagement with School：Critical Conceptual and Methodological Issues of the Construct", *Psychology in the Schools*, Vol. 45 (5), 2008, pp. 369 – 386.

［6］ Connell J. P. & Wellborn J. G. (1991), "Competence, Autonomy, and Relatedness：A Motivational Analysis of Self-system Processes", in M. R. Gunnar & L. A. Sroufe (eds.), *Self Processes and Development*, Vol. 23, pp. 43 – 77, Hillsdale, NJ：Lawrence Erlbaum.

［7］ Finn J. D. , "Withdrawing from School", *Review of Educational*

Research, Vol. 59, 1989, pp. 117 – 142.
[8] Carnegie Foundation for the Advancement of Teaching, *Governance of Higher Education: Six Priority Problem*, McGraw-Hill, 1973 (10), pp. 53 – 55.
[9] Leon Trakman, "Modelling University Governance", Higher Education Quarterly, 2008 (2), pp. 63 – 83.
[10] Salipante P., *Providing Continuity in Change: The Role of Tradition in Long-term Adaptation*, San Fransisco: Jossey-Bass, 1992 (5), p. 128.
[11] Merwin J. C., "Historical Review of Changing Concepts of Evaluation", in Tyler R. L. (ed.), *Educational Evaluation: New Roles, New Methods: The Sixty-Eighth Yearbook of the National Society for the Study of Education*, Part Ⅱ, Chicago: University of Chicago Press, 1969.
[12] Pace C. R., *Measuring the Quality of College Student Experiences: An Account of the Development and Use of the College Student Experiences Questionnaire*, Los Angeles: Higher Education Research Institute, 1984.
[13] B. Rosenshine, "Teaching Functions in Instructional Programs", *Paper Presented at the National Institute of Education's National Invitational Conference on Research on Reaching: Implications for Practice*, Washington, DC.
[14] V. Tinto, *Leaving College: Rethinking the Causes and Cures of Student Attrition*, Chicago: University of Chicago Press, 1987.
[15] Chickering A. W., Gamson Z. F., "Seven Principles for Good Practice in Undergraduate Education", AAHE Bulletin, 1987 (3), pp. 3 – 7.
[16] Kuh G. D., "The National Survey of Student Engagement: Conceptual and Empirical Foundations", *New Direction for Institutional Research*, No. 141, Spring, 2009, pp. 5 – 21.
[17] Hastings Rashdall, *The Universities of Europe in the Middle Ages*, Oxford: Oxford University Press, 1936.
[18] Karl Jaspers, *The Idea of University*, London: Peter Owen Ltd., 1965.
[19] Luescher-Mamashela, Thierry M., "Student Representation in Univer-

sity Decision Making: Good Reasons, A New Lens", *Studies in Higher Education*, Vol. 38, No. 10, 2013, pp. 1442 – 1456.

[20] Paul A. Bloiand, "A New Concept in Student Government", *The Journal of Higher Education*, Vol. 32, No. 2, Feb. 1961, p. 95.

[21] Angelar Spaulding, "Micropolitical Behaviour of Second Grades: A Qualitative Study of Student Resistance in the Classroom", *The Qualitative Report*, Vol. 4, No. 1/2, January 2000.

[22] Philip Carey, "Student Engagement: Stakeholder Perspectives on Course Representation in University Governance", *Studies in Higher Education*, Vol. 38, Issue 9, 2013, pp. 1290 – 1304.

[23] Anna Planas, Pere Soler, Judit Fullana, "Student Participation in University Governance: The Opinions of Professors and Students ", *Studies in Higher Education*, Vol. 38, Issue 4, May 2013, pp. 571 – 583.

[24] Alf Lizzio, Keithia Wilson, "Student Participation in University Governance: The Role Conceptions and Sense of Efficacy of Student Representatives on Departmental Committees", *Studies in Higher Education*, Vol. 34, Issue 1, 2009, pp. 69 – 84.

[25] Carl R. Rogers, *Freedom to Learn*, Columbus OH: Charles Merrill Publishing Company, 1994, p. 98.

[26] John R. Boatright, "Contractors as Stakeholders: Reconciling Stakeholder Theory with the Nexus-of-contracts Firm", *Journal of Banking & Finance*, Vol. 26, No. 9, 2002, pp. 1837 – 1852.

[27] Cress, C. M., A. W. Astin, K. Oster, and J. C. Burkhardt, "Developmental Outcomes of College Students' Involvement in Leadership Activities", *Journal of College Student Development*, No. 1, pp. 15 – 29.

[28] Astin A. W., "Liberal Education and Democracy: The Case for Pragmatism", *Liberal Education*, 1997, 83 (4), pp. 4 – 15.

[29] Astin A. W., "Student Involvement—A Developmental Theory for Higher Education", *Journal of College Student Development*, 1999 (40), pp. 518 – 529.

[30] Astin, A. W., *Assessment for Excellence: The Philosophy and Practice*

of *Assessment and Evaluation in Higher Education*, ORYX Press, 1993.

[31] Ernest T. Pascarella & Patrick T. Terenzini, *How College Affects Students: A Third Decade of Research*, San Francisco: Jossey-Bass Publishers, 2005.

[32] Mariame Kaba, "Contradictory and Consciousness and Student Participation in Decision Making", *High School Journal*, December 1, 2000.

[33] Willies Rudy, *The Universities of Europe: 1100 – 1914*, Associated University Press, 1984, p. 18.

[34] James Bowen, *A History of Western Education*, London: Metlluen & Co. Ltd., Volmne 2, 1975, p. 130.

[35] Cobban A. B., *The Medieval Universities: Their Development and Organization*, London: Methuen & Co. Ltd., 1975, p. 69.

[36] Wilhelm Karl Geck, "Student Power in West Germany: The Authority of the Student Body and Student Participation in Decision-making in the Universities of the Federal Republic of Germany", *The American Journal of Comparative Law*, Vol. 17, No. 3, Summer, 1969, pp. 337 – 358.

[37] Dominique G. Carreau, "Toward 'Student Power' in France", *The American Journal of Comparative Law*, Vol. 17, No. 3, Summer, 1969, pp. 359 – 370.

[38] William W. van Alstyne, "The Ten Tative Emergence of Student Power in the United States", *The American Journal of Comparative Law*, Vol. 17, No. 3, Summer, 1969, pp. 403 – 417.

二 中文文献

[1]《马克思恩格斯选集》(第2卷、第3卷),人民出版社1995年版。
[2][法]卢梭:《社会契约论》,法律出版社2012年版。
[3][法]孟德斯鸠:《论法的精神》,商务印书馆1990年版。

[4] [德]马克斯·韦伯：《经济与社会（上）》，商务印书馆1997年版。

[5] [法]夏尔·阿列克西·德·托克维尔：《论美国的民主》，董果良译，商务印书馆1988年版。

[6] [美]约翰·S.布鲁贝克：《高等教育哲学》，王承绪等译，浙江教育出版社2001年版。

[7] [德]恩斯特·卡西尔：《人论》，甘阳译，上海译文出版社2004年版。

[8] [美]约翰·罗尔斯：《正义论》，中国社会科学出版社2001年版。

[9] [英]洛克：《政府论》，商务印书馆1997年版。

[10] [美]约瑟夫·熊彼特：《资本主义、社会主义与民主》，吴良健译，商务印书馆2007年版。

[11] [美]詹姆斯·罗西瑙：《世界政治中的治理、秩序和变革》，张志新译，载[美]詹姆斯·罗西瑙等《没有政府的治理》，江西人民出版社2001年版。

[12] [美]丹尼尔·贝尔：《后工业社会的来临——对社会预测的一项探索》，商务印书馆1984年版，第143页。

[13] [英]沃森：《高等院校公民与社区参与管理》，马忠虎译，江苏教育出版社2010年版。

[14] [德]卡尔·雅斯贝尔斯：《大学之理念》，邱立波译，上海世纪出版集团2007年版。

[15] [美]德里克·博克：《走出象牙塔——现代大学的社会责任》，浙江教育出版社2001年版。

[16] [美]菲利普·G.阿特巴赫：《比较高等教育：知识、大学与发展》，人民教育出版社教育室译，人民教育出版社2001年版。

[17] [美]亨利·罗索夫斯基：《美国校园文化——学生·教授·管理》，谢宗仙、周灵芝、马宝兰译，山东人民出版社1996年版。

[18] [美]克拉克·克尔：《大学的功用》，陈学飞译，江西教育出版社1993年版。

[19] [英]阿什比：《科技发达时代的大学教育》，滕大春、滕大生译，人民教育出版社1983年版。

[20]［西］奥尔特加·加塞特：《大学的使命》，浙江教育出版社 2001 年版。

[21]［美］詹姆斯·麦格雷戈·伯恩斯：《领袖论》，中国社会科学出版社 1996 年版。

[22]［美］约翰·P. 科特：《权力与影响力》，机械工业出版社 2013 年版。

[23]［法］福柯：《疯癫与文明》，生活·读书·新知三联书店 1999 年版。

[24]［加拿大］约翰·范德格拉夫：《学术权力——七国高等教育管理体制比较》，王承绪等译，浙江教育出版社 2001 年版。

[25]［美］汤姆逊：《中世纪经济社会史》，商务印书馆 1984 年版。

[26]［英］海斯汀·拉斯达尔：《中世纪的欧洲大学（第一卷）——大学的起源》，崔延强、邓磊译，重庆大学出版社 2011 年版。

[27]［英］安迪·格林：《教育与国家形成：英、法、美教育体系起源之比较》，王春华等译，教育科学出版社 2004 年版。

[28]［美］罗纳德·G. 埃伦伯格：《美国的大学治理》，张婷妹等译，北京大学出版社 2012 年版。

[29]［美］亚瑟·科恩：《美国高等教育通史》，李子江译，北京大学出版社 2010 年版。

[30]［美］道格拉斯·诺斯：《制度、制度变迁与经济绩效》，上海三联书店 1994 年版。

[31]［德］尤塔·默沙伊恩：《大学治理与教师参与决策》，马永良等译，知识产权出版社 2014 年版。

[32]［加拿大］许美德：《中国大学——一个文化冲突的世纪》，许英杰译，教育科学出版社 2000 年版。

[33]［美］埃莉诺·奥斯特罗姆：《公共事物的治理之道》，余逊达等译，上海三联书店 2000 年版。

[34]［英］沃森：《公共决策中的公民参与：公共管理者的新技能与新策略》，孙柏瑛等译，中国人民大学出版社 2005 年版。

[35]［英］路易丝·莫利：《高等教育的质量与权力》，罗慧芳译，北京师范大学出版社 2008 年版。

[36]［日］矢野真和:《大学的治权：理念和资金的关系》,徐国兴译,《教育与经济》2004年版。

[37] 联合国教科文组织:《教育——财富蕴含其中》,联合国教科文组织总部中文科译,教育科学出版社1996年版。

[38] 胡适:《四十自述》,江西人民出版社2016年版。

[39] 王云五、罗家伦等:《民国三大校长》,岳麓书社2015年版。

[40] 潘光旦:《自由之路》,上海三联书店2008年版。

[41]《清华大学校史稿》,中华书局1981年版。

[42] 华中师范学院教育科学研究室:《陶行知全集（第一卷）》,湖南教育出版社1983年版。

[43] 邓正来:《布莱克维尔政治学百科全书》,中国政法大学出版社1992年版。

[44] 王浦劬:《政治学基础》,北京大学出版社1995年版。

[45] 俞可平:《权利政治与公益政治》,社会科学文献出版社2000年版。

[46] 黄延复:《二三十年代清华校园文化》,广西师范大学出版社2001年版。

[47] 陈洪捷:《德国古典大学观及其对中国大学的影响》,北京大学出版社2002年版。

[48] 宋丽慧:《学生参与：高等教育转型时期的新视角》,北京大学出版社2003年版。

[49] 赵中建:《全球教育发展的研究热点——90年代来自联合国教科文组织的报告》,教育科学出版社2003年版。

[50] 张维迎:《大学的逻辑》,北京大学出版社2004年版。

[51] 金耀基:《大学之理念》,生活·读书·新知三联书店2008年版。

[52] 黄福涛:《外国高等教育史》,上海教育出版社2008年版。

[53] 程星:《细读美国大学》,商务印书馆2007年版。

[54] 李福华:《大学治理的理论基础与组织架构》,教育科学出版社2008年版。

[55] 郭卉:《权利诉求与大学治理——中国大学教师利益表达的制度运作》,中国海洋出版社2008年版。

[56] 贺国庆等：《欧洲中世纪大学》，人民教育出版社 2009 年版。

[57] 刘瑜：《民主的细节》，上海三联书店 2009 年版。

[58] 刘海峰、史静寰：《高等教育史》，高等教育出版社 2010 年版。

[59] 宋文红：《欧洲中世纪大学的演进》，商务印书馆 2010 年版。

[60] 徐葆耕：《清华精神生态史》，中国水利水电出版社 2011 年版。

[61] 刘虹：《控制与自治：美国政府与大学关系研究》，复旦大学出版社 2012 年版。

[62] 张宏杰：《饥饿的盛世：乾隆时代的得与失》，湖南人民出版社 2012 年版。

[63] 章玉政：《光荣与梦想：中国公学往事》，浙江人民出版社 2014 年版。

[64] 包刚升：《政治学通识》，北京大学出版社 2015 年版。

[65] 俞可平：《走向善治》，中国文史出版社 2016 年版。

[66] 林杰：《高等教育普及化时代大学生的特征及其权利保障》，《中国高教研究》2016 年第 3 期。

[67] 张楚廷：《论教育哲学》，《高等教育研究》2016 年第 1 期。

[68] 程星：《"钱学森之问"的误区——兼论全球化与大学的应对》，《中国高教研究》2016 年第 1 期。

[69] 钱颖一：《大学治理：美国、欧洲、中国》，《清华大学教育研究》2015 年第 9 期。

[70] 王丽琛等：《学生权力及其在大学治理中的保障》，《教育与职业》2015 年第 4 期。

[71] 顾明远：《大学的本质是求真育人》，《中国大学教学》2015 年第 2 期。

[72] 李立国：《大学治理的内涵与体系建设》，《大学教育科学》2015 年第 1 期。

[73] 孙益：《美国高等教育中的"威斯康星理念"》，《北京教育》2015 年第 1 期。

[74] 赵炬明：《建立高校治理委员会制度的设想》，《中国高教研究》2014 年第 11 期。

[75] 张杰：《大学治理：以人为本的制度激励——在中欧国际工商学

院"大师课堂"上的演讲》,《解放日报》2014 年 3 月 18 日。

[76] 乜晓燕、倪志英:《大学内部治理过程学生参与问题探析》,《西北民族大学学报》(哲学社会科学版)2013 年专辑。

[77] 叶飞:《竞争性个人主义与"孤独的"公民——论公民教育如何应对公共品格的沦落》,《高等教育研究》2013 年第 2 期。

[78] 王洪才:《大学治理的内在逻辑与模式选择》,《高等教育研究》2012 年第 9 期。

[79] [美]德里克·博克:《大学的治理》,《高等教育研究》2012 年第 4 期。

[80] 王林:《新经济时代美国大学治理的改变》,《高教探索》2012 年第 1 期。

[81] 李湘萍、马娜、洪成文:《美国大学生寄宿制管理理念及发展趋势》,《中国高等教育》2012 年第 1 期。

[82] 刘军仪:《民主、协商、合作:来自美国明尼苏达大学共同治理模式的经验》,《外国教育研究》2011 年第 12 期。

[83] 孙芳:《复合共治视域下我国学生参与大学内部治理的权力问题探析》,《中国高教研究》2011 年第 11 期。

[84] 周光礼:《学术与政治》,《中国地质大学学报》(社会科学版)2011 年第 3 期。

[85] 孟韬:《高校治理的本质、机制与国际经验——高校治理及国际比较高层研讨会综述》,《教育研究》2011 年第 2 期。

[86] 孙油睿、丁小浩:《大学生课外参与投入的适度性研究》,《大学教育科学》2010 年第 6 期。

[87] 胡赤弟、田玉梅:《高等教育利益相关者理论研究的几个问题》,《中国高教研究》2010 年第 6 期。

[88] 曹忠义:《学生权力建设与高校内部权力主体间平衡的理性分析》,《山东师范大学学报》(人文社会科学版)2009 年第 5 期。

[89] 唐娥、傅根生:《学生参与大学治理的空间与路径思考》,《高校辅导员学刊》2009 年第 4 期。

[90] 甘永涛:《美国大学共同治理制度的演进》,《清华大学教育研究》2009 年第 3 期。

[91] 朱为鸿：《学生参与：我国大学管理创新的动力机制》，《国家教育行政学院学报》2007年第11期。

[92] 肖应红：《关于我国高校内部治理结构重建问题的思考》，《黑龙江高教研究》2007年第9期。

[93] 贺国庆：《欧洲中世纪大学起源探微》，《河北大学学报》（哲学社会科学版）2007年第6期。

[94] 郭丽、茹宁：《大学治理理论及我国大学的治理对策探析》，《南昌航空大学学报》（社会科学版）2007年第4期。

[95] 甘永涛：《大学治理结构的三种国际模式》，《高等工程教育研究》2007年第2期。

[96] 郑文：《发达国家大学生管理权力的历史发展及特点分析》，《湖南师范大学教育科学学报》2006年第11期。

[97] 叶正龙、曾志平：《浅谈高校管理中的大学生权力》，《湖南经济管理干部学院学报》2006年第5期。

[98] 胡仁东：《现代大学内部治理结构探析——基于影响力的视角》，《现代大学教育》2005年第10期。

[99] 罗燕：《国家危机中的大学制度创新——"世界一流大学"的本质》，《清华大学教育研究》2005年第5期。

[100] 林荣日：《论高校内部权力》，《现代大学教育》2005年第2期。

[101] 孙天华：《大学的科层组织特征及效率——对我国公立大学内部治理结构的分析》，《河南社会科学》2004年第10期。

[102] 秦毅：《高校学生权力的探索》，《扬州大学学报》（高教研究版）2004年第6期。

[103] 郭法奇：《"学生参与"：一个历史与现实的话题》，《高等师范教育研究》2003年总第15卷第3期。

[104] 赵丽敏：《论学生参与》，《中国教育学刊》2002年第8期。

[105] 谭志合：《当代中国高等学校学术权力与行政权力的关系》，《理工高教研究》2002年第8期。

[106] ［美］伯顿·克拉克：《我的学术生涯》，《现代大学教育》2002年第6期。

[107] 张应强、高桂娟：《论现代大学制度建设的文化取向》，《高等教

育研究》2002 年第 6 期。
[108] 杨东平：《中国高等教育中的一声惊雷》，《北京文学》2002 年第 2 期。
[109] 陈昌贵、牛端：《论大学生参与式学习》，《高教探索》2001 年第 4 期。
[110] 陈晓端：《美国大学生评价教学的理论与实践》，《比较教育研究》2001 年第 2 期。
[111] 谢安邦、阎光才：《高校的权力结构与权力结构的调整》，《高等教育研究》1998 年第 2 期。
[112] 刘振天：《欧美发达国家教育管理体制中的社会参与》，《比较教育研究》1996 年第 3 期。
[113] 胡庆山：《宪法人权保障的学问自由与大学自治》，载欧阳教、黄政杰《大学教育的理想》，师大书苑有限公司 1994 年版，第 237—238 页。
[114] 贺德芬：《大学中学生自治的涵义和实践——兼论台湾的实况》，载欧阳教、黄政杰《大学教育的理想》，师大书苑有限公司 1994 年版，第 245—246 页。
[115] 于杨：《治理理论视域下现代美国大学共同治理理念与实践研究》，博士学位论文，东北师范大学，2009 年。
[116] 黄琰：《大学生参与高校管理的制度保障研究》，硕士学位论文，西南大学，2010 年。
[117] 董太华：《论高校管理中大学生权利的保护》，硕士学位论文，山东大学，2009 年。
[118] 沈剑锋：《民族高校大学生参与高校管理的模式构建研究》，硕士学位论文，西南财经大学，2009 年。

附录 高校学生参与大学治理调查问卷

您好，我们正在做一项关于高校大学生参与学校治理的调查，希望通过了解高校的民主管理模式，为高校学生民主参与大学治理提供对策建议。

非常高兴您被选为我们随机抽样调查的受访对象，您的配合参与对我们的研究很重要。本问卷调查采用无记名方式，答案无所谓对错，您的参与情况我们将严格保密。请根据实际情况填写。谢谢鼎力支持！

为了调查问卷顺利进行，首先给大家介绍一个概念——"大学治理"，其意思是大学内部利益相关者（教师、学生、校友等）共同参与大学内部事务决策的结构及过程。

一 背景状况

1—1 您的性别：
A. 男 B. 女

1—2 您的年级是？
A. 大一 B. 大二 C. 大三 D. 大四 E. 硕士 F. 博士

1—3 您的学校（请填写）_____

1—4 您的专业是（请填写）_____

1—5 大学期间是否担任过学生干部？
A. 是 B. 否

二 学校层面

2—1 您对目前学校的管理与决策工作的满意度如何？

	非常满意	比较满意	不太满意	不满意
教师管理（包括教师选聘评价等）	□	□	□	□
学生管理（学生活动、评奖支助等）	□	□	□	□
教学管理（包括教学评价等）	□	□	□	□
行政管理（学校规划、管理制度制定）	□	□	□	□
后勤管理（包括食堂宿舍管理等）	□	□	□	□

2—2 您觉得学校对学生的意见和建议重视程度怎么样？

A. 很重视　　B. 重视　　C. 一般　　D. 比较重视　　E. 不重视

2—3 就您所在学校而言，学生参与学校决策的程度如何？

A. 参与较高层次的决策　　B. 学校会在低层次决策上与学生交流

C. 学校只是象征性地让学生参与，但不会采纳学生意见

D. 学校不会让学生参与任何决策

2—4 学校召开重要会议或做重要决定时会有学生代表参与吗？

A. 总是有　B. 偶尔有　C. 没有　D. 不知道

2—5 您认为学生会在学生管理工作中的决策权如何？

A. 完全没权力，只是按照学院要求做

B. 权力小，基本是学院说了算

C. 有一部分执行权力

D. 权力较大，自主权多

E. 未参加学生会不知道

2—6 以下各项管理活动，哪些您曾经参与或有参与决策？（可多选）

A. 专业建设　B. 教学管理　C. 科研管理　D. 后勤管理

E. 财务管理　F. 学生管理　G. 就业政策及管理　H. 其他

2—7 您觉得学校应该在哪些管理中听取学生的意见？（可多选）

A. 专业建设　B. 教学管理　C. 科研管理　D. 后勤管理

E. 财务管理　F. 学生管理　G. 就业政策及管理　H. 其他

2—8 您认为在学校层面，学生参与学校治理面临的主要阻碍有以下方面：（可多选）

A. 途径单一，缺乏制度保障　B. 学校信息公开范围和程度不够

C. 学校不重视学生诉求，反应迟缓，缺少回应

D. 学生组织代表性不强，缺少独立性

E. 学校领导和老师对学生信任度不够

F. 学校欠缺学生参与学校日常管理的氛围和观念认同

G. 其他_____

三　参与渠道

3—1 您对学生会社团等组织机构的学生事务管理工作的满意程度如何？

A. 非常不满意　B. 比较不满意　C. 一般

D. 比较满意　　E. 非常满意

3—2 您认为目前辅导员在引导学生参与管理工作中是否发挥了其应有的作用？

A. 完全没发挥　B. 基本没发挥　C. 有一定发挥

D. 基本发挥　　E. 完全发挥

3—3 学校在学生参与决策方面，是否有相关的宣传材料和组织活动？

A. 经常有　B. 偶尔有　C. 没有

3—4 您常通过哪些渠道表达您对学校的建议和意见？（可多选）

A. 校长信箱/学校意见箱　B. 校长接待日

C. 学生会组织　　　　　D. 学代会

E. 学生座谈会　　　　　F. 校园网络媒体（如微博、BBC论坛）

G. 其他（请说明）_____

3—5 您通过某种渠道给学校提出的意见能有效得到反馈或解决吗？

A. 都能　B. 大部分能　C. 小部分能　D. 基本不能　E. 没提过

3—6 您觉得反映问题的渠道是否畅通？

A. 畅通　B. 基本畅通　C. 不畅通　D. 不知道

3—7 您认为学生会日常运行中存在哪些问题或不足？（可多选）

　　A. 活动范围不广，很多同学缺少参与机会

　　B. 组织宣传缺乏针对性，同学们难于及时得到有用信息

　　C. 缺少制约和监督，一些成员没有摆正位置，行使职责错位

　　D. 机构运作缺乏透明，存在官僚气息，使得不少同学对学生会缺乏信任了解

　　E. 其他_____

四　个体因素

4—1 您认为在高校的管理与决策中大学生的地位如何？

　　A. 非常低　　B. 比较低　　C. 适中

　　D. 比较高　　E. 非常高

4—2 您作为学校的利益相关者，您对自己的权力是否清楚？

　　A. 完全不清楚　　B. 知道一点点　　C. 基本清楚

　　D. 学校有详细说明，非常清楚

4—3 您认为学生是否有必要参与高校学生事务的管理和决策？

　　A. 完全没有必要　　B. 无所谓　　C. 没必要

　　D. 不可能有参加的机会

4—4 您和您的同学平时有参与学校管理与决策的意识和具体行动吗？

　　A. 有强烈意识且经常付诸行动　　B. 有足够意识但很少付诸行动

　　C. 有一定意识且有一定行动　　D. 仅有一定行动

　　E. 完全没意识

4—5 如果有机会让您参与高校内部治理，您认为您参与的主要动机是什么？

　　A. 表达学生诉求，维护学生权利

　　B. 提升能力，有利于将来就业

　　C. 张扬自我价值　　D. 让学校变得更好

4—6 您相信大学生有足够能力参与学校民主管理和决策工作吗？

　　A. 充分相信　　B. 比较相信　　C. 相信

D. 比较不相信　　E. 完全不相信

4—7　您参加过何种学校的管理工作？（多选题）

　　A. 学生会社团学生工作处　　B. 评教

　　C. 学校相关制度的制定

　　D. 后勤管理（住宿及卫生检查等）　　E. 学校学生代表大会

　　F. 对学校有关工作的监督与投诉

　　G. 其他（请注明）_____

4—8　您希望您可以在哪些学校日常管理领域有更多的参与机会？

　　A. 教学评估以及课程教学方法的改革

　　B. 校园的生活和学习环境

　　C. 学生活动及学生组织发展

　　D. 对教职工和学校管理的监督

　　E. 对学校重大政策发表意见

4—9　从学生自身出发，您认为学生参与学校管理和决策存在的问题有哪些？

　　A. 相应的知识欠缺能力　　B. 时间精力限制

　　C. 参与意识不足　　D. 权利意识欠缺

4—10　为保障学生的合法权利，在高校管理和制度建设中，您有哪些建议？

_____
_____
_____
_____

最后，非常感谢您的配合和支持，我们将仔细研究和分析您带给我们的结果！